HISTOIRES DE LA MER

La liste des précédents livres de Jacques Attali
se trouve en page 345.

Jacques Attali

HISTOIRES DE LA MER

Fayard

Couverture : Atelier Didier Thimonier
Photographie : Panorama de Sydney
© Getty Images

ISBN : 978-2-213-70477-7

Dépôt légal : septembre 2017
© Librairie Arthème Fayard, 2017

À Aaron et Simon

« *La mer est ignorée, presque un soupçon de concurrence à l'au-delà. Une métaphysique qui aurait pu remplacer le ciel, si on avait inversé l'ordre de l'histoire.* »

Kamel Daoud

Introduction

La mer, lieu de toutes les richesses, de toutes les promesses. La mer, que l'humanité a commencé de détruire et qui détruira l'humanité.

Tel est l'enjeu majeur de notre temps. Pourtant, il n'est pas pris au sérieux.

Malgré l'immensité des travaux de recherche sur chacune des dimensions du sujet, il n'existe encore, à ma connaissance, aucun essai synthétique consacré à l'histoire des océans, depuis leur apparition jusqu'à après-demain. Aucune histoire de l'humanité n'insiste suffisamment sur le rôle déterminant de la mer dans l'évolution des religions et des cultures, des techniques et des entreprises, des nations et des empires. On ne raconte jamais l'histoire des hommes vue de la mer. Et c'est pourtant là que l'essentiel se joue.

Elle est loin, au moins en apparence, de notre vie quotidienne : peu de gens y vivent ; ce qui la menace est abstrait ; ses promesses sont énigmatiques. On ne l'explore pas : on visite beaucoup plus l'espace que les grands fonds.

Comme on ne la connaît pas, on ne la respecte pas ; on la pille, on la pollue, on l'assassine. Et nous avec.

Pourquoi en est-on arrivé là ? Sans doute en partie parce que ni les méduses, ni les tortues, ni les requins n'ont le droit de vote, ni ne manifestent, ni ne font des coups d'État.

Et pourtant...

L'océan recouvre aujourd'hui 71 % de la surface de notre planète, soit plus de 361 millions de kilomètres carrés. Il contient 1,33 milliard de kilomètres cubes d'eau, qui tiendraient dans un cube d'un peu plus de 1 000 kilomètres de côté. Il abrite une part importante du vivant. Il est essentiel à notre vie : tout être doté de vie est principalement composé d'eau ; en particulier, l'homme – dont les neuf premiers mois après sa conception se déroulent dans un milieu liquide – est constitué, adulte, pour 70 % d'eau ; et la composition de son plasma sanguin est très proche de celle de l'eau de mer. L'océan fournit toute l'eau que boivent les hommes ; la moitié de l'oxygène qu'ils respirent ; un cinquième des protéines animales dont ils se nourrissent. L'océan régule aussi le climat : sans les mers, la température de l'atmosphère serait d'au moins 35 degrés plus élevée.

Plus prosaïquement, le pouvoir économique, politique, militaire, social et culturel appartient depuis toujours à ceux qui savent maîtriser la mer et les ports. C'est sur la mer, ou pour y naviguer, que se sont faites la plupart des innovations ayant ensuite bouleversé les sociétés humaines. C'est par la mer que circulent, depuis des millénaires, les idées et les marchandises, et que s'organisent la concurrence et la division du travail : aujourd'hui encore, plus des neuf dixièmes des marchandises, des communications et des données y transitent. Et ce sera vrai plus encore demain.

La mer est aussi essentielle au pouvoir : c'est en s'assurant le contrôle des océans que les empires se hissent au sommet de leurs ambitions ; c'est quand ils le perdent qu'ils déclinent. Toutes les guerres, sans presque aucune exception, se gagnent ou se perdent sur la mer. Toutes les mutations idéologiques majeures passent par la mer. La géopolitique devrait être lue ainsi.

Plus sans doute que la distinction religieuse, c'est la distinction entre marin et paysan qui fixe la frontière entre ceux qui ont su créer le monde marchand et la démocratie, et ceux qui n'ont pas su, ou voulu, en faire la source de leur richesse et de leur liberté. Ainsi s'explique, mieux que par toute autre théorie (comme celles de Tocqueville, de Weber ou de Marx), qu'on trouve, parmi les vainqueurs de l'Histoire, aussi bien les catholiques flamands, génois et vénitiens que les protestants hollandais, anglais et américains : tous côtiers. Et, parmi les vaincus, aussi bien les catholiques français et russes que les protestants allemands : tous continentaux.

À l'avenir, c'est encore par et grâce à la mer que surgiront les plus grandes superpuissances.

Cette importance de la mer devrait donc s'imposer à nous ; d'autant plus qu'on commence à comprendre son rôle écologique fondamental pour la survie de l'humanité. Nous devrions donc tout faire pour la protéger.

Il n'en est rien. Les océans vont de plus en plus mal : les hommes d'aujourd'hui se comportent encore moins bien que les cueilleurs insouciants d'il y a 50 000 ans ; les réserves de poissons sont détruites ; les déchets s'y accumulent dans des proportions épouvantables. Leur température et leur niveau augmentent. L'oxygène y disparaît et la vie s'en éloigne.

Dans l'avenir, une part très importante des zones côtières, où se concentrent pourtant les deux tiers des humains, vont devenir inhabitables ; en mer, la vie sera de moins en moins possible ; des espèces disparaîtront de manière accélérée, sans qu'aucun mécanisme d'équilibre apparaisse.

Imagine-t-on un enfant empoisonnant lentement sa mère, tout en sachant que la mort de celle qui l'a porté entraînera la sienne ? Absurde. C'est pourtant ce que fait l'humanité aujourd'hui : cette fille de la mer, qui respire et se nourrit par elle, s'acharne à la tuer, et en mourra bien avant elle...

Que peut-on faire ? Bien des choses.

D'abord, raconter l'histoire de la mer depuis les premiers instants de l'univers jusqu'à nos jours, afin de comprendre son rôle essentiel dans l'histoire longue de l'humanité et dans la perpétuation de la vie. On a alors bien des surprises. Car tout s'y joue, et l'histoire de la mer rejoint l'histoire vue de la mer ; l'une peut mettre fin à l'autre.

Aussi ce livre est-il, au sens propre, une bouteille à la mer. Un appel au secours. Lancé à nous-mêmes. Seuls sauveteurs disponibles.

Et la France ? Parce qu'elle dispose du deuxième domaine maritime de la planète, elle a un rôle particulier à jouer dans cette histoire. Et pourtant, à huit reprises, elle aurait pu se donner les moyens de s'imposer comme une superpuissance maritime, condition nécessaire pour devenir une superpuissance géopolitique. Elle a échoué à chaque fois.

Elle a gâché toutes ses chances ; elle a laissé la maîtrise du monde successivement aux Vénitiens, aux Flamands, aux Génois, aux Hollandais, aux Anglais, aux Américains.

Tout cela, on ne le sait que trop peu : le récit traditionnel de l'histoire de France n'évoque jamais le rôle de la mer dans notre langue, notre culture, nos victoires ni nos défaites.

Aujourd'hui, elle a encore les moyens de s'imposer comme superpuissance maritime : ses côtes sont, sur le plan géopolitique, remarquablement situées ; ses ports en eau profonde se trouvent à des points encore stratégiques du commerce mondial ; elle dispose d'entreprises et de chercheurs en pointe dans ces domaines.

La mer n'est pourtant pas l'ennemie de la terre. Au contraire : une agriculture authentique, désindustrialisée, transparente, proche des consommateurs, est nécessaire pour que vivent la mer et ses valeurs. Là encore, la France pourrait être au premier rang.

Plus généralement, la mer est le miroir de l'identité humaine. Elle est un élément essentiel du patrimoine dont nous ne sommes que les locataires ; elle ne sera sauvée que si l'humanité transforme radicalement son modèle de développement, même dans ses dimensions les moins maritimes.

Je me risque donc ici à un nouvel essai d'« histoire globale », c'est-à-dire d'histoire très longue, transversale, dans le temps et l'espace, comme je l'ai déjà tenté à propos d'autres thèmes (la musique, la médecine, l'éducation, le temps, la propriété, le nomadisme, l'utopie, l'idéologie, le judaïsme, la modernité, l'amour, la prédiction, et quelques autres).

Cette « histoire globale », si longtemps méprisée par les spécialistes de territoires minuscules, et à laquelle on m'a tant reproché de m'intéresser depuis des décennies, est aujourd'hui enfin reconnue à sa juste place. On commence à admettre que c'est en prenant de la hauteur, en décentrant le regard, qu'on découvre les ressorts les plus secrets de l'histoire et de la nature.

Depuis longtemps, je m'intéresse à la mer, aux ports qui ont dominé l'économie, aux batailles navales qui ont décidé du sort des nations, aux traversées, aux bateaux et aux marins, nomades particuliers ; enfin, aux sabliers qui y rythment le temps.

Cet ancien intérêt puise sans doute ses racines dans le port où je suis né, et dont je n'ai jamais oublié ni les lumières, ni les odeurs, ni les vacarmes.

Je me suis ici largement inspiré d'innombrables lectures, citées en fin de ce livre (dont le projet Océanides[28] est le récent et magnifique exemple), et de conversations passionnantes, menées depuis des décennies, et encore tout dernièrement, avec quelques-uns des meilleurs spécialistes – dont plusieurs aujourd'hui disparus – de l'un ou l'autre des multiples aspects du sujet. En particulier, Francis Albarède, Claude Allègre, Éric Béranger, Fernand Braudel, Marc Chaussidon, Daniel Cohen, Vincent Courtillot, le commandant Jacques-Yves Cousteau, sa fille Diane et son fils Pierre-Yves, Maud Fontenoy, Stéphane Israël, Olivier de Kersauson, Erik Orsenna, Francis Vallat et Paul Watson, Pascal Picq et Michel Serres. Quelques-uns d'entre eux ont même bien voulu relire certains passages de ce livre et m'en faire des commentaires détaillés.

Qu'ils en soient tous ici remerciés, sans porter la moindre responsabilité dans le résultat de mon travail.

Chapitre 1

L'univers, l'eau et la vie

(De – 13 milliards d'années à – 700 millions d'années)

> « La mer est le vaste réservoir de la nature.
> C'est par la mer que le globe a pour ainsi dire
> commencé, et qui sait s'il ne finira pas par elle ! »
>
> Jules Verne,
> *Vingt Mille Lieues sous les mers*

Pour comprendre ce que sont les océans aujourd'hui, il faut d'abord s'intéresser à leur genèse, au miracle si fragile de leur existence et de leur persistance sur cette petite boule lancée à travers l'espace qu'on appelle la Terre. Pour cela, il faut remonter à la naissance de l'univers, et s'émerveiller de l'incroyable concours de circonstances qui a conduit à la création de l'eau ; à son éventuelle présence, ancienne ou actuelle, en quelques lieux de l'univers ; à son arrivée sur la Terre, à la formation des océans sur cette planète et à l'apparition de la vie.

L'eau, sans laquelle il n'y aurait pas de vie ; l'eau, véhicule de la vie.

Qu'on ne s'inquiète pas du caractère peut-être un peu savant de ce premier chapitre ; on peut le sauter

sans rien perdre pour la suite, même s'il donne la profondeur métahistorique de la fabuleuse évolution qui
conduit jusqu'à nous et à notre avenir.

Naissance de l'univers et de l'eau

Il y a 13,7 milliards d'années se déclenche ce qu'on
nomme communément le « Big Bang », qui marque, par
convention théorique, le début de notre univers et sa
dilatation immédiate. Dans les millièmes de seconde qui
suivent cette explosion, la température de la matière,
supérieure à 1 milliard de degrés, libère assez d'énergie
pour créer les premiers atomes ; et d'abord ceux de
l'élément le plus léger, l'hydrogène – tout l'hydrogène
existant aujourd'hui. Puis apparaissent les atomes des
éléments suivants (deutérium et hélium).

Ces amas de gaz entrent ensuite en expansion, et
refroidissent assez pour produire, en se combinant, des
noyaux d'atomes plus lourds, dont, successivement, le
carbone, l'oxygène et l'azote. Le plus ancien atome
d'oxygène connu aujourd'hui est d'ailleurs répertorié
comme étant apparu il y a 13,1 milliards d'années.

Ces amas gazeux forment alors des étoiles massives
(dites « géantes rouges »), rassemblant des gaz et des
poussières. Elles se regroupent ensuite en galaxies – des
milliards d'étoiles dans des milliards de galaxies.

De 500 millions à un milliard d'années après le Big
Bang, certaines de ces étoiles massives explosent, pro-
jetant dans le milieu interstellaire l'oxygène qu'elles
contiennent, qui réagit avec l'hydrogène pour former
les premières molécules d'eau, faites d'hydrogène et
d'oxygène[45].

L'eau n'est pas une molécule comme les autres[45] : elle peut être solide, liquide ou gazeuse à température et pression ambiantes. Les molécules des autres éléments peuvent s'y déplacer, moins vite que dans un gaz et plus vite que dans un solide. Elle se fixe facilement sur les autres molécules, dont elle peut casser les liens entre les différents atomes. Elle peut entretenir des liaisons très variées avec d'autres molécules ; elle peut jouer un rôle d'acide et de base ; elle est solvant universel. Ces qualités absolument uniques vont lui faire jouer un rôle essentiel dans l'histoire de l'univers et dans celle de la vie[45].

Naissance du système solaire et arrivée de l'eau sur les planètes

Il y a exactement 4,567 milliards d'années, quelque part dans un coin de cet univers en expansion, un nuage de gaz s'effondre sur lui-même, sous l'effet de l'intense chaleur dégagée par une fournaise centrale, formant ce qui va devenir le système solaire.

On sait de façon certaine que, dans ce nuage de gaz, il existe des molécules d'eau, à l'état de glace. C'est même le seul lieu dans l'univers où la présence d'eau est avérée. Pourquoi est-elle là ? Mystère. En tout cas, c'est parce qu'elle est là à ce moment que nous sommes là aujourd'hui.

Selon l'hypothèse aujourd'hui dominante[45], l'eau est arrivée dans ce nuage de gaz à l'état de glace ; elle y serait passée directement à l'état de vapeur et aurait été emprisonnée dans des poussières solides, qui se seraient ensuite agglomérées en astéroïdes, puis en protoplanètes, et enfin, par collisions successives, en planètes se plaçant en orbite autour de l'étoile centrale, le Soleil. La première planète à s'être formée, vers − 4,52 milliards d'années, est Jupiter.

Preuve à l'appui de cette hypothèse : il existe de l'eau, à l'état de vapeur ou de glace, sur plusieurs planètes du système solaire. D'abord, il existe, à la surface de Mercure, une quantité infime de glace ; et près de 1 % de l'atmosphère de cette planète est faite de vapeur d'eau. Ensuite, Mars a eu, à sa surface, de l'eau liquide et des océans comparables à ceux de la Terre, sans qu'on comprenne encore la raison de leur disparition ; et cette planète contient encore aujourd'hui des quantités importantes de glace sur ses pôles. Enfin, il y a actuellement de l'eau, sous forme de glace, sur certains des satellites de Jupiter, tels Europe (qui pourrait avoir un océan liquide de 90 kilomètres de profondeur), Ganymède et Callisto (qui pourraient également avoir de l'eau liquide à leur surface)[182].

Dans ce processus, une partie de l'eau présente dans ce nuage formant le système solaire s'est peut-être échappée au-delà du système solaire. Peut-être vers d'autres galaxies.

Avec peut-être les mêmes conséquences que ce qui va suivre sur la Terre.

L'arrivée de l'eau sur la Terre

La Terre se forme entre 30 et 50 millions d'années après le début de la formation du système solaire, soit il y a 4,53 milliards d'années. Son orbite est dès l'origine idéalement située entre les planètes sur lesquelles

les rayonnements du Soleil sont très intenses (Mercure, Vénus) et celles où ils sont très faibles (de Jupiter à Neptune)*.

La Terre est d'abord recouverte d'un océan de magma à très haute température, dont la surface se refroidit peu à peu pour former une première croûte rocheuse ; et elle est entourée d'une atmosphère de néon et d'argon, auxquels viennent s'ajouter azote, puis méthane et ammoniac.

Les mécanismes de l'arrivée de l'eau sur cette planète particulière, la Terre, ne sont pas encore clairement établis.

Il semblerait d'abord que, juste après sa formation, entre − 4,53 et − 4,46 milliards d'années, la Terre soit entrée en collision avec une protoplanète contenant de l'eau, qui se serait ensuite écartée pour devenir la Lune. Cela aurait eu pour conséquence de stabiliser l'atmosphère autour de la Terre ; les molécules de gaz (dont des molécules d'eau) subissant l'attraction dominante de la Terre jusqu'à 100 kilomètres de sa surface, sur une ligne nommée ligne de Karman, et formant ainsi son atmosphère.

Entre − 4,44 et − 4,3 milliards d'années, d'autres astéroïdes contenant de l'eau, alors en orbite entre Jupiter et Mars, seraient tombés pour certains sur Jupiter et pour d'autres sur la Terre. À l'appui de cette hypothèse, on a découvert dans l'ouest de l'Australie des zircons (minéraux ne s'altérant quasiment pas, malgré les changements dans la roche) présentant des traces d'une eau liquide vieille de 4,45 milliards d'années.

---

* Ce paragraphe est largement inspiré de nombreuses conversations avec Francis Albarède et Marc Chaussidon.

La formation des océans
et les premières rétroactions positives de la vie

Vers – 4,44 milliards d'années, la vapeur d'eau contenue dans l'atmosphère de la Terre se condense suffisamment pour permettre l'apparition d'une eau liquide qui tombe sur le sol et s'accumule jusqu'à former le premier océan. Le gaz carbonique, les sulfates et les chlorures rejetés par les volcans se dissolvent dans cette eau. D'autres ions, dont le sodium, le calcium et le magnésium, y sont aussi apportés par l'érosion des roches. Ainsi naîtra le sel. On a également retrouvé des sédiments déposés dans ce premier océan il y a 3,9 milliards d'années. Cela formera le sable.

Sans doute y a-t-il là aussi les premiers phénomènes apparentés à des marées, s'expliquant par la rotation de la Terre et l'attraction des corps célestes qui l'entourent.

Là surgit enfin la vie. Dans l'eau, et peut-être par l'eau. Entre – 4,1 et – 3,8 milliards d'années, les premiers êtres vivants, des organismes unicellulaires, les procaryotes (ne possédant pas de noyau), apparaissent dans l'océan. Deux hypothèses sont avancées pour expliquer leur apparition : soit la vie serait arrivée de l'espace, soit elle se serait formée sur la Terre.

Dans la première hypothèse, celle d'une origine extraterrestre de la vie, ces premiers êtres vivants pourraient venir d'acides aminés présents dans des météorites et des comètes qui se sont écrasées sur la Terre (on en a notamment retrouvé dans la comète de Tchouri, observée par la sonde Rosetta). Il est cependant assez peu probable que ces acides aminés, qui se seraient alors répartis dans l'immensité des océans, aient provoqué assez de réactions chimiques entre eux pour créer la vie[25].

L'hypothèse privilégiée est celle d'une naissance de la vie dans les fonds marins de la planète Terre : la chaleur, conjuguée à la pression extrême de ces fonds marins, aurait entraîné l'apparition de molécules d'acides aminés ; l'eau aurait ensuite permis de rompre des liens entre certaines de ces molécules, accélérant la chimie, encore totalement énigmatique, déclenchant l'émergence de la vie, c'est-à-dire d'entités dotées d'un ADN propre. L'expérience de Miller-Urey (qui a simulé en 1953 cette situation, en mêlant de l'eau avec du méthane, de l'ammoniac et de l'hydrogène) est assez convaincante. Mais la transition entre l'apparition de ces molécules et leur transformation en organismes vivants est encore un mystère complet pour la science. Sinon que l'eau y joue un rôle certain.

Il y a environ 3,8 milliards d'années, certains de ces premiers organismes vivants, toujours marins, évoluent, grâce à l'énergie fournie par la lumière solaire, en des structures toujours unicellulaires, mais plus complexes : les cyanobactéries (qu'on nomme communément « algues bleues », même si ce ne sont encore que des êtres unicellulaires et procaryotes)[25]. Elles fabriquent leur propre nourriture, des glucoses, par les premières photosynthèses et créent en même temps de l'oxygène et de l'ozone, qui s'échappe de l'eau et vient protéger l'atmosphère. D'une certaine façon, la vie améliore ainsi les conditions de la vie, par des boucles de rétroaction positive. Toujours dans l'eau.

Ce n'est pas la dernière fois : la complexification de la vie, depuis l'être unicellulaire jusqu'à nous, est, on va le voir, le résultat de nombreuses boucles de rétroaction positive. Où l'eau et la mer jouent toujours un rôle déterminant.

Les plus anciens de ces organismes, datant d'au moins 3,77 milliards d'années, ont été découverts sur la côte est de la baie d'Hudson, au Québec, dans la ceinture de roches vertes de Nuvvuagittuq, sous forme de tubes et filaments qui seraient peut-être des assemblages de cellules individuelles[219]. On a aussi trouvé au Groenland des formations sédimentaires, les stromatolithes, vieilles de 3,7 milliards d'années, résultant peut-être de l'activité métabolique de tels organismes, dont la trace directe n'a pas subsisté. D'autres restes d'organismes qui auraient pu être vivants, datant de 3,46 milliards d'années, ont été découverts dans l'ouest de l'Australie. Certains de ces micro-organismes unicellulaires (les nématodes et les tardigrades) existent d'ailleurs encore. Ils peuvent survivre sans eau pendant des millénaires, revenant à une certaine activité au contact de l'eau. L'eau, condition de la vie.

La vie multicellulaire et les supercontinents

À partir de – 2,7 milliards d'années, les formations sédimentaires créées par les cyanobactéries (les stromatolithes) piègent le CO_2, apportant des matières nutritives à l'océan et permettant à ces cyanobactéries de produire par photosynthèse de grandes quantités d'oxygène, qui s'échappent ensuite dans l'atmosphère.

Il y a 2,5 milliards d'années, sous l'effet du rayonnement ultraviolet du Soleil, une partie de cet oxygène est transformée en ozone, qui protège la Terre des rayons ultraviolets. Les conditions de la vie continuent ainsi de s'améliorer, toujours dans des boucles de rétroaction positive.

Vers – 2,4 milliards d'années, l'oxygène de l'atmosphère réagit avec le méthane qui s'y trouve aussi, déclenchant une glaciation, laquelle réduit la présence de carbone dans l'atmosphère et augmente plus encore la proportion d'oxygène, qui atteint 4 % vers – 2,2 milliards d'années. Cela permet bientôt l'émergence de la vie aérobie, c'est-à-dire utilisant l'oxygène atmosphérique, et non plus seulement l'oxygène sous-marin. Encore une boucle de rétroaction positive.

Il y a 2,2 milliards d'années, certains de ces procaryotes évoluent alors, toujours au fond des océans, en eucaryotes (organismes unicellulaires cette fois dotés d'un noyau et de mitochondries). Des traces de ces premiers eucaryotes, nommés *Grainai spiralis*, ont été retrouvées en Chine, en Inde et en Amérique du Nord.

Date majeure : il y a 2,1 milliards d'années apparaissent dans l'actuel Gabon, alors recouvert par l'océan unique, les premiers êtres multicellulaires connus : les *Gabonionta*[180]. Ce sont encore des procaryotes.

À partir de – 1,8 milliard d'années, la chaleur émise par le manteau et le noyau terrestre provoque l'apparition et la disparition de « supercontinents » successifs, entourés à chaque fois d'un seul océan recouvrant le reste de la planète ; la chaleur s'accumule sous ce supercontinent et le disloque en morceaux qui migrent pour se réagréger ailleurs en un nouveau supercontinent.

Le premier supercontinent apparaît il y a 1,8 milliard d'années ; il est connu sous le nom de Nuna. Puis vient Rodinia, 800 millions d'années après.

À ce moment, dans l'eau, la production de CO_2 est équilibrée par la production d'hydrogène et d'oxygène grâce à la photosynthèse des phytoplanctons ; et le CO_2 est piégé dans les calcaires. La composition de l'atmosphère terrestre se stabilise alors avec 78 % d'azote et 21 % d'oxygène. Cette proportion est depuis lors restée immuable.

Tout est en place pour que la vie se diversifie, jusqu'à l'homme.

Chapitre 2

Eau et terre : de l'éponge à l'homme

(De – 700 millions d'années à – 85000)

> « La mer est là, magnifique, imposante et superbe, avec ses bruits obstinés. Rumeur impérieuse et terrible, elle tient des propos étranges. Les voix d'un infini sont devant vous. Rien de la vie humaine. »
>
> Eugène Delacroix

Complexification de la vie dans les océans

Pendant ce temps, la vie se différencie, se sophistique, sans encore sortir de l'océan. Les cyanobactéries sont encore là, mais elles ne sont plus seules. Les êtres multicellulaires deviennent de plus en plus complexes. Les premiers eucaryotes pluricellulaires, les « algues rouges », apparaissent il y a 1,2 milliard d'années.

Il y a 700 millions d'années naissent, dans cet océan encore unique, des êtres pluricellulaires nettement plus sophistiqués : les éponges. Elles sont suivies par les coraux mous et, il y a 640 millions d'années, par les méduses, composées en moyenne de 95 % d'eau.

Entre – 635 et – 541 millions d'années, dans une période dite de l'Édiacarien, une nouvelle faune marine voit le jour, plus complexe encore : algues, lichens, champignons, mollusques. Des cyanobactéries prennent résidence dans certains de ces eucaryotes, leur fabriquant leur nourriture : c'est l'« endosymbiose ».

Vers – 540 millions d'années, avec l'explosion cambrienne[179], apparaissent, toujours sous les eaux de l'océan, plus de 140 espèces végétales et animales. Leur oxygénation conduit au développement de la plupart des grands embranchements actuels des espèces pluricellulaires végétales, bactériennes et animales, et à certains embranchements qui se sont ensuite éteints, dont la majorité des espèces de trilobites et de brachiopodes.

Vers – 445 millions d'années, rupture majeure : une grande glaciation, sur la planète entière, aux origines incertaines, provoque la disparition de près de la

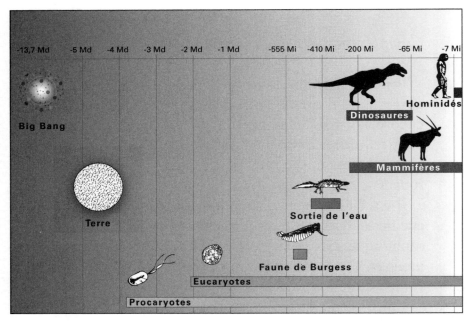

Chronologie de la Terre et de la vie

moitié des êtres vivants, encore tous marins. C'est la première extinction de masse. Il y en aura quatre autres.

La vie passe sur la terre ferme

Il y a 440 millions d'années, juste après cette grande glaciation, la vie renaît de plus belle. Toujours sous la mer. Et, plus encore, révolution absolue : il y a même désormais assez d'oxygène dans l'atmosphère pour permettre à la vie de sortir de la mer, et assez d'ozone autour de la Terre pour la protéger des rayons du soleil. Des plantes, notamment des mousses et des lichens, sortent de l'eau et commencent à coloniser les rivages. Des plantes. Pas encore des animaux[82].

Il y a 420 millions d'années apparaissent dans les océans les premiers vertébrés et les premiers poissons, avec des carapaces ou des os, avec ou sans mâchoires. Leur reproduction est sexuée, sans pénétration, la mer étant le lieu de la transmission de la semence du mâle à la femelle. Les poissons voient donc le jour après que la vie, sous forme de plantes, est sortie de la mer. En particulier apparaissent les requins, qui survivront à toutes les extinctions suivantes.

Il y a 380 millions d'années, une nouvelle variation significative des températures et du niveau des eaux entraîne une baisse notable de la quantité d'oxygène des océans (ce qu'on nomme une « anoxie ») et provoque la disparition de près des trois quarts des espèces vivantes, marines et terrestres. Terrestres plus que marines.

C'est la deuxième extinction de masse.

Après cette grande catastrophe, une nouvelle fois, la vie revient très vite. Comme si la disparition de nombreuses espèces était la condition de la naissance de nouvelles, plus sophistiquées. Comme si, aussi, la mer était le sanctuaire protecteur de la vie.

Il y a 375 millions d'années, les poissons se modifient et leurs nageoires primitives laissent place à des nageoires squelettiques leur permettant de se déplacer plus facilement dans les rivages boueux, et d'évoluer vers des animaux capables de sortir de l'eau.

Il y a 350 millions d'années, étape majeure : les premiers animaux sortent de la mer. Ce sont des reptiles, qui vont peu à peu évoluer en différents groupes : squamates (lézards et serpents), chéloniens (tortues), crocodiliens, dinosauriens, reptiles mammaliens. L'arrivée de ces premiers animaux sur la terre ferme s'accompagne de l'apparition progressive, chez ces animaux, du cloaque, lieu humide de la gestation des générations suivantes ; alors que le poisson utilise la mer comme lieu de la fécondation et de la gestation, le cloaque est, pour les animaux terrestres, comme l'océan portatif de la femelle.

Puis, il y a 300 millions d'années, se forme un nouveau supercontinent, nommé Pangée, toujours entouré d'un océan unique. Il y a 252 millions d'années, à la jonction d'époques nommées Carbonifère et Permien, une nouvelle glaciation se déclenche. La cause en est incertaine : variation du niveau de la mer, chute importante de météorites ou augmentation du volcanisme. Cette fois, plus de 95 % des espèces marines et 70 % des espèces terrestres disparaissent. Cela constitue la troisième extinction de masse. Encore une fois, juste après, la vie – maritime et terrestre – reprend, avec des formes plus sophistiquées encore.

Premiers mammifères
et séparation des océans

Il y a 230 millions d'années, des reptiles mammaliens terrestres, tels le cynognathus et le thrinaxodon, évoluent en mammifères, c'est-à-dire en animaux nourrissant eux-mêmes leurs nouveau-nés, en les allaitant : le plus ancien fossile de mammifère connu date de – 220 millions d'années. Chez ces animaux, le cloaque évolue en vagin, qui relie l'utérus à la vulve.

Il y a 200 millions d'années, la conjonction de variations du niveau de la mer, d'un changement climatique inexpliqué et d'épisodes volcaniques provoque un réchauffement global de la planète, entraînant une nouvelle extinction de masse, la quatrième.

Et là encore la vie reprend et se complexifie. Il y a 180 millions d'années (à la fin du Trias), on retrouve le même niveau de biodiversité qu'avant l'extinction.

Au même moment, grande transformation géologique : la plaque nord-américaine et l'Inde se séparent du reste du supercontinent. L'océan jusque-là unique se divise en deux océans fermés : l'océan Panthalassique et la mer Paléo-Téthys.

Il y a 100 millions d'années, l'Europe et l'Asie s'éloignent du reste du supercontinent, qui deviendra l'Afrique et l'Amérique du Sud ; puis l'Afrique se sépare de l'Amérique du Sud. Il y a 70 millions d'années, l'Inde rencontre la plaque asiatique. Le Pacifique est ce qui reste de cet océan.

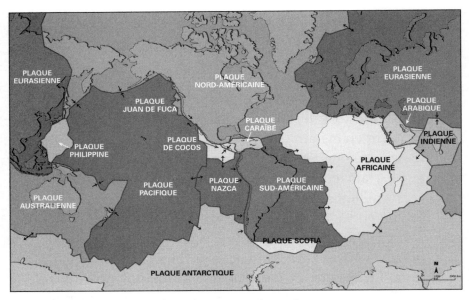

Les plaques continentales

Il y a 65 millions d'années, la disparition des dino-saures (provoquée par la conjonction de la chute d'une météorite gigantesque au Mexique et d'un volcanisme très important dans le Deccan) provoque une nouvelle extinction de masse, la cinquième.

La Terre connaît alors, au cours de cycles appelés Paléocène et Éocène, une des périodes les plus chaudes de son histoire ; des forêts s'étendent sur toute la pla-nète, d'un cercle arctique à l'autre.

Stabilisation des océans et premiers primates

Il y a environ 55 millions d'années, on assiste, sur la terre ferme, dans ces forêts, à l'émergence et à la diver-sification rapide des mammifères en deux catégories : placentaires et marsupiaux.

Apparaissent les premiers primates, dont les plus anciens fossiles sont vieux de 55 millions d'années (Donrusselia et Cantius). Ils vivent en grande majorité dans les arbres, où ils trouvent l'essentiel de leur nourriture.

L'océan Arctique apparaît il y a 50 millions d'années ; se stabilisent l'Atlantique, le Pacifique et l'océan Indien.

Il y a 40 millions d'années naissent en Afrique les premiers singes, en même temps que se forme la Méditerranée.

Il y a plus de 30 millions d'années, on assiste à un refroidissement massif de la planète. Les courants marins et atmosphériques favorisent la formation d'une calotte polaire. Le niveau des mers et des océans baisse de plus d'une centaine de mètres et la température moyenne de la Terre chute de 15 degrés. Ce refroidissement brutal entraîne le détachement du continent Antarctique, qui se sépare de l'Australie et de l'Amérique du Sud. En conséquence, en Eurasie et en Afrique, les forêts disparaissent des régions Nord et Sud pour se réduire à la bande entre les deux tropiques. Les primates et les singes se replient alors, eux aussi, sur cette zone.

À partir de ce moment, la Terre semble géologiquement en paix et atteint un équilibre fragile – celui qui est menacé aujourd'hui.

Les très rares météorites qui traversent l'atmosphère terrestre avant de toucher la planète n'apportent plus qu'un nombre infime de molécules d'eau, et la quantité d'eau disponible se stabilise : 1,386 milliard de kilomètres cubes, dont 1,338 milliard dans les mers et océans, et 48 millions d'eau douce, dans les fleuves, les lacs et les rivières. Auxquels il faut ajouter l'équivalent de deux à cinq océans en eau dissoute dans les minéraux, au cœur de la planète. Cette quantité est encore là aujourd'hui.

L'océan qu'on nommera plus tard Pacifique a alors, comme aujourd'hui, une superficie de 179 millions de kilomètres carrés, un volume de 707 millions de kilomètres cubes d'eau, avec une profondeur moyenne de 4 282 mètres et une profondeur maximale de 11 035 mètres (fosse des Mariannes). L'Atlantique a une superficie de 106 millions de kilomètres carrés, un volume de 323 millions de kilomètres cubes, avec une profondeur moyenne de 3 926 mètres et une profondeur maximale de 8 605 mètres (fosse de Milwaukee dans la mer des Caraïbes). L'océan Indien a une superficie de 73 millions de kilomètres carrés, un volume de 291 millions de kilomètres cubes, avec une profondeur moyenne de 3 963 mètres et une profondeur maximale de 7 450 mètres (fosse de Diamantina au large de l'Australie). L'océan Austral a une superficie de 20 millions de kilomètres carrés, un volume de 130 millions de kilomètres cubes, avec une profondeur moyenne de 4 200 mètres et une profondeur maximale de 7 236 mètres (fosse des îles Sandwich du Sud). L'océan Arctique a une superficie de 14 millions de kilomètres carrés, un volume de 16 millions de kilomètres cubes, avec une profondeur moyenne de 1 205 mètres et une profondeur maximale de 4 000 mètres (au nord-est du Groenland) ; il est essentiellement constitué d'une calotte glaciaire qui repose sur quelques îles et des mers gelées, agrégation de banquises formées durant l'hiver et dont une partie se maintient durant l'été.

Les phénomènes de marées, provoquées par l'attraction des corps célestes et par la force de rotation de la

Terre, se régularisent. Les mers – nom donné aux plus petits océans – se stabilisent aussi.

La composition de l'eau des océans est alors aussi à peu près stabilisée : les apports de sels divers (c'est-à-dire des divers chlorures de sodium, de calcium, de magnésium, de potassium, de brome, de fluor, tous venant de l'érosion terrestre) compensent exactement et en permanence la disparition de sels (par sédimentation et évaporation). Le potassium est absorbé par les argiles tandis que le calcium est utilisé par certains organismes marins. Neuf dixièmes du dioxyde de carbone (CO_2) de l'atmosphère sont dissous dans l'eau de mer et transportés vers le fond par les courants marins. Un litre d'eau de mer contient alors, comme aujourd'hui, en moyenne 35 grammes de sels divers ; et il y a au total, dans les océans, 48 millions de milliards de tonnes de ces sels. Voilà pourquoi l'eau

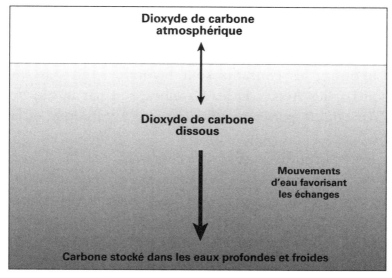

Le transfert de dioxyde de carbone

ne gèle qu'à – 2,6 degrés dans l'océan Arctique, et un peu moins ailleurs, où il y a moins de sel.

Le sel, dont les premiers primates ont déjà l'usage, semble-t-il…

Premier voyage marin de primates, première embarcation

À la même époque, il y a environ 30 millions d'années, quelques-uns de ces premiers primates quittent l'Afrique et arrivent en Amérique du Sud par d'invraisemblables voyages marins. Sans doute involontaires.

Selon l'hypothèse la plus admise, ces primates seraient venus sur de vastes radeaux naturels détachés des rives des embouchures des grands fleuves africains. Cela n'est pas invraisemblable : de nos jours encore, de tels « icebergs végétaux » traversent l'Atlantique Sud, portant des animaux embarqués malgré eux. Et la distance entre l'Afrique et l'Amérique du Sud était, il y a 30 millions d'années, bien moindre qu'aujourd'hui[25]. En outre, les courants sont favorables, en passant soit par les Açores et les Caraïbes, soit par le sud de l'Afrique, la partie occidentale de l'Antarctique et la Patagonie.

Cette hypothèse est encore contestée[25], car les singes, à de rares exceptions près, détestent l'eau et ont besoin d'un apport quotidien important de nourriture et d'eau potable. On n'a en tout cas aucune autre explication plausible à la présence de traces de ces singes dans le sud de l'actuelle Amérique du Sud. Ce serait donc le premier voyage de primates, sans doute involontaire.

Il y a 20 millions d'années, ces primates évoluent en hominoïdes, ancêtres des hommes, chimpanzés, bonobos, gorilles et orangs-outangs. Ils sont moins arboricoles et commencent à marcher, un peu plus droits, dans la savane.

Entre – 16 et – 12 millions d'années, avec l'apparition de la Méditerranée, ces hominoïdes, toujours nomades, voyagent en Eurasie, puis migrent vers l'Asie ou retournent en Afrique. La lignée d'Asie disparaît ensuite. Celle d'Afrique se diversifie et donnera l'homme moderne.

Marcher enfin debout et Gulf Stream

Entre – 7 et – 5 millions d'années, des hommes proches de nous, Toumaï du Tchad, Orrorin du Kenya et Ardipithecus d'Éthiopie, vivent dans des forêts et des savanes d'Afrique plus ou moins denses ou ouvertes. En marchant de mieux en mieux debout, ils changent tout : ils peuvent regarder au loin leurs ennemis et, leur tête étant portée par leur corps, leur cerveau peut grandir. De plus, les relations entre les sexes se modifient, avec le bouleversement des postures sexuelles.

Il y a 5 millions d'années, la jonction des deux sous-continents américains ferme le passage entre l'Atlantique et le Pacifique, et fait naître le Gulf Stream.

La formation de ce courant est essentielle pour la suite, et il importe de l'expliquer.

L'eau de la mer circule alors en effet sans cesse, comme aujourd'hui, en raison des différences de température et de concentration du sel : l'eau de surface est plus chaude et plus concentrée en sel, du fait de l'évaporation, que l'eau des profondeurs ; elle se déplace en surface de l'équateur vers les pôles, où elle refroidit brutalement, se transformant en glace et rejetant son sel vers les fonds marins. Ainsi se forme la calotte polaire arctique. Devenue alors très dense, l'eau repart, en sens inverse, vers l'équateur ; en se réchauffant, elle remonte à la surface. Ce phénomène s'appelle la « circulation de convection » ou circulation thermohaline (thermo : température ; haline : salinité). Ainsi, dans l'Atlantique, le Gulf Stream transporte les eaux chaudes de surface du sud-est de l'Atlantique vers les eaux froides de l'Arctique, réchauffant au passage les côtes de l'Europe de l'Ouest. De même, dans le Pacifique, le courant de Kuroshio transporte les eaux chaudes de surface de la mer de Chine vers le nord-est du Japon, réchauffant au passage les côtes japonaises.

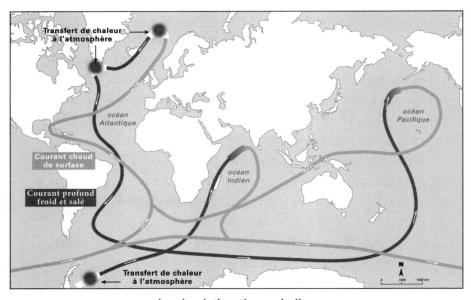

La circulation thermohaline

Au même moment, une autre espèce de primates, l'australopithèque, commence à arpenter l'Afrique orientale et australe. Entre − 4 et − 2 millions d'années, la différenciation des saisons entraîne une différenciation des australopithèques, certains étant moins végétariens que d'autres. Ceux qui consomment le plus de viande deviennent les « premiers hommes » et voyagent, en restant encore en Afrique ; la célèbre Lucy en fait partie[92].

Il y a 2,8 millions d'années, ses descendants, *Homo gautengensis*, *Homo habilis*, *Homo rudolfensis* et *Homo georgicus*, voyagent, toujours à pied, toujours sur le continent africain. Ils fabriquent des outils de pierre plus diversifiés, marchent mieux et possèdent un plus gros cerveau ; mais ils demeurent encore partiellement dépendants des arbres[92]. Et tous leurs déplacements se font par voie terrestre et à pied.

Il y a 2 millions d'années, ce groupe humain sort d'Afrique et va aux limites des terres qu'on peut atteindre sans traverser une mer : on a des traces de sa présence en Chine. On ne sait pas s'il utilise le sel de la mer ou celui de mines, ni s'il pêche, depuis la rive, le long de la mer ou des fleuves ; c'est vraisemblable, à voir ses outils, en particulier les premiers harpons[25].

Cet être humain est déjà très proche de nous. Il est composé à plus de 70 % d'eau, concentrée dans le plasma sanguin ; ses reins ont une teneur de 81 % d'eau, et son cerveau de 76 %. Il a besoin d'eau potable pour l'élimination de ses déchets métaboliques et pour le maintien de la température de son corps.

Premiers hommes : Homo erectus *; premières traversées maritimes**

Il y a 2 millions d'années apparaissent en Afrique les *Homo erectus*, plus endurants et innovants. Ils ont des rites funéraires, des comportements amoureux, une organisation sophistiquée[92]. Ils peuvent courir plus longtemps qu'aucun animal grâce à leur capacité à évacuer la chaleur. Ils inventent le feu, la construction d'abris et les maquillages. Même s'ils commencent à s'installer quelques semaines au même endroit, ils restent nomades. On les trouve il y a 1,8 million d'années jusqu'à Dmanisi en Géorgie.

Ils commencent à voyager sur la mer, par un extraordinaire exploit : il y a environ 800 000 ans, certains de ces *Homo erectus* arrivent en marchant en Malaisie ; menacés par une forte éruption volcanique, ils doivent fuir et n'ont qu'une issue : traverser le détroit entre Bali et Lombok vers l'île de Florès, dans l'archipel de la Sonde, en Indonésie. Ce détroit est aussi une barrière biogéographique, c'est-à-dire une ligne séparant des espèces animales ne pouvant vivre dans la zone des autres : les mammifères placentaires sont à l'ouest de cette ligne, et les marsupiaux (caractérisés par la poche abritant le nouveau-né chez la femelle) à l'est.

Ce détroit de 20 kilomètres est alors impossible à traverser à pied, en raison de forts courants et de la profondeur de la mer. Ces primates auraient donc franchi

* Les textes précédant cet intertitre et le suivant sont la version finale, réécrite par Pascal Picq, de ses échanges avec l'auteur.

ce bras de mer à dos de stégodons – sortes d'éléphants très bons nageurs apparus il y a 12 millions d'années et dont les derniers survivants ont vécu, justement sur l'île de Florès, il y a 11 000 ans.

Imaginons cette traversée, sous la terreur d'un volcan en éruption, sans avoir pied, sans savoir ce qu'il y a de l'autre côté de l'horizon…

Au cours de cette longue période, on ne relève aucune autre preuve de navigation que cette traversée du détroit entre Bali et Lombok. Sinon des traces fossilisées de pas sur des plages, dans l'actuelle Angleterre, vers – 800000, atteintes à pied à la faveur de la baisse du niveau des mers. Sans doute ces *Homo erectus* pêchaient-ils ou recueillaient-ils du sel.

Entre – 800000 et – 500000, les populations d'*Homo erectus* se diversifient en plusieurs espèces humaines : les néandertaliens (*Homo neanderthalensis*) en Europe et en Asie occidentale, les hommes de Denisova en Asie centrale et orientale, et l'*Homo sapiens* en Afrique.

Néandertaliens et hommes de Denisova voyagent encore : on trouve des traces génétiques d'hommes de Denisova en Espagne, et de néandertaliens aux confins de la Sibérie. Ces populations se rencontrent et échangent au Proche-Orient.

La plus ancienne trace de notre espèce, *Homo sapiens sapiens* (nom que certains donnent encore aujourd'hui à des *Homo sapiens* au cerveau particulièrement développé, et qui sont génétiquement très proches de l'homme moderne)[92], apparaît alors, il y a 315 000 ans, au Maroc. Puis d'autres traces sont découvertes en Éthiopie, datant d'il y a 250 000 ans.

Vers – 250000, l'*Homo sapiens sapiens* migre vers les côtes africaines, en raison de la sécheresse. Il voyage sans doute sur les rivières. Peut-être en radeau. En construisant des ponts sommaires, en tout cas. Il y a 200 000 ans environ, il n'est encore qu'au Maghreb, en Afrique orientale, en Afrique australe et au Proche-Orient. Il innove à grande vitesse dans la taille de la pierre, les bijoux, les sculptures, les outils, les rites funéraires. Vers – 150000, il s'organise en tribus et quitte l'Afrique, vers l'Europe et l'Asie.

On retrouve aussi des traces d'*Homo erectus* il y a 130 000 ans sur l'île de Chypre ; on ne sait pas s'ils sont des hommes de Neandertal ou des *Homo sapiens*. Voyagent-ils sur la mer ? Certains archéologues affirment avoir découvert aussi en Crète des outils datant de 120 000 ans, qui ne pourraient provenir que du continent, laissant penser que les Crétois de l'époque sont capables de se déplacer sur la mer.

Les plus anciens sites attribués à *Homo sapiens* en Europe, vers cette date, se trouvent en Italie et en Espagne, ce qui ne peut s'expliquer que par des migrations maritimes.

Il y a plus de 100 000 ans, des *Homo sapiens sapiens* quittent le centre de l'Afrique. Peut-être en raison de l'expansion du Sahara, ou d'une croissance démographique supérieure à celle des ressources, ou encore d'un conflit avec d'autres espèces animales et humanoïdes. Pendant ces voyages, ces *Sapiens sapiens* rencontrent des fleuves et les suivent jusqu'à la mer : on trouve sur la côte, à 300 kilomètres à l'est du Cap, en Afrique du Sud, dans les grottes de Blombos et de Pinacle Point, les plus anciens vestiges de l'exploitation des ressources maritimes et les témoignages d'usage intense de colorants et d'objets « artistiques ». Puis on retrouve ces *Homo sapiens sapiens* sur toutes les côtes de l'Afrique (côte occidentale, Maroc, Proche-Orient, côte orientale). On y découvre des coquillages percés et colorés d'ocre montés en pendeloque, bracelet ou collier, et les premières formes d'art pariétal. Sans doute consomment-ils aussi le sel qu'ils y trouvent. Peut-être savent-ils déjà qu'il permet de conserver le poisson. On ignore s'ils ont seulement suivi les côtes ou s'ils ont voyagé sur les mers, car celles-ci ont recouvert les vestiges hypothétiques de leurs plus anciennes navigations et résidences. En tout cas, à pied, ils quittent l'Afrique et marchent vers la mer Noire *via* le Proche-Orient, où ils sont bloqués par les néandertaliens.

Là commence l'aventure humaine moderne, à jamais inséparable de la mer.

Chapitre 3

Premiers voyages humains
sur les océans

(De – 60000 à l'an 0 de notre ère)

« Il y a trois sortes d'hommes : les Vivants, les
Morts, et ceux qui vont sur la Mer. »

Aristote

Soixante mille ans avant notre ère, tous les hommes
de ce temps (ils ne sont encore que moins d'un million),
d'espèces encore multiples, sont encore nomades. Ils ne
s'installent pas durablement en un lieu. Jamais, en tout
cas, plus de quelques mois. Et, parfois, ils voyagent sur
la mer, le long des côtes.

Pour ces premiers hommes, la mer est déjà le lieu de
bien des nourritures et de bien des dangers ; elle est
aussi le cadre de l'expression de la colère divine. Elle
est la fois berceau de la vie, quand elle est chaude, et
menace de mort, quand elle est froide. Certains d'entre
eux pensent que l'océan, comme la terre, est plat jusqu'à
l'infini ; d'autres, qu'il s'arrête au bord d'un vertigi-
neux précipice. Et pourtant, avec bien plus d'audace
qu'aucun des voyageurs ultérieurs, ils se lancent de plus
en plus sur les flots.

Leurs connaissances maritimes progressent avec celles des astres dans le ciel, elles-mêmes liées à la météorologie, à l'astrologie et aux sciences divinatoires. Pas de mer sans ciel. Pas de voyage en mer sans connaissance approfondie des étoiles, des vents, des nuages, des courants marins, des bancs de poissons, des vols d'oiseaux. Et les hommes de ce temps se transmettent de génération en génération des savoirs très sophistiqués, qu'on retrouvera dans leurs premières cartes. Pas de navigation sans rituels propitiatoires, prières, voyages virtuels le long de labyrinthes[7], sacrifices animaux ou humains, lectures de présages. Pas d'embarquement non plus sans hiérarchie sociale, distinguant les marins et les capitaines, les équipages et les passagers. Hiérarchie qu'on retrouve à l'identique dans les hordes en marche sur la terre ferme[10].

On navigue alors surtout le long des côtes des mers calmes : la mer de Chine, le golfe Persique et la Méditerranée. L'Atlantique est encore peu fréquenté, en raison des marées et des tempêtes, sinon en cabotage.

Dans le Pacifique

On date à environ 30 millions d'années les premiers voyages de primates dans l'Atlantique. Ceux des hommes modernes semblent avoir eu lieu, on l'a vu aussi, dans le Pacifique il y a 800 000 ans. Les premiers voyages des *Homo sapiens sapiens* paraissent remonter à 60 000 ans. Ce sont ceux de peuples riverains de l'océan Indien et du Pacifique.

Ayant traversé à pied la péninsule Arabique, puis l'Iran et l'Inde avant de gagner, toujours à pied, la

Chine, ils descendent plus au sud et atteignent les îles de la Sonde, il y a plus de 60 000 ans, par des navigations hauturières, à un moment où le niveau des mers est très bas.

Un peu plus tard, ils voyagent vers l'Océanie, où l'on trouve les premières peintures connues de bateaux, datées de cette époque. Ce sont des barques de 2 à 8 mètres de long, construites avec des outils en pierre à partir d'arbres évidés. De là, ils vont vers les Philippines, l'Indonésie, puis l'actuelle Thaïlande et la Malaisie.

On a aussi identifié des migrations à cette époque vers l'Australie depuis les îles de la Sonde, l'Indochine et le sud de la Chine ; les descendants de ces migrants sont aujourd'hui les Aborigènes d'Australie et les Papous de Nouvelle-Guinée. De tels voyages ne sont pas invraisemblables – on les a d'ailleurs récemment reconstitués : depuis l'île de Timor, des navigateurs modernes ont accosté du côté de Darwin, en Australie, après seulement trois tentatives et une navigation de deux semaines au gré des courants, en utilisant de grands radeaux faits de bois et de lianes à l'aide d'outils de silex[25].

En mer de Chine, vers – 40000, durant une période de glaciation dite de Würm (qui fait baisser de près de 60 mètres le niveau de la mer), des hommes passent à pied de l'actuelle Chine et de la Sibérie vers les îles japonaises. Dans la mythologie japonaise, Ryujin, dieu de la mer, dont descend la dynastie impériale japonaise, est d'ailleurs un dragon marin capable de prendre forme humaine.

À la même époque, il y a 40 000 ans, on trouve la première trace d'un bateau sculpté, sur un rocher de la mer Caspienne. C'est à ce moment que les espèces humanoïdes autres que *Sapiens sapiens* disparaissent à peu près. En période glaciaire, des hommes traversent, à pied, les 2 000 kilomètres qui séparent l'Afrique de l'Amérique du Sud ; puis ils remontent vers l'Amérique du Nord, comme l'établissent des peintures rupestres. Ils y retrouvent, il y a 15 000 ans, des hommes venus, toujours à pied, depuis la péninsule du Kamtchatka jusqu'à l'Alaska. Puis, en longeant les côtes vers le sud, ils parviennent en Californie vers − 10000 et, peut-être, en longeant les côtes orientales de l'Amérique du Sud, arrivent-ils jusqu'en Patagonie, comme en témoigne le site de Pedra Verde dans le sud du Chili.

Révolution technique majeure : autour de − 6000 (les hommes sont alors environ 5 millions sur la planète) apparaissent chez les Austronésiens et dans le sud-est de la Chine les premiers bateaux à voiles, qui servent à naviguer entre les îles et sur le Yangzi (fleuve Bleu) et le Huang He (fleuve Jaune)[46]. Sans doute s'installent-ils alors dans de premiers villages fixes.

À partir de − 3000, un peu avant l'époque d'un légendaire premier empereur chinois (qui aurait régné vers − 2650), des paysans du sud-est de la Chine traversent de nouveau la mer de Chine, cette fois pour s'installer à Taiwan et coloniser l'Océanie. Ils pêchent et commercent, en particulier du sel (dont l'usage est alors établi, en particulier pour conserver les produits de la pêche)[25].

Pour les Chinois d'alors, la Terre est carrée et leur pays est entouré de quatre océans à ses points cardinaux. Quatre Rois-Dragons (Ao Shun, Ao Kuang, Ao Jun et Ao Chin) protègent chacun un océan, et tous protègent la Chine[46]. Au même moment, en Inde, on voit la Terre comme un disque où quatre continents sont rassemblés autour du mont Meru, et entourés d'un océan infini ; Varuna, dieu des océans, est le maître de l'univers avant qu'Indra ne prenne sa place[74].

À partir de – 2000, nouvelle innovation maritime majeure, toujours par les Austronésiens : pour naviguer vers les Philippines, le sud de la Malaisie, l'Indonésie et l'Australie, ils commencent à utiliser des pirogues doubles à balancier, pouvant contenir à la fois 60 personnes et une grande cargaison d'animaux et de plantes. Ils retrouvent en Australie les premières populations installées là 50 000 ans auparavant.

À partir de – 1000, les îles Fidji semblent devenir la base de leurs expéditions. De là, sur ces bateaux incroyablement fragiles, ils visitent les îles Samoa, Futuna et Salomon, et parviennent jusqu'à l'actuelle Polynésie française ; ils atteignent peut-être même la côte ouest de l'Amérique du Sud, ce qui expliquerait certaines similitudes linguistiques, et certains récits qui, au Pérou, parlent de voyageurs venus de Polynésie.

En – 1000, des navires marchands relient très régulièrement la Chine à l'Inde, par le détroit de Malacca, transportant en particulier des clous de girofle venant des Moluques (îles situées à l'est de l'Indonésie), ensuite exportés jusqu'en Égypte.

Des royaumes se créent autour de ces richesses et se dotent de marines de commerce importantes. Le port de Srivijaya à Sumatra devient notamment le relais privilégié entre la Chine et le reste du monde. Il le demeurera pendant quinze siècles. Le royaume du Funan, situé dans le sud de la péninsule indochinoise autour du delta du Mékong, profite aussi pleinement de ce commerce.

Les marchands chinois prennent alors l'habitude de répartir leurs marchandises dans plusieurs bateaux, et d'accepter les marchandises d'autres marchands sur leurs bateaux, pour mutualiser les risques. Première forme d'assurance. Pour protéger leurs voyages contre les pirates, ces marchands placent aussi des hommes en armes sur leurs bateaux.

En – 221 (les hommes sont environ 30 millions sur la planète), le premier empereur de Chine dont l'existence est historiquement établie, Qin Shi, unifie les différents royaumes de Chine en un seul, l'empire Qin. Il décide, vers – 220, de construire un ensemble de murailles à sa frontière occidentale et de ne pas développer de marine, ni commerciale ni militaire. Très brève dynastie, car il est remplacé en – 206 par un chef de bande, Lui Bang, qui fonde la dynastie Han, qui va, elle, durer quatre siècles et compter vingt-huit empereurs[51].

Cette dynastie règne d'abord depuis Changan, au centre-est de la Chine actuelle, sur un empire de nouveau divisé entre royaumes du Nord et du Sud. Elle ouvre une minuscule brèche dans la Grande Muraille en lançant la « route de la soie » en – 200, pour échanger un peu avec les Parthes qui occupent alors la Perse, et qui commercent ensuite avec les Européens[46].

Au Iᵉʳ siècle avant notre ère, les navigateurs chinois sont des commerçants, transportant des produits précieux par la mer, non seulement quand c'est le seul moyen d'aller d'un lieu à un autre, mais même quand il existe une route terrestre[46] : il devient en effet clair pour tous que, dans la région, les bateaux sont plus sûrs que les caravanes, et qu'ils permettent de transporter davantage de marchandises.

On retrouve ainsi, au tournant de notre ère, dans tout l'océan Indien et en Chine, des produits venus d'Afrique : des lapis-lazuli, des cornes de rhinocéros, de l'ivoire, des bois précieux, du cuivre, de l'or, de l'argent ou du fer.

Golfe Persique et Méditerranée

Et ailleurs dans le monde ? Vers – 60000, les hommes modernes arrivent en Europe, où ils rencontrent les hommes de Neandertal, avec qui ils cohabitent, s'affrontent et, sans doute, se mêlent. À partir de – 50000, ils se déplacent par voie terrestre ou par cabotage vers l'Europe du Nord, la Corse et la Sicile.

Pendant des millénaires encore, ils pêchent, chassent et cueillent, sans s'installer. Probablement disposent-ils aussi de barques et de radeaux leur permettant de naviguer sur les fleuves et le long des côtes.

Grande révolution : vers – 9500, au Moyen-Orient avant tout autre endroit sur la planète, des hommes cessent d'être nomades. Et, contrairement à ce qu'on dit en général, ils s'installent près d'une mer. Ils se sédentarisent en effet d'abord dans la vallée du Jourdain, faisant de Jéricho (alors au bord de ce qui est devenu la mer Morte) la première ville de l'Histoire. Et la première ville est un port. Sans doute utilisent-ils des bateaux sur cette mer, au moins pour pêcher. Sans doute ont-ils besoin de sédentarité pour exploiter au mieux les ressources maritimes. Ils construisent le premier fort dont on a la trace. Ils y inventent l'agriculture, puis l'élevage, puis la métallurgie du bronze. Ainsi, c'est par la mer que se développent la sédentarité et l'agriculture.

Puis ils fondent d'autres villes dans la Mésopotamie voisine, cette fois au bord de deux grands fleuves, le Tigre et l'Euphrate, conduisant à une mer, le golfe

Persique[143]. On y retrouve des représentations, faites en
– 6000, de bateaux à voiles et à rames servant à transporter sur ces fleuves des matériaux de construction et
des denrées alimentaires. Étrange coïncidence : c'est à
la même époque que les bateaux à voiles apparaissent
aussi dans le Pacifique.

Les hommes s'installent ainsi près des mers ou, au
moins, près de fleuves : le nomadisme terrestre bascule
alors nettement vers ce que je nommerai la sédentarité
maritime.

Vers – 5000, toujours en Mésopotamie, la civilisation sumérienne, et d'abord celle d'Uruk, située entre le
Tigre et l'Euphrate et allant jusqu'au golfe Persique[143],
voit encore la mer comme une menace. Gilgamesh
apporte le premier déluge et la mer y est mortelle. Des
embarcations nouvelles sont développées : des couffes
(bateaux à coque ronde renforcés par de la toile et/ou
de la peau) et des keleks (plateaux reposant sur des
outres gonflées d'air). Ces bateaux peuvent déplacer
des masses considérables en se laissant porter par le
courant du fleuve, mais, ne pouvant pas remonter le
courant, ils sont démontés une fois leur destination
atteinte[97].

À la même époque, autour d'un autre fleuve, le
Nil, se sédentarisent d'autres populations, elles aussi
autour de ports, maritimes ou fluviaux. L'Égypte est
alors divisée en différents proto-royaumes dont on ne
connaît pas les noms exacts. À ce moment apparaît
sur une urne funéraire la première trace d'une voile,
sur un bateau qui pourrait avoir été utilisé pour transporter du bétail ou des blocs de pierre sur le Nil[25].
En – 4000, les voiles sont plus effilées et les marins

égyptiens commencent, bien après les Austronésiens, à savoir utiliser le vent.

Dans la mythologie égyptienne de l'époque, Noun, l'océan primordial, est le créateur des autres dieux et de l'humanité. Le Nil est ce qui reste de Noun après l'achèvement de son travail. Le dieu-soleil Râ navigue sur cet océan et permet de développer la civilisation.

En – 4000 est fondée Memphis, la première grande capitale de l'Égypte, siège du pouvoir de l'Ancien Empire. Là encore, un port.

Autour de – 3500, les ports des royaumes égyptiens deviennent plus grands et plus sûrs ; leurs bateaux, à voiles ou à rames, se lancent dans une navigation côtière en Méditerranée (qu'ils nomment la « mer Blanche ») vers l'actuelle côte d'Israël et du Liban, pour y chercher du bois, et en mer Rouge vers ce qu'ils appellent le « pays du Pont », probablement situé dans la corne de l'Afrique. Trois ports destinés à la navigation en mer Rouge ont alors une influence importante ; ils sont localisés sur les sites actuels de Marsa Gaouasis, Ayn Soukhna et Ouadi el-Jarf.

À partir de – 3150, avec la première dynastie de l'Empire égyptien, se déploient de grandes évolutions techniques dans les bateaux : les bordages sont cousus avant qu'y soit installée la charpente, ce qui permet d'augmenter la taille des coques et de les rendre plus étanches. Et une grande rame fixée à l'arrière sert de gouvernail.

Un peu après, vers – 3000, Sumer voit naître de nombreuses cités autour d'une organisation sociale très hiérarchisée, dirigée par un roi, et partageant une même croyance : le culte de la déesse de la fécondité. Ainsi, après Uruk, voient le jour Kish, Nippur, Eridou, Lagash,

Oumma et Our. Toutes liées à l'économie des fleuves, le Tigre et l'Euphrate, et du golfe Persique[97]. Poussés par l'épuisement des ressources naturelles de leurs régions, les marins mésopotamiens commencent à sortir des fleuves, au-delà des embouchures, pour naviguer par cabotage dans le golfe Persique, puis dans les ports de la mer d'Oman, pour y chercher bois, cuivre, métaux, or, ivoire, et y vendre vases, laine, céréales, dattes. Leurs bateaux, construits en bois et en roseau, peuvent transporter jusqu'à 20 tonnes de marchandises[97].

Comme les Asiatiques bien avant eux, Mésopotamiens et Égyptiens comprennent que les bateaux transportent plus de marchandises, plus vite, et de façon moins risquée, que les caravanes terrestres.

Les Égyptiens importent alors du vin et du bois de cèdre (essentiel dans la construction de navires) du Liban, qu'ils échangent contre du papyrus. Ils utilisent aussi le sel pour conserver ce qu'ils transportent, pour tanner le cuir et pour traiter les premières momies.

Vers – 2500 est construite en Égypte une grande barque en cèdre, retrouvée récemment à proximité de la pyramide de Khéops à Gizeh ; elle mesure 43,5 mètres de long, peut recevoir jusqu'à 20 passagers et naviguer en haute mer.

Vers – 2300, en Mésopotamie, les comptoirs commerciaux de Dilmun (Bahreïn actuel) et Magan (Oman) permettent au roi Sargon d'Akkad de commercer avec la côte nord du sous-continent indien (Pakistan actuel) et le sud de l'Arabie. Vers – 1750, des lois commencent à régir ces activités. Ainsi, les relations entre propriétaires et bateliers sont évoquées en détail dans le code d'Hammourabi[97].

En − 1500, des bas-reliefs retrouvés dans le temple de Deir al-Bahri, face à Louxor, décrivent une expédition en mer Rouge commanditée par la reine-pharaon Hatchepsout, pour des échanges diplomatiques et commerciaux (notamment de l'encens).

La mer est aussi de plus en plus présente dans la mythologie. Ainsi, dans la cosmogonie sumérienne, reprise par la mythologie babylonienne en − 1200, les dieux naissent de l'union de l'eau salée Tiamat et de l'eau douce Apsu. Le dieu suprême, Enlil, en colère contre les hommes, déverse toute l'eau des mers sur les terres. Le dieu Ea/Enki, protecteur des océans, permet à un homme, Ziusudra (nom sumérien) ou Atrahasis (nom babylonien), de survivre en construisant une arche et en y rassemblant toutes les espèces vivantes. C'est le premier récit connu d'un déluge, qui doit renvoyer à l'expérience des crues dévastatrices du Tigre et de l'Euphrate, des pluies hivernales et de la fonte des neiges en Anatolie.

Les « peuples de la mer » : Phéniciens et Grecs d'Asie Mineure

Au même moment surgissent sur la côte méditerranéenne deux nouvelles puissances, proprement maritimes. Ensemble, ces deux puissances forment ce que les Égyptiens nomment bientôt avec crainte les « peuples de la mer[14] ».

D'abord, juste au nord de l'Égypte, des groupes d'origines et de langues diverses s'établissent dans des baies simples à défendre comme Tyr, Byblos et Sidon, dont ils font des ports et d'où ils commercent. En particulier, ils exportent de là un produit alors rare et très recherché, la pourpre, une matière colorante d'un rouge vif, extraite d'un mollusque très présent sur les côtes méditerranéennes[30]. Très vite maîtres de la mer, utilisateurs et vulgarisateurs du premier alphabet, plus ancien qu'eux[14], ces Phéniciens installent des comptoirs dans de très nombreux ports de Méditerranée.

À la même époque, un peu plus au nord sur la côte de l'Asie Mineure, s'établissent des Achéens chassés du Péloponnèse, qu'on nommera bien plus tard les « Grecs ». Ces Achéens sont des marins exceptionnellement ouverts au monde. Dans leur mythologie, le dieu de la mer, Océan, fils d'Ouranos (dieu du ciel et de la vie) et de Gaïa (déesse de la terre), est un dieu bienveillant qui vit loin de l'agitation terrestre. Il a avec Téthys plus de mille fils et filles : les Océanides et les dieux-rivières. Un de ses neveux, Zeus (fils de Kronos, petit-fils d'Ouranos), prend le pouvoir sur les autres dieux et remplace Océan par Poséidon, qui protège certains marins (dont son fils Thésée) et nuit à d'autres (dont Ulysse, qui a rendu aveugle son fils Polyphème)[136]. Poséidon préside aussi aux tremblements de terre, aux tempêtes et aux chevaux. Ces Grecs consomment du sel, qu'Homère nomme « substance divine[60] ». Ils se considèrent comme des êtres supérieurs, entre hommes et dieux[14].

Ils fortifient alors leurs ports avec des tours de guet et organisent les premières marines de guerre avec des bateaux à voiles capables d'éperonner les bateaux ennemis et de lancer des projectiles. Leurs marins sont des hommes libres : les esclaves ne font jamais de bons marins.

Pour les « peuples de la mer », à la différence des Mésopotamiens et des Égyptiens, le contrôle de la mer est une question de survie, parce qu'ils ne produisent pas sur leur sol les marchandises nécessaires à leur subsistance. Alors que les autres n'importent que le superflu.

C'est aussi à ce moment qu'on trouve les premières traces de piraterie, de marines de guerre et de batailles navales : le premier affrontement entre marines dont on a la trace oppose en – 1194, au début du règne de Ramsès III, les Égyptiens et les « peuples de la mer », dans le delta du Nil à Raphia. Cette bataille est gagnée par les Égyptiens grâce à des bateaux à rames, beaucoup plus maniables dans un delta que les bateaux à voiles des « peuples de la mer ».

À la même époque[14], les Hébreux sont supposés avoir fui l'Égypte et traversé la mer Rouge[65]. Et les Grecs sont supposés être venus détruire Troie[60].

Vers – 700, des Grecs d'Asie Mineure fondent le port de Milet et y développent de nouveaux bateaux redoutables : les trirèmes, galères à voiles pouvant mesurer 35 mètres de long et 6 de large, avec, sur trois rangs superposés, 170 rameurs, auxquels s'ajoutent les officiers et des soldats pour les abordages. Tous des citoyens libres[30]. Ces embarcations possèdent à l'avant un éperon de bronze situé à la hauteur de la ligne de flottaison, afin de harponner les navires ennemis[135]. Elles protègent les côtes et les convois de navires marchands, et permettent le transport de troupes. Plusieurs stratégies sont adoptées : le *diekplous* (consistant à percer la ligne adverse et à attaquer ensuite par l'arrière) et le *periplous* (consistant à éperonner les ennemis sur le flanc ou l'arrière)[135].

Milet maîtrise alors la Méditerranée et fonde près de 80 colonies sur la mer Noire et jusqu'en mer d'Azov. Selon Thalès (– 625/– 550), le premier des grands savants qui vont apparaître successivement dans cette ville, la Terre est un disque flottant sur un océan infini. Pour Anaximandre (– 610/– 546), elle est comme un cylindre d'eau, recouverte de terres. Pour Anaximène (– 585/– 525), disciple d'Anaximandre, elle est un disque entouré d'un océan et flottant dans l'espace. On attribue à l'école pythagoricienne en – 600 la première vision d'une Terre sphérique, principalement composée d'eau. Pour Thalès, l'eau est même l'élément essentiel, le composant majeur de la matière, la source de la vie ; il y voit la cause première de toute chose, quand d'autres la recherchent dans l'air ou le feu[14].

Les Égyptiens commencent par utiliser ces « peuples de la mer » comme mercenaires. En – 600, le pharaon Néchao II aurait envoyé des mercenaires phéniciens au-delà de ce que les Grecs nommeront un peu plus tard les « colonnes d'Héraklès » et qu'on appelle aujourd'hui le détroit de Gibraltar, avec l'ambition de revenir en Égypte en faisant le tour de l'Afrique ; le récit, rapporté plus tard par Hérodote, semble conclure à une probable réussite du projet, qui aurait duré vingt ans[56]. En réalité, Néchao II a bien organisé une expédition, mais vers la mer Rouge, et elle s'est arrêtée près des côtes somaliennes. D'autres marins de l'époque, venant de Milet, auraient, eux, franchi le détroit de Gibraltar et installé un comptoir dans l'actuel Sénégal. Des récits, que l'on retrouvera un peu plus tard chez Platon, montrent que ces marins ont déjà aussi une bonne connaissance de l'océan Atlantique, au moins depuis Essaouira jusqu'à la Scandinavie[142].

Au même moment, tout à côté de ces deux « peuples de la mer », un peu à l'intérieur des terres, un autre peuple, d'origine nomade, venu d'Égypte et de Canaan, s'installe en Judée. Il tourne, lui, résolument le dos à la mer, tout en se nourrissant de ses échanges avec les Grecs et les Phéniciens. C'est le peuple juif.

La mer joue pourtant un rôle essentiel dans sa cosmogonie et dans son histoire. Ainsi, son texte sacré, la Torah, donne de la création du monde une version étonnamment proche de ce qu'a découvert la science la plus récente, et qu'on a évoqué plus haut. Selon lui, l'eau existe dès la création de l'univers, avant même la création de la Terre (« La création n'était que solitude et chaos ; des ténèbres couvraient la face de l'abîme, et le souffle de Dieu planait à la surface des eaux[65] », est-il écrit au tout début de la Genèse). Puis Dieu crée la Terre au deuxième jour ; puis la mer au troisième ; puis, au cinquième, la vie dans la mer ; puis, au sixième, l'homme[11]. C'est très exactement la séquence admise aujourd'hui par la science.

L'eau est pour les Juifs à la fois la source de la vie et une menace de mort. Et Dieu exprime son pouvoir en agissant sur la mer et par la mer, comme le rappellent l'histoire du déluge (dont Noé échappe dans une « boîte », comme dans la version grecque du naufrage)[14] ; celle de l'ouverture de la mer Rouge, métaphore de la libération de l'homme ; et celle de Jonas, où les prières des marins échouent à calmer une tempête jusqu'à ce que Jonas soit jeté à la mer et avalé par un grand poisson, qui le libère ensuite[11]. Dans tous les cas, la mer est le lieu d'une épreuve, imposée par Dieu, qu'il faut réussir pour accéder à la condition d'homme libre. Elle est aussi le lieu de tous les dangers ; là réside le pire des monstres décrits dans la Bible, le Léviathan[11].

Les Hébreux ne sont pas marins. Ils ne créent pas de grand port. La mer est pour eux surtout le royaume des autres : la Méditerranée est ainsi nommée la « mer de l'Ouest » (Dt. 9,24), ou la « mer des Philistins » (Ex. 23,31), ou la « Mer suprême » (Nb. 34,6-7), ou simplement « la Mer » (1 Rois 5,9)[65].

Pourtant, à cette époque, Juifs et Grecs dialoguent, plus qu'ils ne le reconnaissent, et ils le font en traversant la Méditerranée : des bateaux vont de Milet à Tyr, emportant rabbins et philosophes, faisant naître la doctrine commune de l'universalité, qui s'imposera bientôt à l'Occident et à l'humanité tout entière[14].

La mer deviendra plus tard le principal instrument du peuple juif, quand il devra voyager pour survivre, échanger et maintenir sa foi.

Carthaginois, Grecs et Perses se disputent la Méditerranée

À la même époque, une nouvelle puissance apparaît en Méditerranée occidentale et orientale, et en dispute le contrôle aux Perses et aux Grecs : Carthage.

Fondé autour de – 810 par des Phéniciens ayant abandonné Tyr, ce nouveau port, stratégiquement situé à côté de la Tunis d'aujourd'hui, prend réellement son essor vers – 500. Il se dote d'une flotte considérable : ses bateaux deviennent vite les plus avancés de la Méditerranée et peuvent transporter rapidement des troupes, avec peu de risques de naufrage, en longeant les côtes.

Carthage prend ainsi le contrôle de la Sicile, de la Corse et de la Sardaigne ; elle commerce avec l'Égypte, l'Étrurie et la Grèce ; elle exporte le blé et le vin de Tunisie, l'or et l'ivoire qu'elle importe par caravanes d'Afrique, l'argent et le fer qu'elle fait venir de la péninsule Ibérique, l'étain de Bretagne[25]. Ses explorateurs naviguent jusqu'aux Canaries et au Cap-Vert.

Les cités grecques d'Asie Mineure et les ports de Phénicie entrent alors en décadence. L'Empire perse prend aisément le contrôle de leurs villes côtières. Ainsi, en – 517, Darius Ier, fils d'Hystaspès, qui vient de s'emparer du pouvoir à Babylone après une série de meurtres et de batailles, a besoin d'accéder à la mer et de dominer la Méditerranée[30]. Il parvient à conquérir deux détroits stratégiques, l'Hellespont et le Bosphore, et un nouveau port (grec), Byzance, contrôlant le trafic maritime entre la mer Égée et la mer Noire. Puis Darius occupe de l'île de Samos et Chypre.

Quand commence le Ve siècle avant notre ère, les Grecs quittent l'Asie Mineure, attaquée par les Perses, et déplacent leur centre de gravité dans le Péloponnèse, faisant d'Athènes la ville essentielle et du Pirée leur premier port. Leurs cités restent indépendantes : Athènes, Sparte, Delphes, Corinthe se dotent chacune d'une marine commerciale et militaire, avec des bateaux, à rames et à voiles, de plus en plus puissants, dont les trirèmes[135], que Thémistocle fait construire en série à Athènes vers – 483, grâce à l'argent découvert dans une mine du Lavrio[32].

Athènes prend alors le pouvoir sur le reste du monde grec. Ayant un besoin vital d'importer sa nourriture, elle doit assurer la sécurité de ses communications en Méditerranée orientale[32]. Pour faire venir son blé de Thrace, de Sicile et d'Égypte, elle fait protéger ses bateaux marchands par une flotte militaire composée de centaines de trirèmes[146].

À la mort de Darius en − 486, son fils Xerxès Ier, petit-fils de Cyrus II, fondateur de l'Empire achéménide, soumet l'Égypte, puis reprend les ambitions de son père en Grèce[32]. Il attaque les Athéniens et leurs alliés des autres villes grecques. Il l'emporte d'abord sur terre aux Thermopyles, le 10 avril − 480, combat dans lequel meurt le roi de Sparte Léonidas Ier. Les Perses détruisent alors Athènes, que ses habitants ont évacuée. Pour en finir avec les Grecs et envahir le Péloponnèse par la mer, ils envoient 600 navires. Face à eux, les cités grecques coalisées n'en alignent que 350. Les deux flottes se rencontrent à Salamine le 11 septembre de la même année − 480 ; les Grecs de Thémistocle, aidés par un vent très favorable, attaquent de front la marine ennemie, malgré leur infériorité numérique, dans un détroit si étroit que les bateaux perses se gênent les uns les autres[32]. Les trirèmes grecques, plus rapides, mieux adaptées aux petits espaces et mieux dirigées, les éperonnent de flanc. Et l'emportent[32]. Cette bataille, *a priori* perdue d'avance, sauve le monde grec et reste comme un des sommets de la stratégie navale de tous les temps[25].

Après cette défaite, Xerxès se retire à Persépolis, abandonne le contrôle de la Méditerranée orientale aux Athéniens et libère les cités grecques de l'Asie Mineure.

Athènes, que les Perses avaient détruite, est reconstruite, et devient la grande puissance de la Méditerranée orientale. Ses négociants, installés dans ses ports, Le Pirée et Canthare, inventent le prêt maritime, aussi appelé « nautique », pour financer l'achat des marchandises et leur acheminement, couvert par une assurance de l'emprunteur en cas de naufrage. Plusieurs siècles après la mutualisation chinoise des risques.

Les connaissances maritimes des Grecs progressent très vite[43] : Aristote, ayant vécu au IVe siècle avant notre ère dans des îles, avant de devenir le précepteur du futur Alexandre le Grand, conclut, en observant la disparition progressive à l'horizon des bateaux qui s'éloignent des ports, que la Terre est ronde ; il estime sa circonférence à environ 74 000 kilomètres (soit presque le double de ce qu'elle est). Les Grecs nomment l'océan « Atlantique », car ils pensent qu'Atlas, qui porte la voûte céleste, vit au-delà des colonnes d'Héraklès (détroit de Gibraltar).

D'autres ports apparaissent en Méditerranée : après Byzance, fondée en − 667, voici Venise, vers − 600, et Rome, en − 753, d'abord sous la domination des Grecs et des Phéniciens ; son port, Ostie, voit le jour en − 335.

Le pouvoir des Grecs s'achève en − 330, à la mort d'un conquérant macédonien, Alexandre, au cours d'un voyage vers l'Inde presque totalement terrestre. Alexandre n'ignore pas l'importance de la mer. Un an auparavant, il a ordonné la création en Égypte d'un nouveau port sur la côte méditerranéenne, Alexandrie, avec une digue et le premier phare construit de main d'homme[14]. Comme si Alexandre regrettait de ne pas avoir traversé la mer dans ses conquêtes.

Alexandrie devient vite le premier port marchand de la Méditerranée orientale. À partir de − 323, les empereurs de la dynastie des Lagides, qui succèdent à Alexandre dans cette région, font de cette ville le centre intellectuel et commercial de leur empire.

Ils y font construire une grande bibliothèque et réquisitionnent tous les manuscrits trouvés dans les bateaux qui accostent dans le port, en ne rendant qu'une copie à leurs propriétaires[14]. La science s'y développe plus qu'ailleurs[14]. En − 280, à Alexandrie, un astronome grec, Aristarque de Samos, explique que le Soleil est au centre d'un système où se trouve la Terre. C'est là également qu'Hipparque invente le principe de l'astrolabe, amélioré ensuite par Ptolémée, qui va aussi avancer une preuve scientifique de la rotondité de la mer en observant les bateaux s'éloigner à l'horizon, depuis les hauteurs d'Alexandrie[43].

Rome et Carthage
se disputent la Méditerranée

Et puis, quand les Grecs s'effacent à leur tour, deux nouvelles puissances maritimes se disputent le pouvoir en Méditerranée. Elles aussi ont besoin de contrôler la mer, pour importer ce dont manque leur arrière-pays. Car, une fois de plus, la mer n'est essentielle qu'à ceux qui n'ont pas de grandes ressources agricoles.

Rome, puissance naissante, bientôt peuplée d'un million de personnes, prend conscience, au début du IIIᵉ siècle avant notre ère, de l'importance vitale du commerce maritime. Pour nourrir aussi bien sa population que ses légions envoyées au loin. Et, là encore, le sel est essentiel, puisqu'il permet de conserver la nourriture pendant les voyages. Beaucoup de conquêtes romaines s'expliquent d'ailleurs par la recherche de mines de sel ou de marais salants, où les Romains apportent leurs techniques d'évaporation du sel[19].

Rome prend donc, en un siècle, avec plus de 500 navires de guerre (trirèmes et quadrirèmes) et 120 000 soldats à bord, le contrôle de ce que les Romains sont les premiers à nommer « Méditerranée » (« mer au milieu des terres »). Ostie en devient le port le plus innovant ; on y développe l'emploi du béton hydraulique pour édifier les quais. Le béton utilise le sable, qu'on trouve dans des carrières et dans la mer, et dont on va bientôt user pour toutes les constructions.

Pour assurer la paix, Rome oblige les cités grecques, qui ne sont plus capables de se défendre, à signer des traités d'alliance comportant des « clauses navales » qui limitent le nombre et le champ d'action des navires de guerre de chacune de ces cités. Sans flotte, les Grecs sont à la merci des Romains. Même pour se nourrir.

Tout à côté de Rome, Carthage se pose en rivale et impose progressivement sa domination aux autres villes phéniciennes de l'Afrique du Nord. Du fait de sa situation stratégique et de l'excellence de son port, elle peut abriter jusqu'à 220 bateaux en même temps. La flotte carthaginoise se dote alors de plusieurs types de vaisseaux de guerre : l'icosore (20 rameurs), la triacontore (30 rameurs), la pentécontore (50 rameurs), les brigantins et les lembos. Et aussi, comme Rome, la trirème, la quadrirème et la quinquérème, à trois, quatre et cinq rangs superposés de rameurs[30].

Carthage, partout, concurrence Rome, et la prive de sources d'approvisionnement. Rome décide alors d'en finir avec sa rivale. Pour y parvenir, elle envoie une partie de son armée vers Carthage par la péninsule Ibérique, et l'autre directement par la mer.

Carthage est d'abord vaincue, durant une première guerre dite punique (– 264/– 241), en d'innombrables batailles navales au large de la Sicile, puis de la Corse et de la Sardaigne. Puis le général romain Scipion, devenu ainsi maître des mers, débarque en Afrique et écrase Hannibal à Zama, au nord-ouest de la Tunisie actuelle, en – 202.

En – 196, pour achever cette maîtrise de la Méditerranée, l'armée romaine, après sa victoire sur le roi de Macédoine, Philippe V, oblige la Macédoine, dernière puissance grecque, à lui livrer tous ses vaisseaux de guerre ; enfin, avec le traité d'Apamée (Syrie) en – 188, Rome contraint le roi séleucide Antiochos III à lui livrer aussi tous ses vaisseaux au-delà d'une flotte de dix navires militaires.

En – 149, le Sénat romain décide d'en finir avec Carthage : il lance ses troupes à pied par l'Espagne pour faire le siège de la ville. Cela s'achève en – 146 par la destruction totale de Carthage, rasée la même année que Corinthe.

Ayant désarmé ses rivaux, Rome pense pouvoir se désintéresser de la mer, et ne conserve alors qu'une flotte de guerre très réduite.

En – 75, les raids de pirates[38] basés en Afrique du Nord, encouragés par l'absence de toute flotte militaire romaine, perturbent gravement l'arrivée de produits agricoles dans la très peuplée péninsule italienne[25]. En – 70, les autorités romaines reconstituent alors leur flotte de guerre et chargent le général Pompée d'éliminer ces pirates avec des moyens exceptionnels : 500 bâtiments de guerre, 120 000 hommes, 5 000 chevaux. Pompée divise méthodiquement la Méditerranée en treize zones et y envoie des légions sur des galères équipées d'éperons de bronze ; il chasse les pirates, qui se retranchent dans le sud de la Turquie, notamment dans le port de Coracesium à Alanya. Où ils sont défaits définitivement vers − 67.

En − 46, à l'occasion de son triomphe à Rome, le nouvel homme fort, César, donne le premier spectacle de bataille navale dans des jeux du cirque – la première naumachie : dans un gigantesque bassin construit près du Tibre, 2 000 combattants s'opposent sur de véritables birèmes, trirèmes et quadrirèmes avec 4 000 rameurs.

Deux ans plus tard, en − 44, après l'assassinat de César, sa succession et l'avenir de Rome se jouent, une fois de plus, sur la mer : les trois généraux qui ont éliminé les assassins de César – Octave, Lépide et Marc Antoine – se disputent l'empire. Lépide est exilé ; Marc Antoine se réfugie en Égypte avec Cléopâtre, reine lagide, et se prépare à revenir prendre Rome. À Rome, Octave, craignant que Marc Antoine ne fédère contre lui une armée orientale, envoie en − 31 une flotte pour le détruire. À Actium, au large de Corfou, s'affrontent 900 navires. Cléopâtre n'envoie qu'une partie de sa flotte. La bataille est assez courte en raison de la supériorité technique des navires d'Octave et de la supériorité stratégique d'Agrippa, le principal général de la flotte romaine. Les généraux qui commandent la flotte de Marc Antoine fuient quand ils estiment sa défaite très probable. Marc Antoine et Cléopâtre se réfugient alors en Égypte, où ils se suicident un an après.

Cette bataille assure, pour trois siècles encore, une domination absolue de Rome sur la Méditerranée (*imperium maris*). Et, là encore, la domination de la mer assure la domination des terres.

Deux ans plus tard, Octave devenu Auguste – puis sacré en – 27 comme le premier empereur de Rome – fait reconstruire Carthage sous le nom de Colonia Julia Carthago. Et Rome, à son tour, nomme les mers : Méditerranée, Atlantique, océan Indien.

En – 2, quarante ans après avoir pris le pouvoir, seize ans avant sa mort, Auguste fait s'affronter 3 000 hommes sur 30 navires à éperon, dans un bassin creusé sur la rive droite du Tibre, pour l'inauguration d'un temple en l'honneur de Mars. La mer fascine encore Rome et ses maîtres.

Chapitre 4

La conquête des mers
avec rames et voiles

(Du Ier au XVIIIe siècle de notre ère)

« Qui contrôle la mer commande le commerce.
Qui contrôle le commerce commande le monde. »
Sir Walter Raleigh, 1595

Quand commence notre ère, et pendant dix-huit siècles encore, les mers ne sont toujours parcourues, comme depuis 60 000 ans, que grâce à l'énergie humaine et éolienne, avec des rames et des voiles.

Pendant ces siècles – même si l'on raconte trop souvent l'histoire autrement, et si l'on met en avant des puissances sédentaires illusoires, dont la France –, le pouvoir réel, économique, politique, social et culturel, appartient encore, pour l'essentiel, à ceux qui savent maîtriser la mer et les ports. Et c'est toujours quand ils en perdent le contrôle que les plus grands empires déclinent. Toutes les guerres, toute la géopolitique doivent aussi être lues ainsi – et non pas, comme on le fait trop souvent, en étudiant les oppositions d'empires sédentaires, ou les mouvements des infanteries et des cavaleries dans les plaines du monde.

C'est aussi sur la mer, ou pour y naviguer, que se font la plupart des innovations qui bouleversent ensuite les sociétés humaines, même les plus agricoles. C'est sur la mer que circulent l'essentiel des idées et des marchandises, que s'organisent la concurrence et la division du travail. C'est par les flottes de guerre que les marines marchandes sont protégées.

Pendant tous ces siècles, les nations dominantes sont encore autour de la mer de Chine, de la Méditerranée et du golfe Persique. Puis, quand apparaissent des bateaux plus sûrs et plus grands, utilisant mieux l'énergie du vent, le pouvoir bascule autour de l'Atlantique.

La Chine se ferme à la mer

Quand commence notre ère, la Chine a encore tout pour dominer le monde : elle est dotée d'une longue façade maritime et d'un vaste arrière-pays, avec une population plus nombreuse que toutes les autres nations (70 millions, soit le quart de l'humanité). Elle est à la pointe des innovations agricoles, artisanales et navales, et elle figure parmi les premières sociétés à être allées sur la mer ; et même à avoir, depuis des millénaires, exploré les mers et archipels alentour. Elle pourrait donc imposer sa culture et sa puissance à la planète tout entière – une planète qu'elle imagine carrée, et entourée de quatre mers infinies.

Pourtant, la Chine ne veut pas de ce pouvoir ; parce que, pour elle, rien, ni de bien ni de mal, ne pourrait venir de l'extérieur. Ni par la mer ni par la terre. Elle se concentre donc sur la défense de sa frontière terrestre occidentale et néglige la mer, qu'elle voit comme un rempart naturel. L'Empire va alors vivre en circuit fermé, recevant très peu de visiteurs ou d'innovations venues d'ailleurs. Son rare commerce extérieur est mené par des marchands étrangers, qui importent surtout des produits de luxe, telles des perles et des pierres précieuses.

La Chine peut se le permettre : à la différence des puissances méditerranéennes, elle dispose d'assez de terres et de ressources agricoles sur son propre territoire pour ne pas dépendre des importations. Et cela lui réussit : pendant au moins le premier millénaire, le niveau de vie moyen des Chinois reste supérieur à celui des Européens.

En l'an 200 de notre ère, l'empereur Han du moment, Xi Andi, basé à Luoyang, devenue la capitale de l'Empire depuis l'an 25, tente de reprendre en main les royaumes du Sud. Il charge le général Cao-Cao de construire une flotte fluviale capable de transporter plus de 300 000 hommes, qu'il envoie en 208 reprendre le contrôle du Yangzi (le fleuve Bleu), qui conditionne l'accès au Sud. Pour éviter que les courants ne fassent chavirer ses navires, le général les fait attacher les uns aux autres ; mais les troupes du Sud lancent contre eux des embarcations enflammées, qui détruisent quasi intégralement la flotte du Nord. Cette bataille fluviale entraîne en 220 l'abdication du dernier empereur Han et la prolongation de la division de la Chine en trois royaumes indépendants : Wei au Nord, Shu à l'Ouest et Wu à l'Est.

Il faut attendre 265 et le début de la dynastie Jin pour que commence une fragile réunification ; elle s'achève en 280 avec l'empereur Sima Yan.

À partir de 300, les flottes chinoises dépêchées par l'empereur de la dynastie des Jin occidentaux recommencent à explorer les mers alentour, sans but de commerce. Des escadres de jonques, chinoises ou étrangères, transportant des explorateurs et des diplomates chinois, utilisant voiles et rameurs, parcourent l'océan Indien ; elles atteignent la Malaisie vers 350, Ceylan vers 400, puis l'Euphrate un peu après ; un siècle plus tard, elles sont à Formose, à Sumatra et sur les côtes du Vietnam[25].

Des ports chinois, comme Guangzhou dans le Sud ou Nanjing et Qinzhou dans le Nord, reçoivent alors quelques commerçants étrangers. Mais la Chine n'a toujours pas de flotte militaire propre. Et les commerçants et diplomates chinois voyagent surtout sur les navires du Funan, premier royaume du Sud-Est asiatique, réunissant le sud du Vietnam, du Cambodge et de la Thaïlande[25]. Peuple de marchands, les habitants du Funan aménagent le delta du Mékong en terres cultivables, et établissent leur capitale à Angkor Borei, près du Mékong, dans un lieu qu'ils relient au golfe de Siam par une succession de canaux. Leur port, Oc Eo, situé sur le golfe de Siam, commerce avec la Chine, l'Indonésie, la Perse et Rome[129].

La Chine s'ouvre à la mer

À partir de 618 se termine la dynastie Sui, qui dirige l'Empire chinois depuis 581 ; et commence la dynastie Tang, qui, elle, prend conscience de l'importance de la mer. L'empereur nomme un grand seigneur en charge des relations avec les navires étrangers et l'installe à Guangzhou, où viennent bientôt s'établir

200 000 étrangers, principalement des marchands arabes, perses et originaires d'Asie du Sud et du Sud-Est. Ils développent alors un commerce entre les différentes régions du sud de la Chine, le Japon, Sumatra, Java et les Philippines. Sont construites à Guangzhou d'énormes jonques, que conduisent des marins chinois, pour le compte de marchands chinois. Vers 700, un astronome et moine chinois, Yi Xing, voyage du nord de la Chine jusqu'au Vietnam et affirme la sphéricité de la Terre.

Après la chute de la dynastie Tang en 907, c'est de nouveau le chaos et la division de l'Empire. La population chinoise stagne, à cause des épidémies, des guerres et des famines, à environ 60 millions en 950. Il faut attendre 960 et le premier empereur Song, Taizu, pour que le pays se réunifie. La Chine reste ouverte à la mer, et on y fait de nombreuses innovations. Ainsi, au XIe siècle, on y invente le gouvernail d'étambot qui, fixé à l'arrière du bateau par une charnière sur l'étambot (une pièce située sur la carène), permet de manier beaucoup plus facilement le bateau et de l'orienter. Plusieurs textes font alors aussi référence à un nouvel outil utilisant l'aimant et indiquant le nord : la boussole.

En 1115, l'Empire chinois se scinde de nouveau, avec l'installation de la dynastie Jin dans le Nord, et les Song au Sud. L'un et l'autre sont sans cesse attaqués par des nomades venus des steppes par la terre.

Les Song restent ouverts à la mer. Leurs jonques de haute mer peuvent transporter jusqu'à 1 250 tonnes de marchandises et 500 personnes. Leurs plus grands ports sont Ming Zhou (actuellement Ningbo), au sud de Shanghai, qui a de nombreux échanges avec la Corée et l'océan Indien, et Guangzhou (Canton), qui commerce notamment avec les royaumes d'Indonésie.

Afin de protéger les différentes routes maritimes sur les mers de Chine orientale et d'Asie du Sud-Est, sur l'océan Indien et sur la mer Rouge, la dynastie Song crée en 1132 la première véritable marine militaire permanente chinoise, dont le quartier général est installé à Guangzhou ; et, pour la financer, il confisque des terres appartenant à la noblesse.

À cette époque, au XIIᵉ siècle, d'autres puissances maritimes apparaissent dans les mers de Chine. Ainsi, surtout, la cité-État de Srivijaya dans le sud-est de Sumatra, fondée, comme on l'a vu, cinq siècles plus tôt, qui devient alors une étape commerciale très importante sur les routes maritimes reliant l'Arabie, l'Inde et la Chine[25]. Ce qui lui permet d'étendre son hégémonie à toute l'île de Sumatra, puis au sud de la péninsule malaise, et lui donne le contrôle du détroit absolument stratégique de Malacca. Sa capitale, Palembang, un port sur l'île de Sumatra, fait le lien entre l'Inde et la Chine, stocke les produits d'exportation (blé, bois ou fer) dans des entrepôts gigantesques, fixe les prix des produits qui y transitent. Aux alentours de l'an 1000, ce royaume s'étend à Bornéo et au nord de Java ; et il domine le commerce maritime en Asie du Sud pendant un demi-millénaire. Il se dote d'une puissance navale, commerciale et financière supérieure à celle de tout autre port au monde, y compris les plus importants de l'Europe à l'époque : Bruges, Gênes, Venise.

Palembang, cœur multiséculaire de l'économie mondiale ; et pourtant, les livres d'histoire écrits en Occident n'en parlent jamais[24].

Une dynastie venue du désert, plus maritime que toutes les autres

Puis se produit ce que les Chinois craignaient depuis plus de deux mille ans : après bien des échecs, une tribu nomade, venue de Karakorum en Mongolie actuelle, envahit l'empire du Milieu. Les Mongols, rassemblés par Gengis Khan en 1206, disposent alors d'une cavalerie de 200 000 chevaux et de plus encore de chameaux, avec des relais de poste depuis la mer Noire jusqu'au Pacifique. Ils conquièrent le nord de la Chine en 1234 et installent leur dynastie, les Yuan, à Dādu, l'actuel Pékin, dont ils font leur capitale.

Devenu, contre son frère, empereur de Chine en 1260, le petit-fils de Gengis Khan, Kubilaï Khan, est fasciné par la mer. Il veut dominer les océans, comme il domine les déserts. En 1279, il prend le contrôle du sud de la Chine, s'approprie la flotte des empereurs Song et les chantiers navals de la côte chinoise. Sa flotte est alors la plus grande du monde, avec plus de 9 900 navires de guerre.

En mai 1281, il lance plus de 4 200 navires et 140 000 hommes à l'assaut des côtes japonaises. En juin 1281, il tente de débarquer à Hakata, à la pointe nord de l'île de Kyushu, mais se heurte à des fortifications solides. Il fait demi-tour. Le 12 août, sa flotte approche de Taka-shima, dans la baie d'Imari, au sud de Hakata ; mais, une fois de plus, les troupes japonaises font face. Au soir du 13 août, des typhons (qu'on nommera ensuite en japonais *kamikaze*, « vent divin »)[218] détruisent presque intégralement la flotte mongole. C'en est fini, une nouvelle fois, de l'ambition maritime de la

Chine. L'Empire chinois renonce en particulier, à tout jamais, à toute ambition sur le Japon.

En 1294, à la mort de Kubilaï Khan, de nombreux soulèvements, dont ceux de mouvements bouddhistes comme la secte du Lotus blanc, déchirent l'Empire mongol, qui se scinde encore – cette fois, en quatre royaumes.

Les Ming, ou le nouveau refus de la mer

Un siècle plus tard, en 1368, la dynastie Ming renverse celle des Yuan dans le Nord et déplace sa capitale plus au sud, à Nankin. Les Ming veulent reprendre le contrôle des trois royaumes du Sud et lutter contre les pirates, chinois et japonais, installés sur les îles faisant face à la Chine[140].

En 1371, Hongwu, le deuxième empereur Ming, pense (comme ses prédécesseurs les empereurs Han, mille ans plus tôt) que la meilleure façon de se protéger des pirates est de ne pas naviguer. Il décrète le *haijin* (« mer interdite » aux navires privés). Cette interdiction du commerce maritime conduit à la faillite des grandes compagnies commerciales chinoises créées au temps des Song, dans les ports de Ningbo et de Guangzhou (Canton). Cela appauvrit les habitants des côtes chinoises, ruine les finances publiques et accroît la corruption et la contrebande, à l'origine d'une inflation très importante et de nombreuses révoltes au Sud[140].

Malgré cette interdiction de commercer en mer, les expéditions de la marine impériale continuent. Elles trouvent leur apogée en 1405 sous le règne d'un autre empereur Ming, Yongle. Il envoie l'amiral Zheng He, un eunuque musulman, fils d'un prince et prisonnier, avec 30 000 hommes, sur 70 bateaux dotés de 9 mâts et dépassant les 40 mètres de long, pour de lointains voyages. Ces bateaux partent de l'actuel Nankin vers les actuels Sri Lanka, Indonésie, Kenya et Australie. Zheng est en particulier le premier marin chinois à entrer en mer Rouge. Il en rapporte des curiosités, tels une girafe de Malindi (dans l'actuel Kenya), des zèbres, des autruches, des dromadaires, ou de l'ivoire, en 1414. Rien de commercial. Zheng dirige sept expéditions de 1405 à sa mort en 1433.

À partir de 1435, les empereurs Ming doivent lutter contre les dernières forces terrestres mongoles et, pour renforcer leur infanterie, ils renoncent à ces expéditions maritimes. Ils abandonnent de nouveau la mer de Chine. Mais plus seulement aux pirates, car de nouvelles puissances vont s'y intéresser : les Européens, qui, pendant ce temps-là, s'organisent et vont bientôt venir se mêler de la situation asiatique, devant le vide laissé par le retrait chinois.

Car vient le temps de l'Europe.

En Méditerranée, effondrement maritime du pouvoir romain

Au début de notre ère, comme pendant les deux millénaires précédents, les riverains de la Méditerranée ont tous (sauf la France) besoin de la mer. Parce que, contrairement aux riverains de la mer de Chine, ils ne produisent pas, dans leur propre arrière-pays, tous les biens nécessaires à leur subsistance.

La mer est d'abord essentielle à la survie du judaïsme, dispersé après la destruction de Jérusalem en 70 de notre ère ; les communautés juives éparpillées ne conservent leur unité et leur identité qu'en organisant des discussions infinies entre elles, sur les conditions d'application de la Loi dans leurs situations nouvelles[8]. Sans la mer, sans les bateaux, sans les marchands qui transportent les messages avec les marchandises entre les ports d'Ibérie, du Maroc, d'Égypte, de Mésopotamie, du Maroc, dans le Caucase, la Crimée, l'Espagne et le golfe Persique, le judaïsme n'aurait sans doute pas survécu à la destruction du second Temple. Les Juifs assurent à la fois le commerce de textiles, de teintures, de parfums, de cuivre, d'or et d'argent, en même temps qu'ils discutent avec véhémence de la jurisprudence talmudique. Et même si Babylone, puis Bagdad, l'une et l'autre capitales fluviales, jouent un rôle important dans cette survie, c'est à la Méditerranée qu'il faut attribuer le principal mérite de la permanence du judaïsme[8].

La Méditerranée est aussi essentielle à la naissance du christianisme. Saül, devenu Paul, embarque successivement sur différents navires, notamment un bateau de commerce égyptien et des navires romains, d'abord entre Myrte (Turquie) et la Crète. Il part convertir Antioche, Chypre, Percé, Athènes, Corinthe, Éphèse, Césarée, puis Rome. Pierre et d'autres apôtres en font autant. Et c'est aussi par la mer que le christianisme arrive en Bretagne et en Irlande, bien avant d'arriver en Île-de-France et en Allemagne.

L'eau et la mer sont élevées au rang de symboles christologiques. Selon l'Apocalypse : « La mer disparaît avec la nuit, la mort, les larmes et le deuil. Pourtant il subsiste quelque chose d'elle, le meilleur, métamorphosé, sublimé. » Pour ces premiers chrétiens, comme pour les Grecs et les Égyptiens avant eux, la rotondité de la Terre ne fait plus de doute.

L'Empire romain continue d'être fasciné par la mer : Néron en 57, Titus en 80, Domitien en 85 et 89 organisent d'immenses naumachies, dont certaines ont lieu dans l'enceinte même du Colisée, emplie d'eau.

Au milieu du IIIe siècle, de nouvelles puissances arrivent en Méditerranée.

En 242, un royaume goth, né sur les bords de la mer Noire, conquiert la Crimée, carrefour essentiel de la route de la soie. Rome est alors coupée de la route terrestre vers la Perse et la Chine. En 253, le roi Chapour Ier, empereur de Perse, prend aux Romains le port d'Antioche, les privant cette fois d'accès aux voies maritimes du commerce avec l'Orient. Rome perd ainsi à la fois l'accès par la terre et par la mer à une grande partie de ses sources d'approvisionnement en de nombreux produits comme la soie, le lin, le coton, les épices, les pierres précieuses et semi-précieuses (diamant, turquoise, saphir, onyx), les huiles et les senteurs, telles la cardamome et la cannelle.

En 285, l'empereur Dioclétien, estimant que le territoire de l'Empire romain est devenu trop grand pour être contrôlé par une seule autorité, confie à deux consuls distincts la gestion des deux parties, occidentale et orientale, de son empire. Un peu plus tard, Constantin se fait nommer « Auguste » de l'Occident en 308 et de l'Orient en 311[66]. Il reconstruit la marine en Phénicie et réaffirme l'unité de l'Empire après sa victoire à Chrysopolis, le 18 septembre 324, face à son rival Licinius. En 330, assuré de son pouvoir, Constantin devient chrétien, renomme Byzance de son nom, Constantinople, et en fait un port important pour le transport des troupes de l'Empire vers les champs de bataille contre les Perses et les tribus nomades riveraines de la mer Noire.

En 361, un de ses successeurs, l'empereur Julien, renonce au christianisme et tente, par sa flotte, de reprendre le contrôle de la route de la soie. En 362, il s'installe à Antioche pour y préparer l'invasion de la Perse de Chapour II. Après son assassinat en 363 et cette fulgurante parenthèse, l'Empire romain revient au christianisme[14].

En 395, les deux fils de l'empereur Théodose le Grand, Honorius pour l'Occident et Arcadius pour l'Orient, séparent de nouveau l'Empire en deux parties, cette fois pleinement indépendantes.

En 428, Genséric, le roi des Vandales – grands marins basés en Andalousie –, entreprend la conquête militaire de l'Afrique du Nord[81]. En particulier, ces prétendus « barbares » perfectionnent grandement les technologies maritimes : la construction « sur bordé » (commençant par la paroi externe du navire), alors générale, est remplacée par la construction « sur membrure », encore utilisée aujourd'hui (commençant par l'assemblage de la paroi interne du navire, sur laquelle on applique ensuite le bordé)[25]. En 435, Genséric vainc, sur le territoire actuel du Maroc, les armées de l'Empire romain d'Occident et occupe la Mauritanie et la Numidie. En 439, il prend Carthage et récupère la flotte romaine qui s'y trouve. Il annexe la Corse, la Sardaigne et la Sicile, et mène des raids jusqu'au sud de l'Italie, coupant les derniers approvisionnements de Rome[81]. En 455, sa flotte navigue librement sur le Tibre et s'empare de Rome ; Genséric s'octroie le titre de « roi de la terre et de la mer ». Il n'y a plus de pouvoir à Rome. Ne reste que l'Empire d'Orient[81].

En 476, une paix est signée entre Zénon, l'empereur d'Orient, et Genséric, qui prend définitivement le contrôle de l'Empire romain d'Occident.

C'est sur la mer que s'est construit l'Empire romain. C'est sur la mer qu'il est détruit.

Renouveau par l'islam de la Méditerranée orientale

Au même moment, en plein désert, s'annonce l'islam. Pour Mahomet, la mer est une source de beauté, de sagesse, de force, mais aussi de méfiance : « Son eau est purificatrice[70]. » Et aussi : « Et parmi Ses preuves sont les vaisseaux à travers la mer, semblables à des montagnes. S'Il veut, Il calme le vent, et les voilà qui restent immobiles à sa surface. Ce sont certainement là des preuves pour tout homme endurant et reconnaissant » (sourate 42 : 32-33). Et encore : « Et c'est Lui qui a assujetti la mer afin que vous en mangiez une chair fraîche, et que vous en retiriez des parures que vous portez. Et tu vois les bateaux fendre la mer avec bruit, pour que vous partiez en quête de Sa grâce et afin que vous soyez reconnaissants[70] » (sourate 16 : 14).

La mer joue un rôle essentiel dans l'expansion de l'islam : jusqu'en 634, Abou Bakr As-Siddiq, un compagnon du Prophète, unifie l'Arabie ; en 641, le général Amr ibn al-As prend Alexandrie et récupère les navires byzantins qui s'y trouvent. Le calife suivant, Omar ibn al-Khattab, refuse, lui, de se risquer en mer : « Je ne laisserai aucun musulman s'aventurer sur la Méditerranée… Comment pourrais-je permettre que mes soldats naviguent sur cette mer déloyale et cruelle ? » Son successeur, en 655, le calife Othman, retrouve le chemin de la mer. Il attaque la flotte de l'empereur romain d'Orient Constant II Héraclius, comprenant plus de 500 navires, à la bataille d'Al-Sawari (aussi appelée « bataille des Mâts »), au sud de la Turquie actuelle. L'amiral musulman Abdi Allah ibn Saad ibn Sarh fonce sur les navires byzantins, en attachant ses bateaux les uns aux autres pour maintenir leur front, et il les détruit tous[26]. Pour profiter de cet avantage, le califat tente ensuite de prendre Constantinople, et l'assiège à partir de 674. Mais les empereurs chrétiens reconstituent leur flotte, bientôt composée de très longues galères (de 30 à 50 mètres), nommées « dromons »[97], pouvant contenir 300 hommes, nécessitant peu de rameurs (de 30 à 40), équipées de catapultes et de feux grégeois (faits de chaux, de soufre, de naphte et de résine de pin) capables de mettre le feu aux navires ennemis. Avec ces armes, en 678, l'empereur chrétien Constantin IV réussit à détruire une partie de la flotte musulmane qui l'assiège depuis quatre ans ; le reste de cette flotte sombre dans une tempête au large de la Syrie, sur le chemin du retour vers Alexandrie[96].

Les Byzantins reprennent alors durablement la maîtrise de la Méditerranée orientale. Et les califes musulmans, les Omeyyades, se tournent vers la Méditerranée occidentale. En 695, la flotte du califat s'empare de Carthage, devenue une ville vandale durant le Ve siècle, pour en faire un grand port musulman, capable de rivaliser avec la Constantinople chrétienne. On y fait venir d'Alexandrie plus de 1 000 charpentiers de marine et on y édifie un vaste arsenal. La flotte omeyyade compte bientôt plus de 100 navires de guerre, ce qui lui permet de conquérir la Sicile, la Sardaigne et la Corse.

En 710, depuis le Maroc, le calife fait traverser le détroit de Gibraltar en bateau par 18 000 hommes dirigés par le chef omeyyade Tariq, en vue de prendre la péninsule Ibérique aux Wisigoths. Une légende prétend que, une fois débarqué à Gibraltar, Tariq aurait fait brûler ses navires et aurait dit à ses hommes : « Ô gens, où est l'échappatoire ? La mer est derrière vous, et l'ennemi devant vous, et vous n'avez par Dieu que la sincérité et la patience. » Il conquiert Séville et Cadix en 711. À partir de Cadix, la marine andalouse effectue des razzias dans tous les ports de l'Espagne, ce qui affaiblit le royaume wisigoth et permet aux Arabes, en 716, de contrôler la quasi-totalité du territoire actuel de l'Espagne et du Portugal. Puis des troupes musulmanes, composées d'Arabes et de Berbères, traversent la France, atteignent Poitiers le 23 octobre 732, avant de refluer. En 755, le dernier survivant des Omeyyades, Abd al-Rahman, renversé à Bagdad par les Abbassides, se réfugie au Maghreb et prend le pouvoir en Andalousie. Les Abbassides ne semblent pas, eux, vouloir d'une flotte de guerre permanente.

En 844, à Séville, des attaques venues du nord obligent le nouvel émir, Abd al-Rahman II, à construire enfin une grande flotte de guerre. En 860, il mène des raids jusqu'en Italie occidentale et en Provence, et bâtit également une flotte de commerce qui navigue jusqu'au Maghreb, permettant la création des ports de Ténès et d'Oran.

En 909, un certain Ubaye Allah al-Mahdi rassemble les tribus berbères dans la Kabylie actuelle ; il conquiert Sousse, Tunis et Tripoli, et y crée une nouvelle dynastie, les Fatimides. En 969, les Fatimides s'emparent de l'Égypte et fondent Le Caire, qui devient le principal centre maritime du monde musulman, avec Alexandrie, qui reste la plaque tournante du commerce des épices, de la teinture d'indigo, du poivre et de la civette.

La flotte de guerre de l'Empire fatimide devient l'une des plus puissantes de Méditerranée, sécurisant son commerce contre des pirates qui viennent alors pour l'essentiel des îles grecques.

Ainsi, au tournant du millénaire, la partie orientale de la Méditerranée est contrôlée par la marine byzantine et la marine fatimide ; la partie occidentale, par les Omeyyades.

Cette domination orthodoxe et musulmane contraint les puissances catholiques européennes, et d'abord les ensembles germanique et franc, à se déporter vers le nord et vers l'intérieur des terres. Le grand historien français Henri Pirenne écrira même, dans son article « Mahomet et Charlemagne » : « Sans l'islam, l'Empire franc n'aurait sans doute jamais existé ; Charlemagne sans Mahomet serait inconcevable. » Ainsi s'explique en partie le peu d'appétence de la France et de l'Allemagne pour la mer, qui leur nuira jusqu'à aujourd'hui.

Reste la mer Tyrrhénienne, qui demeure sous le contrôle de chrétiens...

Face à l'islam et à Byzance,
deux nouvelles puissances maritimes :
Venise et Gênes

Au Xe siècle, la dureté de la vie dans la lagune vénitienne incite les marchands de cette ville, fondée au VIIe siècle avant notre ère, à établir des comptoirs dans les différents ports de la Méditerranée orientale, notamment sur la côte dalmate. Cela leur prendra plus de deux siècles[24].

À partir du XIIe siècle, les doges créent des ateliers pour construire leurs propres bateaux. Surgissent aussi des institutions financières, des bourses, des maisons de commerce, des banques et des sociétés d'assurance.

Venise prend alors progressivement le contrôle d'une partie essentielle du commerce dans la Méditerranée orientale et devient le lieu d'échanges entre les marchandises venues des puissances continentales (France et Empire germanique) et celles venues de Byzance, du califat et des puissances asiatiques[122].

Au même moment, en Méditerranée occidentale, un autre port, Gênes, s'appuyant sur son arrière-pays toscan – dont Florence et ses marchands –, noue des liens directs avec Constantinople et Alep pour recevoir des produits venus d'Orient : or, pierres précieuses, épices. Bientôt, les marchands génois commercent aussi avec l'Espagne, l'Afrique du Nord, la France, l'Angleterre et l'Empire germanique, et vont jusqu'en Islande. Mais Gênes ne possède pas de navires de combat pour protéger ses bateaux de commerce contre la piraterie ; elle doit donc faire appel aux galères privées de mercenaires et prend grâce à eux le contrôle de Livourne, de la Corse et de la Sardaigne. Mais elle n'a pas le réel pouvoir sur la mer[9].

D'autres ports méditerranéens, dont Barcelone, concurrencent Gênes et Venise, et commercent également avec le Maghreb, le Levant, l'Égypte et l'Asie. Ils importent eux aussi du sucre, des épices, du bois, de l'ivoire et des perles, et exportent les draps de Flandre et la quincaillerie de France. Aucun port français ne vient rivaliser sérieusement avec ces ports.

Croisades et puissances maritimes : victoire de Venise

Pour éloigner leurs seigneurs les plus rebelles, les plus puissants des souverains continentaux (l'empereur romain germanique et le roi de France) suivent l'injonction du pape et envoient leurs élites guerrières reprendre la Terre sainte. Les motivations des croisés mêlent la foi, l'avidité, l'ambition. Durant la première croisade, en 1096, les hommes, les chevaux et les denrées voyagent par la terre depuis la France jusqu'au Moyen-Orient. Les croisés installent en 1099 le royaume de Jérusalem, contre les Fatimides.

Gênes et Venise comprennent ce potentiel commercial. Elles développent alors de grands arsenaux pour faire construire des galères et des navas (navires à voiles) pour transporter les soldats et les armes, et des navires « huissiers », avec des portes latérales, pour transporter les chevaux. Elles les proposent aux croisés, qui acceptent de les leur louer : le voyage maritime est plus certain que le voyage terrestre[24].

Une flotte anglo-flamande et celle du frère du roi de Norvège viennent les appuyer. D'autres bateaux sont spécialement affrétés par des ordres religieux, comme l'ordre du Temple. Au cours de l'été 1110, la flotte norvégienne arrive en Syrie, avec à sa tête le roi Sigurd Ier. Le roi franc de Jérusalem, Baudouin Ier, lui demande son aide pour prendre le port de Sidon, toujours sous contrôle des Fatimides. Le siège débute le 19 octobre et se termine par une victoire franque et norvégienne.

Durant la deuxième croisade, en 1146, les puissances européennes confient aux Génois et aux Vénitiens la charge du transport des croisés. Elles s'endettent pour cela auprès des banquiers génois et vénitiens, qui prennent ainsi le contrôle du commerce en Méditerranée.

En 1184, Saladin, premier dirigeant d'une nouvelle dynastie ayyoubide, né en Irak et qui règne en Égypte à partir de 1169 et en Syrie à partir de 1174, comprend que tout se joue en mer. Il recrute alors des marins et des pirates du Maghreb pour attaquer les armées chrétiennes venues soutenir le nouveau roi de Jérusalem, Guy de Lusignan.

En 1187, Saladin reprend Jérusalem aux croisés, qui semblent avoir perdu leur motivation. À la mort de Saladin en 1193, après une période trouble de succession et de partage, al-Adel devient seul maître de l'Empire fatimide ; il considère que le *jihad* doit cesser et noue vers 1208, depuis Alexandrie, des relations pacifiques et commerciales avec la république de Venise.

Pour mieux sécuriser la route de ses bateaux marchands, le doge de Venise demande aux chefs croisés, devenus des mercenaires plus que des missionnaires de l'Église, de reprendre pour son compte le comptoir de Zadar (dans l'actuelle Croatie), en échange de navires

pour conquérir l'Égypte ayyoubide, puis libérer Jérusalem. Zadar pris en 1202, les croisés, soutenus par les
Vénitiens, se retrouvent à Constantinople et mettent la
ville à sac le 13 avril 1204, oubliant que leur but initial
était de reprendre le royaume de Jérusalem, et non de
piller un royaume chrétien.

En Méditerranée, chacun de ces grands ports établit alors son propre code et engage des juges pour
gérer les conflits en mer. En particulier, en 1266, le roi
Jacques Ier, à Barcelone – devenue port important en
Méditerranée –, crée un corps de consuls chargés de
« gouverner, récompenser, châtier ou juger » tous les
citoyens catalans résidant pour le compte d'armateurs
barcelonais dans la plupart des grandes cités maritimes
de la Méditerranée. Ces consuls codifient toutes leurs
jurisprudences orales. Elles sont alors regroupées dans
un ouvrage finalisé à Barcelone, le *Libre del Consolât
de Mar*. Traduit dans toutes les langues de la Méditerranée, ce « code barcelonais » s'impose à tous les autres
de la région et devient la référence principale du droit
maritime pour toutes les marines de la Méditerranée
chrétienne jusqu'à la fin du XVIIe siècle.

Gênes devient la grande rivale de Venise

La rivalité est alors à son comble entre Venise et
Gênes.

En 1284, Gênes se débarrasse d'abord de Pise,
sa rivale méditerranéenne, lors d'une des premières
grandes batailles navales du Moyen Âge, dans laquelle
s'affrontent 200 navires pour le contrôle de la Sardaigne

et de la Corse. Elle a lieu à Meloria, au large de Livourne. Un chef-d'œuvre de stratégie navale.

Les Génois, avant d'engager le combat, divisent leur flotte en deux lignes placées l'une derrière l'autre : la première est constituée de 58 galères et 8 *panfili* (une classe de galères légères d'origine orientale) ; la deuxième ligne, de 20 galères, est disposée si loin derrière la première que les Pisans ne peuvent la distinguer des embarcations de ravitaillement. Les Pisans s'avancent alors tous en ligne face à la première ligne génoise, afin de se lancer à l'abordage. Mais la deuxième ligne génoise les prend par surprise et Gênes emporte la bataille[26].

En 1296, Gênes occupe le port de Pise, Porto Pisano, coupant ainsi Pise de la mer et mettant totalement fin à sa puissance commerciale et politique.

Vers 1300, les Génois font faire un énorme progrès à leurs galères : ils inventent la *sensille*, qui permet d'avoir trois hommes sur le même banc de rameurs (pour l'essentiel des prisonniers de guerre), alors que la trirème était à trois niveaux de rameurs, mais avec seulement un rameur par rame. Ainsi les galères génoises vont-elles beaucoup plus vite[24].

Pendant ce temps, Venise transforme ses bateaux en machines de guerre. Elle y installe de l'artillerie, puis des tours pour donner une portée supérieure à leurs archers ; et, comme ces tours rendent instables les bateaux, elles sont vite remplacées par des « châteaux » dépassant de l'arrière du navire.

Ainsi supérieurement armée, Venise conquiert les villes du nord de la Tunisie et gagne plusieurs batailles navales, notamment à Chypre face à la dynastie ayyoubide de Saladin.

Peurs de la mer dans les empires continentaux : la Grande Peste

Alors que les croisades avaient commencé à intéresser, pour la première fois, les seigneurs et monarques français à la mer, une tragédie, en 1346, vient tout interrompre et conforter les puissances continentales dans leur peur de la mer.

Cette année-là, les Mongols, en pleine décadence en Chine après la mort de Kubilaï Khan, attaquent Caffa, comptoir génois de Crimée ; ils sont défaits, mais transmettent le virus de la peste aux bateaux génois qui, en revenant chez eux, répandent très vite la maladie dans tous les ports de Méditerranée : Constantinople est touchée en 1347, puis, la même année, Gênes, Pise, Venise et Marseille[40]. La peste gagne Florence, puis Avignon, alors centre du monde papal. Les pèlerins qui y séjournent vont alors propager la maladie à travers toute l'Europe continentale[40]. À très grande vitesse : l'épidémie atteint Calais dès décembre 1348. Au total, en six ans, de 24 à 45 millions de personnes en meurent, soit plus du tiers de la population européenne. Immense traumatisme dont la littérature s'est emparée, en particulier avec le *Décaméron*[20] de Boccace, écrit dès 1350 à Florence.

Puis, sans raison, l'épidémie s'interrompt en 1353, pour revenir en 1360 de façon erratique.

Les seigneurs et rois continentaux, tels ceux du Saint-Empire romain germanique et de la France, craignant alors pour leurs vies, déplacent leurs centres de pouvoir vers le nord pour s'éloigner des foyers d'infection. Effet indirect de ce grand malheur : la raréfaction de la main-d'œuvre rurale va pousser au progrès technique et à la modernisation du monde agricole[9].

À l'inverse, les ports méditerranéens, n'ayant pas d'autre solution que de recevoir des marchandises par la mer, s'organisent pour éloigner les bateaux, le temps de vérifier l'absence de contagion, avant de laisser débarquer leur contenu. La première quarantaine[40] est décidée à Dubrovnik en 1377, alors sous domination vénitienne. Le premier lazaret permanent est ouvert à Venise en 1423. La même décision est prise à Gênes en 1467 et à Marseille en 1526. Ces ports maîtrisent ainsi l'épidémie et peuvent se rouvrir au monde. Et garder le pouvoir.

Baltique et Atlantique, sources du pouvoir de la Flandre

Pendant ce temps, la Baltique et l'Atlantique sont encore des mers délaissées, en raison de l'ampleur des marées et des tempêtes, faute aussi d'arrière-pays prometteurs et de ports puissants. De plus, les navires à rames sont trop bas, et il est difficile d'y installer des canons. Il faut attendre les progrès de la marine à voile pour que l'Atlantique devienne une mer fréquentée.

À partir du VIIIe siècle, les Vikings s'aventurent pourtant en haute mer avec des *knorr* ou *drakkar*, navires à voiles et à rames, très rapides, conçus pour transporter des guerriers. Les Scandinaves connaissent tout des courants, des étoiles et des bancs de poissons. En 845, ils remontent la Seine jusqu'à Paris, en deux expéditions spectaculaires avec 120 bateaux. Ils ne lèvent le siège de la capitale française terrifiée qu'en échange d'une rançon payée par le roi Charles le Chauve. Ils reviendront quatre fois faire le siège de Paris, jusqu'en 887. Fort rentables aventures. En 985, un de leurs chefs, Erik le Rouge, atteint le Groenland. Autour de l'an 1000, son fils Leif Erikson, alerté par le récit fait par un navigateur groenlandais d'un voyage effectué vingt ans auparavant, est sans doute le premier Européen à aborder l'Amérique – très exactement l'anse aux Meadows, sur l'île de Vinland (Terre-Neuve canadienne aujourd'hui)[6].

Au XIIe siècle, la Baltique, mer particulièrement poissonneuse, devient un lieu d'échanges entre les villes côtières et un arrière-pays peuplé et riche, l'Empire romain germanique, qui, lui, ne s'intéresse toujours pas à la mer.

Le sel y joue un rôle important : sa présence dans des mines voisines de la Baltique permet de traiter les poissons avant de les exporter. Notamment, Lübeck profite de sa situation géographique idéale à proximité de mines de sel, entre la mer Baltique et l'Elbe, pour importer du bois, des fourrures de Russie, de la morue de Norvège, des tissus de Flandre[19]. Des marchands y organisent un commerce de cabotage, depuis la Baltique jusqu'à l'Espagne, et exportent même les vins de Bourgogne et de Bordeaux vers l'Angleterre[24].

Des ports s'y installent. Des pirates y rôdent. Les naufrages s'y multiplient. En 1152, pour répondre à la prolifération de pilleurs d'épaves sur les côtes d'Aquitaine, en particulier autour de l'île d'Oléron, Aliénor d'Aquitaine, alors encore pour deux ans reine de France avant de devenir reine d'Angleterre, fait rédiger (avant même les codes méditerranéens dont il a été question plus haut) un des premiers codes maritimes : il regroupe un ensemble de règles établies depuis des siècles en s'inspirant du droit romain[26]. Il prévoit l'obligation pour le capitaine de consulter ses marins avant de prendre la mer (article 2), de soigner un matelot blessé en exécutant un ordre, d'inspecter les cordages (article 10), de « ramener en cas de naufrage les matelots, quitte à abandonner une partie des biens sauvés » (article 3), de maintenir la paix et d'être le juge sur le bateau (article 12) ; le droit pour le capitaine de punir les marins s'ils quittent leur navire sans autorisation (article 5), le partage des dépenses s'il y a une collision au mouillage (article 15), le partage des dommages entre le capitaine et le marchand en cas de naufrage (article 25). Rien sur les conditions de travail des marins, qui restent proches de l'esclavage.

Bruges, premier cœur du monde européen

Sur l'Atlantique, on ne navigue alors que le long des côtes, à la différence de la Méditerranée, où l'on navigue en haute mer.

De nouveaux ports y apparaissent. Tel celui de Rouen, qui a vu passer les Vikings et Guillaume le Conquérant. Il devient le principal lien commercial entre Paris et Londres, puis avec l'Aquitaine devenue anglaise quand Henri Plantagenêt, comte du Maine et d'Anjou, duc de Normandie – qui a épousé Aliénor, duchesse d'Aquitaine –, devient le roi d'Angleterre Henri II en 1154.

Le plus important de ces nouveaux ports est celui de Bruges en Flandre[24]. Son excellent accès à la mer du Nord lui confère à partir de 1200 une place stratégique essentielle dans l'Europe médiévale. Profitant d'un vaste arrière-pays, d'une période de croissance des productions agricoles, d'une division du travail et de progrès techniques (tels le moulin à eau et la mécanisation du foulage), le port rassemble bientôt des marchands, des esclaves en révolte, des serfs chassés de leurs terres. Les marchands investissent massivement pour rendre leur port attractif. Des canaux le traversent pour optimiser le déplacement de cargaisons du port vers l'arrière-pays, grâce à des péniches. Il est même le premier port à se doter d'une grue[9].

L'arrivée de Chine du gouvernail d'étambot (fixé à l'arrière du bateau par des charnières), à Bruges, par la Perse et les ports baltes, permet aux navires flamands d'être les premiers à remonter efficacement le vent. Ils vont jusqu'en Écosse, en Allemagne, en Italie, en Inde et en Perse. Et en reviennent.

Bruges devient alors l'une des escales les plus utilisées de toutes les foires flamandes, accueillant même les bateaux génois à partir de 1227, puis les navires vénitiens.

En 1241, pour contrôler leur commerce, qu'ils sentent leur échapper au profit de Bruges, et pour lutter contre la piraterie et contraindre les autres cités allemandes à leur obéir, Lübeck et Hambourg s'unissent en une organisation qu'ils nomment la « Hanse » (mot qui désigne une association de marchands), avec un parlement établi à Lübeck. Les membres de la Hanse ne sont pas des pêcheurs : les Scandinaves pêchent et la Hanse vend.

Au début du XIVe siècle, la Hanse regroupe plus de 70 villes, dont Rostock, qui domine la construction de navires, et Lunebourg, qui domine le commerce du sel. La Hanse dispose alors de 1 000 navires, avec des comptoirs à Bergen, Londres, Bruges et Novgorod[24].

En 1398, pour éviter que leurs bateaux ne soient bloqués par le royaume de Danemark, devenu rival, la Hanse construit le canal de Stecknitz, reliant la mer du Nord et la Baltique par l'Elbe.

La Hanse est alors peu à peu affaiblie par une guerre contre le Danemark, l'expansion de la Russie et l'émergence d'autres marchands flamands, face à la puissance dominante des Vénitiens.

Venise devient le centre du monde marchand

Durant la première moitié du XIVe siècle, le port de Bruges s'enlise ; les marchandises de la mer du Nord passent désormais surtout par les grandes foires terrestres, telles celles de Nuremberg et de Troyes, vers le Sud. Le centre du commerce revient en Méditerranée. Venise devient alors, après Bruges, le deuxième cœur de l'économie-monde occidentale[24].

Les doges successifs créent une alliance entre l'État et les armateurs. Ils développent un nouveau navire marchand, capable de résister à une attaque : la *galere da mercato*, utilisant à la fois rames et voiles, très sûre et bien défendue par des archers et des frondeurs répartis sur le bateau. Elle a d'abord une capacité de 100 tonnes en 1350, puis de 300 tonnes en 1400. Ces galères sont construites dans le grand arsenal de Venise[24].

Elles parcourent l'Europe, le Proche-Orient, Chypre, la Syrie, Alexandrie, Bruges, Barcelone, la Tunisie et l'ouest de la Grèce. Les Vénitiens en importent épices, soieries et parfums[9].

En 1423, Venise possède 3 000 galères, dont 300 sont spécialement militaires. Avec 17 000 marins, pour une cité de 150 000 habitants.

À la fin du XVᵉ siècle, la flotte vénitienne est la première du monde, avec près de 6 000 navires, civils et militaires, dominant les mers et le commerce maritime occidental. Venise fixe les prix des principales marchandises, manipule le cours des monnaies, accumule les profits. Le Rialto devient la première bourse mondiale.

Première tentative française :
la guerre de Cent Ans se joue sur la mer

Pendant que Gênes, Venise, Bruges et la Hanse se disputent le réel pouvoir et la vraie richesse, deux grandes puissances potentielles, la France et l'Angleterre, s'épuisent dans une guerre séculaire qui les prive de l'essentiel : le pouvoir maritime.

Et pourtant, contrairement à ce que racontent en général les livres d'histoire, cette guerre, comme la plupart des autres, se joue avant tout sur la mer : quand les Anglais contrôlent la mer du Nord, ils peuvent envahir la France ; quand la France la contrôle, les Anglais sont chassés de France.

Il est donc fascinant de relire cette histoire vue de la mer[26].

À la fin du XIIIᵉ siècle, Philippe le Bel semble le premier roi de France à comprendre l'importance de la mer. Il crée un arsenal à Rouen, le Clos des Galées, qui construit plus de 500 navires. Première tentative de la France de devenir une puissance maritime. À la suite d'affrontements entre pêcheurs français et anglais, cette première flotte militaire française mène des raids sur la côte anglaise. Une trêve, signée à Montreuil en 1299, est confirmée par le traité de Paris de 1303, qui oblige le roi d'Angleterre Édouard Ier à évacuer la Flandre, occupée depuis 1294.

En 1337, le roi Philippe VI de Valois reprend à Édouard III, roi d'Angleterre, le duché d'Aquitaine, devenu anglais depuis le mariage d'Aliénor en 1154. Édouard III ne l'accepte pas. Commence une guerre qui durera plus d'un siècle.

La première phase de cette guerre (1340-1360) est dominée, en mer, par l'Angleterre. En 1340, Édouard III envoie ses troupes en France. Les flottes de la France et de son alliée, Gênes, tentent, devant le port de L'Écluse – dans les actuels Pays-Bas –, de s'y opposer[72]. La flotte génoise est composée de galères, alors encore très utilisées en Méditerranée, mais inadaptées en mer du Nord ; la flotte française regroupe de simples voiliers de commerce (des cogues) équipés d'un château. De plus, les équipages de cette flotte sont pour l'essentiel des mercenaires. En face, la flotte anglaise, déjà aguerrie aux conditions de l'Atlantique, est constituée de vrais bateaux de combat à voiles, avec des équipages anglais et professionnels. Au total s'opposent plus de 400 navires et 40 000 hommes. La bataille fait plus de 20 000 morts ; la plupart des navires français et génois sont détruits. Les bateaux anglais acheminent alors librement soldats et équipements sur le sol de Flandre et de France, ce qui leur permet de vaincre les Français à Poitiers en 1356 et de capturer le roi Jean le Bon.

La deuxième phase de la guerre (1360-1382) est gagnée aussi en mer, mais cette fois par la France. En 1364, le nouveau roi de France, Charles V, relance le chantier naval de Rouen. En 1377, il nomme un militaire français qui a notamment participé aux croisades, Jean de Vienne, au poste d'amiral, avec rang égal à celui du connétable (chef des armées). Jean de Vienne attaque tous les ports des côtes sud de l'Angleterre, organise un blocus des territoires pris par les Anglais au nord de la France et coupe les routes de renfort des Anglais. Il débarque même en Écosse avec 180 navires ; mais il est défait, faute d'un soutien suffisant des Écossais. À partir de 1381, les Anglais doivent gérer une révolte des seigneurs anglais, qui refusent de payer les impôts levés par le roi pour financer la guerre contre la France ; ils ne peuvent plus maintenir une armée en France et se retirent du continent.

La troisième phase (1382-1423) est gagnée encore une fois sur la mer, mais par l'Angleterre. En 1386, le nouveau roi de France, Charles VI, annule un projet d'invasion de l'Angleterre avant de sombrer, deux ans plus tard, dans la folie. Ses oncles, les ducs d'Orléans et de Bourgogne, se partagent la régence ; les Bourguignons se rapprochent de l'Angleterre. Henri V d'Angleterre, arrivé au pouvoir en 1413, constitue alors une flotte puissante et rapide qui détruit la flotte française entre 1414 et 1417. La Manche devient *mare britannicum*.

La quatrième phase (1423-1453), enfin, est dominée, toujours sur la mer, par la France. En 1423, un an après la mort d'Henri V d'Angleterre, le duc de Bedford vend la flotte britannique pour faire des économies. Les Anglais ne peuvent alors plus acheminer assez d'hommes sur le continent pour lutter contre les armées françaises, menées par Jeanne d'Arc et Charles VII. Ceux-ci reconquièrent une partie du nord-est du territoire. La dynamique créée ainsi par Jeanne d'Arc, suppliciée en 1431 (dans le plus grand port français, Rouen, tenu encore par les Anglais), permet à Charles VII de reprendre la Normandie et ses ports en 1450, après la victoire de Formigny, et l'Aquitaine et ses ports en 1453, après la victoire de Castillon ; l'une et l'autre victoires rendues possibles par l'incapacité de la marine anglaise à transporter assez de troupes sur le sol de France.

La guerre s'achève. Pour autant, la France ne décide pas de développer sa marine ni ses ports. Elle passe ainsi à côté d'une première occasion de devenir la nation maritime qu'elle a les moyens d'être. Il y en aura six autres au long des siècles, tout aussi manquées.

L'Angleterre, elle, a compris la leçon. Elle développe à grande vitesse une marine et des ports. Ainsi celui de Londres et celui de Liverpool, voisin des mines de sel du Cheshire.

Anvers : troisième cœur et domination de la mer du Nord

En 1453, l'année même où s'achève la guerre de Cent Ans dans laquelle les royaumes anglais et français se sont épuisés, l'Empire ottoman s'empare enfin du dernier réduit de l'Empire romain d'Orient, Byzance ; ce qui prive Venise de tout accès au marché d'Asie. La Sérénissime doit alors s'effacer devant une nouvelle puissance, sur l'Atlantique : Anvers[9].

Son arrière-pays est riche : on y produit de la laine, des draps, du verre, des métaux, et on y fait l'élevage du mouton. Sa bourse devient le premier centre financier d'Europe pour l'assurance, et s'y développe un réseau bancaire sophistiqué utilisant une nouvelle monnaie d'argent[24]. Son port devient la base de la plupart des grands marchands d'Europe, d'où ils contrôlent une bonne partie de l'exportation des produits de l'Europe du Nord (bois, poisson, métaux, armes, sel) vers les pays méditerranéens. Ses infrastructures se renforcent pour accueillir le poivre de l'Inde et les épices d'Indonésie.

Avec l'invention, au même moment, de l'imprimerie, Anvers démocratise le premier objet nomade : le livre[6]. Les ateliers de Christophe Plantin à Anvers les impriment et organisent leur diffusion, pour l'essentiel en bateau, à travers l'Europe. En 1500, 20 millions de livres ont déjà été imprimés et distribués[9].

Pendant ce temps, les Portugais conçoivent un nouveau navire : la caravelle, petit bateau léger équipé d'un foc, de deux voiles carrées et d'une voile latine, ce qui lui donne une parfaite mobilité et en fait un instrument idéal pour le voyage d'exploration[6]. Comme ses voisins ibériques, qui confient aux marchands génois la gestion de leur fortune, le Portugal n'a pas d'ambition marchande, mais seulement religieuse : découvrir pour convertir[22]. Le royaume utilise Anvers pour son commerce et y fonde la Feinterai de Flandre, des entrepôts qui assurent le commerce portugais vers l'Europe du Nord[22]. Et il développe l'ordre du Christ pour prendre en charge l'exploration des terres inconnues au-delà de l'Europe. Et les Portugais commencent à explorer les côtes africaines. Les cartes marines restent, en ce temps, des secrets très bien gardés – au point qu'elles sont lestées de plomb pour couler en cas de naufrage[22].

1488-1498 : la décennie du monde

En 1481, par la bulle *Aeternam regis*, le pape donne au Portugal tous les territoires qu'il a déjà découverts en Afrique et le droit de s'approprier toutes les terres nouvelles qu'il découvrirait, à condition de les évangéliser.

En 1488, le Portugais Barthélemy Diaz double la pointe de l'Afrique avec deux caravelles de 50 tonneaux et un navire ravitailleur. Sur ces caravelles, les équipages se complexifient. On y distingue maintenant les mousses ; les matelots, spécialistes du mât ; les gabiers, spécialistes des voiles ; les quartiers-maîtres, chargés de l'intendance. On y embarque aussi des médecins et des cartographes[6]. Les sabliers commencent à y faire leur apparition, pour mesurer la durée des quarts, la vitesse et la position des navires[5]. La vie sur les bateaux reste extrêmement dure pour les marins.

La cartographie devient une science majeure, stratégique. Les cartes restent secrètes, car elles donnent encore un grand avantage à ceux qui les établissent. Les meilleurs cartographes d'Europe sont alors à Majorque, juifs pour la plupart.

Et c'est aussi à bord de trois caravelles que le Génois Christophe Colomb, financé par les rois catholiques d'Aragon et de Castille, arrive, le 12 octobre 1492, après trois mois de voyage, sur une île proche de ce qui sera plus tard nommé l'Amérique et qu'on croit être l'Inde[6].

Les Espagnols revendiquent alors, contre les Portugais, la souveraineté sur ces nouvelles terres. Le 4 mai 1493, par la bulle *Inter cætera*, le pape Alexandre VI décrète que toutes les nouvelles terres à l'ouest et au sud d'une ligne passant à 100 lieues (environ 480 kilomètres) à l'ouest des îles du Cap-Vert seront espagnoles ; et que celles qui sont à l'est de cette ligne seront portugaises[6].

Le roi Jean II de Portugal, qui maîtrise bien mieux les cartes que les Espagnols, mécontent de ce partage, renégocie ce traité directement avec Ferdinand II d'Aragon et Isabelle Ire de Castille[22]. En 1494, ils signent le traité de Tordesillas, qui déplace la ligne de partage à 370 lieues (1 790 kilomètres) à l'ouest des îles du Cap-Vert : ce qui est à l'ouest de cette ligne est espagnol ; ce qui est à l'est est portugais. Cela donne aux Portugais l'Afrique et les îles de l'océan Indien et de l'Océanie. Le Brésil, qui sera découvert six ans plus tard, fait aussi partie de la cagnotte portugaise. Les Espagnols, eux, gagnent une région où l'on trouvera bientôt tout l'or américain.

En 1498, une expédition portugaise dirigée par Vasco de Gama, venu de l'ordre du Christ, contourne l'Afrique, atteint la péninsule indienne et poursuit jusqu'à la Chine, réalisant la première liaison entièrement maritime entre la Chine des empereurs Ming et l'Europe, qui sont encore reliées par une très périlleuse route de la soie[6].

En 1500, Amerigo Vespucci aborde le Brésil et affirme se trouver sur un nouveau continent, et non en Inde ou au Japon, comme on le croyait alors. En 1504, une nouvelle bulle du pape Jules II entérine les conditions de partage signées à Tordesillas, dix ans plus tôt, par les souverains ibériques.

En 1507, un planisphère fabriqué par le moine Waldseemüller à Saint-Dié, dans les Vosges, est le premier à donner, en hommage à Vespucci, le nom d'« America » au continent découvert ; il trace aussi le contour de l'Asie en utilisant les informations recueillies au siècle précédent par la flotte chinoise de Zheng He, et dont il a eu connaissance par des marchands juifs et vénitiens[6].

En 1519, le Portugais Fernand de Magellan entreprend la première circumnavigation de la Terre. Il traverse l'océan avec une caraque et 237 hommes, sans escale jusqu'aux Philippines, après avoir passé le cap Horn par un temps très calme, ce qui le conduit à donner son nom à l'océan Pacifique. Il meurt sur l'île de Macta, aux Philippines, en avril 1521 ; un seul navire de son expédition, le *Victoria*, revient en Espagne en 1522, avec 18 Européens et 3 Moluquois, achevant ce premier tour du monde[6].

En 1529, le traité de Saragosse place au niveau des îles Moluques (est de l'Indonésie) le méridien qui partage les zones portugaise et espagnole.

Au total, ces traités donnent en théorie à l'Espagne l'Amérique, le Pacifique et l'est des îles Moluques ; tandis que le Portugal obtient le Brésil, l'Afrique et une large partie de l'Asie.

Deuxième chance pour la France, en vain

À ce moment, et pour la deuxième fois, la France tente de devenir une puissance maritime : en 1517, François Ier fonde Le Havre. Pour concurrencer les Portugais et les Espagnols dans la conquête chrétienne des Amériques, et non pas pour rivaliser avec les Flamands et les Vénitiens dans le commerce. En 1524, le roi crée au Havre un chantier naval, dont le premier bateau, *La Grande Françoise*, est si gros qu'il ne peut sortir du chantier et doit être démoli sur place[79].

François Ier laisse la capitale de la France à Paris et vit, pour sa part, dans les châteaux qu'il bâtit au bord de la Loire. Il affirme en 1528 : « Paris redevient notre capitale », et construit le nouveau Louvre pour en faire le centre du pouvoir. Il s'intéresse quand même à la mer, mais, comme les souverains ibériques, pour des raisons de gloire chrétienne. En 1533, il fait savoir au pape Clément VII qu'il est très opposé au partage de Tordesillas : « Le soleil luit pour moi comme pour les autres. Je voudrais bien voir la clause du testament d'Adam qui m'exclut du partage du monde. » Le pape précise alors que les terres non encore occupées par l'Espagne ou le Portugal peuvent être réclamées par d'autres monarques chrétiens[6].

En 1534, c'est en partant de Saint-Malo, et non du Havre, que Jacques Cartier atteint le golfe du Saint-Laurent, en seulement vingt jours, avec deux navires. En 1544 sort du Havre le premier bateau pêcheur de morue en Terre-Neuve, le premier « terre-neuve »[79].

La France ne fait toujours rien pour développer sa marine commerciale ou militaire, ni pour recevoir les marchandises dont elle a besoin par ses ports, ni pour renforcer leurs liens avec son arrière-pays. Paris continue d'être approvisionné par les foires terrestres et par les ports flamands et italiens. La France gâche ainsi sa deuxième occasion de devenir une grande puissance maritime.

Les Espagnols, eux, s'installent dans le golfe du Mexique et la mer des Caraïbes. Mais ils ne font rien non plus pour développer leurs ports et leurs marines de commerce. En 1510, ils commencent à rapporter en Espagne sur leurs galions l'or des empires maya, aztèque, inca et autres, puis ils contraignent les Amérindiens à exploiter les mines d'or et d'argent du continent[6]. L'or est transporté par terre jusqu'au nord du continent, où les Espagnols créent des ports à Vera Cruz (Mexique) et à Carthagène-des-Indes (Colombie). Les galions passent ensuite par La Havane avant d'entreprendre leur voyage de retour vers Séville. Ils sont souvent attaqués par des pirates autour de Cuba[38]. Une partie des pirates sont français et nommés « flibustiers » (mot qui vient du néerlandais pour désigner des « libres pilleurs »).

Au XVIᵉ siècle, près de 3,8 millions de tonnes d'or et d'argent sont ainsi transportées de l'Amérique à l'Espagne, qui n'en fait rien, sinon s'enfoncer dans la paresse et en confier la gestion aux marchands génois et lombards[24].

Au XVIIᵉ siècle, les pirates s'installent en Jamaïque et à Haïti (île de la Tortue)[50]. L'Olonnais, un flibustier français, possède 7 navires et commande 400 hommes. Barbe-Noire, un pirate anglais très actif entre 1708 et 1718, amasse une fortune considérable avant d'être tué par la marine royale anglaise[38].

Au XVIIᵉ siècle, les voyages des galions espagnols diminuent en raison de nombreuses tempêtes dans les Caraïbes et de la quantité décroissante de métaux précieux découverts ; l'activité des pirates se déplace vers les bateaux chargés d'épices qui contournent l'Afrique, et les chasse dans l'océan Indien à partir de Madagascar[38].

Parenthèse génoise, bataille de Lépante, fin de Venise

De 1500 à 1550, l'influence d'Anvers, restée catholique, se réduit peu à peu au profit de Gênes, qui gère l'or des souverains ibériques et prend le pouvoir en Méditerranée[23]. Au début du XVIᵉ siècle, Venise tente de se débarrasser de la concurrence portugaise en Asie avec une stratégie navale véritablement globale : les techniciens de l'Arsenal de Venise viennent aider les mamelouks à Alexandrie en construisant des bateaux avec du bois libanais. Ils les démontent ensuite, les transportent par des caravanes jusqu'au port de Suez, à l'embouchure de la mer Rouge, où ils les assemblent. Ils s'allient au sultan du Gujarat qui leur fournit 40 bateaux supplémentaires. Ensemble, ils détruisent la flotte portugaise devant le fort portugais de Chaul en Inde du Sud en 1508...

Après la conquête de l'Égypte et de la Syrie par des forces terrestres, les sultans ottomans prennent conscience de l'obligation de développer une marine de guerre puissante. À partir de 1533, sous le règne de Soliman le Magnifique, puis de Selim II, Khayr ad-Dîn Barberousse réorganise la flotte ottomane. En 1538, il affronte victorieusement, dans la bataille navale de Préveza en Grèce, une coalition entre Venise, l'Espagne, Gênes et le pape.

En 1550, une crise financière en Espagne et à Gênes fait de nouveau basculer le pouvoir de la Méditerranée vers l'Atlantique ; de Gênes, ville catholique, vers Amsterdam, ville protestante[9].

À partir des années 1560, les comptoirs vénitiens en Méditerranée orientale sont attaqués par la flotte ottomane, qui cherche à contrôler le commerce avec l'Extrême-Orient et prend Chypre en 1571, ce qui entraîne la création d'une Sainte Ligue regroupant Gênes, Venise, Naples et l'Espagne, sous l'égide du pape.

La Ligue rassemble à Messine 316 bâtiments et 80 000 hommes, dont 50 000 marins et 30 000 soldats. La flotte est commandée par don Juan d'Autriche, le plus jeune fils de Charles Quint. En face, la flotte ottomane : est composée de 252 bâtiments et 80 000 hommes dirigés par Ali Pacha. La bataille, a lieu le 7 octobre 1571 devant Lépante, à l'ouest de la Grèce. Les navires vénitiens parviennent à rompre la ligne ottomane : 7 000 chrétiens et 20 000 Turcs meurent dans la bataille, dont Ali Pacha. Près de la moitié de la flotte ottomane est détruite. Chypre est reprise par les chrétiens ; 12 000 esclaves chrétiens sont libérés.

Le désir de vengeance des Ottomans est considérable. Le grand vizir Mehmet Sokkolü déclare : « En nous emparant de Chypre, nous vous avons coupé un bras, et à Lépante vous nous avez roussi la barbe. Un bras coupé ne peut repousser, tandis que la barbe coupée repousse avec plus de force qu'avant. » En 1572, Ulujd Ali devient l'amiral de la flotte ottomane. Avec 250 galères, il reprend Chypre à l'été 1572 et Tunis en 1574. Venise a définitivement perdu la partie et, avec elle, la Méditerranée s'efface[23].

Les Ottomans contrôlent aussi le golfe Persique ; ils battent les Perses séfévides et participent de façon croissante au commerce avec l'océan Indien. En 1639, par le traité de Zab, les Ottomans prennent aux Perses l'Irak, l'Arménie de l'Ouest et la Géorgie.

La Méditerranée ne redeviendra plus jamais le cœur du monde.

L'essor hollandais et le mare liberum

En 1581, les Provinces-Unies rompent avec l'Espagne et forment une « union républicaine » : les Pays-Bas. Ils y attirent des réformés, chassés des pays catholiques, qui apportent avec eux une connaissance de la comptabilité, du commerce et des mathématiques, ainsi qu'une liberté d'esprit et un sens critique. Amsterdam devient peu à peu un grand port.

En 1588, les Espagnols, voulant reprendre le pouvoir aux Pays-Bas, décident d'abord d'écarter le rival anglais. Ils tentent d'envahir l'Angleterre avec une flotte de 130 navires, l'Invincible Armada, transportant 30 000 hommes. Le 8 août 1588, en mer du Nord, au large de Gravelines, la flotte anglaise parvient à incendier la flotte espagnole. Francis Drake, pirate anglais au service de la couronne, poursuit les Espagnols jusqu'à anéantir toute la flotte.

Une fois de plus, deux puissances en guerre, Anglais et Espagnols, laissent le pouvoir à une troisième qui s'est tenue à l'écart du conflit : les Provinces-Unies.

L'essor hollandais est en grande partie dû à l'invention et à la construction industrialisée à Amsterdam, à partir de 1590, dans des chantiers navals spécialement conçus à cette fin, d'un nouveau bateau : la flûte[24]. C'est un navire gigantesque de 2 000 tonnes, capable de transporter jusqu'à 800 personnes ; il est construit en série et fonctionne avec un équipage réduit d'un cinquième par rapport aux anciens bateaux. Équipé de trois mâts aux voiles carrées, il peut embarquer de grandes quantités de marchandises. Sur ces bateaux, la hiérarchie se complexifie : un capitaine, des officiers, un maître d'équipage, un charpentier, un maître-voilier, trois aides, quatre apprentis, et des dizaines de marins.

Grâce aux flûtes, les Hollandais transportent bientôt six fois plus de marchandises que toutes les autres flottes européennes réunies, soit les trois quarts des grains, du sel et du bois ainsi que la moitié des métaux et des textiles de toute l'Europe. Ils rapportent aussi des métaux d'Amérique et des épices d'Asie. Ils naviguent vers l'Inde, l'Asie du Sud-Est et la Chine. Ils fondent

Manille, qui leur sert de relais pour leur commerce entre l'Amérique et l'Asie. En 1602, ils créent la Compagnie néerlandaise des Indes orientales pour gérer leurs relations commerciales avec l'Asie. Ce commerce est soutenu par la fondation de la Banque d'Amsterdam en 1609, qui fixe les taux de change européens[24].

Cette même année 1609, un juriste hollandais, Grotius, fait paraître un pamphlet intitulé *Mare liberum*. Conseiller de la Compagnie néerlandaise des Indes orientales, il conteste les prétentions des Portugais, qui considéraient que le monopole de la navigation et du commerce dans les Indes leur revenait.

Pour Grotius, puisque nul ne peut s'établir de manière stable en un endroit quelconque en pleine mer, nul ne peut se l'approprier. La mer doit donc rester un espace de liberté ; aucun État ne peut y exercer de souveraineté particulière, sauf jusqu'à 3 milles marins de la côte, qui est alors la portée maximale d'un canon.

Ce principe de liberté totale des mers devient la base du droit de la mer et le restera, avec très peu de remises en cause, pendant les trois siècles suivants. Parmi ces dernières néanmoins il faut relever, en 1635 et à la demande du roi d'Angleterre Charles Ier, la publication par le juriste John Selden de *Mare clausum*, visant à défendre la souveraineté britannique sur les mers disputées aux Provinces-Unies.

Arrivée en Chine des Européens, par la mer

Pendant ce temps, avec l'affaiblissement de la dynastie Ming et son refus obstiné de s'intéresser à la mer, les Européens, ne trouvant plus en Asie de résistance ni de concurrents, et constatant que la route terrestre de la soie est fragilisée par le désordre en Perse et la présence de l'islam dans tout le Moyen-Orient, décident, on l'a vu, de passer par l'océan Indien et d'en rapporter, à leur compte, les précieuses épices.

Les premiers, les Portugais, établissent un comptoir en Inde en 1501, puis un autre en Indonésie en 1522. Ils débarquent ensuite en Chine et y prennent une part essentielle du commerce. Ils sont suivis par les Hollandais[24].

En 1567, le gouverneur du Fujian, une province côtière du sud de la Chine, vient protester auprès de l'empereur contre l'interdiction faite aux Chinois de se livrer au commerce maritime, qui avantage les marchands étrangers. En 1567, l'empereur Longqing lève l'interdiction. Se créent alors à Guangzhou (Canton) des compagnies commerciales chinoises privées, qui prennent en charge en partie le commerce du riz, du thé, du fer et du cuivre avec Anvers et Londres. Elles signent des accords avec les premiers comptoirs hollandais installés à Formose à partir de 1600.

En 1602, pour gérer ce commerce, les Hollandais créent la Compagnie néerlandaise des Indes orientales, suivie de la française et de l'anglaise[24]. En 1612, la bataille de Swally, dans le Gujarat, donne aux Anglais, contre les Portugais, le monopole commercial en Inde.

C'est une période d'abondance en Chine. La population du pays passe de 124 millions en 1200 à plus de 150 millions en 1600. En 1644, la dynastie mandchoue des Qing renverse, dans le nord de la Chine, la dynastie Ming, qui conserve le pouvoir dans les provinces du Sud et à Formose, avec le soutien des pirates et des Hollandais.

Troisième et quatrième tentatives françaises de devenir une puissance maritime, en vain

La France tente une troisième fois sa chance, mais sans s'en donner véritablement les moyens. En 1624, Richelieu, qui estime qu'il faut que « le roi soit puissant sur la mer », installe 30 galères en Méditerranée et 50 vaisseaux sur l'Atlantique. Il aménage les ports de Toulon en Méditerranée et de Brest sur l'Atlantique pour accueillir les navires de combat. Il crée l'École des gardes de la marine (devenue École navale) et projette de fonder une compagnie nationale de navigation sur le modèle de la Compagnie néerlandaise des Indes orientales. Mais le projet, en soi trop petit, ne survit pas au cardinal.

En 1648, le traité de Westphalie, qui conclut la guerre de Trente Ans, conduit à un redécoupage territorial de l'Europe. La Suède s'empare de la Poméranie à l'ouest de l'Oder, lui permettant de contrôler les rives de la mer Baltique et de la mer du Nord. L'indépendance des Pays-Bas et de la Suisse sont reconnues. La France y gagne une partie de la Lorraine et de l'Alsace.

Après Richelieu, Mazarin réduit considérablement le budget de la marine. Aussi, en 1661, il ne reste plus à la marine royale que 20 vaisseaux à voiles et peu de galères. Très loin des marines hollandaise et anglaise.

Quatrième tentative pour la France en 1680 : Colbert lance la construction de 10 grands vaisseaux par an et supprime enfin les galères, symbole méditerranéen. En 1681, il codifie toutes les règles de la marine marchande par une ordonnance dont les titres et l'ordre des chapitres indiquent bien la hiérarchie des priorités pour la France : des officiers de l'amirauté ; des gens et des bâtiments de mer ; des contrats maritimes, charte-partie, engagements et loyers des matelots ; prêts à la grosse, assurances, prises ; de la police des ports, côtes, rades et rivages ; de la pêche en mer. Cette ordonnance restera en vigueur pendant trois cent cinquante ans.

Dans la marine de guerre, les équipages sont alors de plus en plus complexes et hiérarchisés. Les officiers supérieurs sont les capitaines de vaisseau, les capitaines de frégate et les capitaines de corvette. Les officiers mariniers sont divisés en maîtres, seconds maîtres de première classe, seconds maîtres de deuxième classe. Les officiers mariniers supérieurs sont divisés en majors, maîtres principaux et premiers maîtres. Les officiers subalternes sont divisés en lieutenants de vaisseau, enseignes de vaisseau de première classe, enseignes de vaisseau de deuxième classe et aspirants.

À la mort de Colbert, en 1683, la marine royale de la France compte 120 vaisseaux, 30 frégates et 24 flûtes. Mais Louis XIV ne s'y intéresse pas et réduit la marine. Cette nouvelle tentative, la quatrième, de faire de la France une puissance maritime échoue comme les précédentes.

Cette même année, en 1683, en Chine, pour étouffer les derniers Ming du Sud, les Qing interdisent l'activité des bateaux marchands, vident les côtes de leurs habitants, construisent une flotte militaire pour envahir Formose et l'emportent, reprenant le contrôle de leur commerce maritime, sans vraiment le développer.

Les mouvements vers l'Amérique : migrants et esclaves

Au XVIIᵉ siècle, des populations de plus en plus nombreuses traversent l'Atlantique, plus ou moins volontairement, et s'y installent, migrants et esclaves.

D'abord, pour empêcher l'Espagne de prendre le contrôle du continent, Anglais, Français et Hollandais envoient des migrants vers le nord de l'Amérique. Ils y fondent la Nouvelle-Écosse, la Nouvelle-Angleterre, la Nouvelle-France et la Nouvelle-Hollande.

En 1620, les 80 pèlerins du *Mayflower*, un navire marchand de 90 pieds (27,4 mètres) et 180 tonneaux (504 mètres cubes), financé par une congrégation de Plymouth, partent parmi les premiers, pour bâtir une colonie, dans le Massachusetts.

En 1650, environ 50 000 colons, majoritairement britanniques, français (huguenots) et hollandais, ont déjà traversé l'océan. À la fin du XVIIᵉ siècle, ils sont 100 000 en Amérique du Nord, et 250 000 en Amérique du Sud et centrale.

Au début du siècle suivant, le XVIIIᵉ, cinq principaux groupes de migrants partent pour l'Amérique du Nord : Anglais, Écossais, Gallois ; Irlandais ; Allemands ; Français, et Hollandais. À partir du milieu du XVIIIᵉ siècle, le mouvement des migrants vers l'Amérique s'accélère considérablement : dans la seule ville de New York débarquent environ 31 000 colons en 1715, 190 000 en 1775 et 340 000 en 1790.

Ils voyagent d'abord dans des navires de commerce inadaptés au transport de personnes. À partir de 1750, des bateaux spécialisés apparaissent. Le coût d'une traversée correspond alors au salaire annuel moyen d'un ouvrier en Europe ; les migrants, souvent trop pauvres pour payer la traversée, doivent travailler ensuite pour le transporteur durant plusieurs années. Des cabines plus luxueuses sont créées pour les officiers et les aristocrates.

Par ailleurs, une autre population part pour les Amériques – celle-là, de force : des esclaves venant d'Afrique.

Pour faire fonctionner les plantations de coton et de canne à sucre d'Amérique du Nord, des Antilles et du Brésil, les indigènes ayant survécu aux massacres par les Espagnols et les autres conquérants ne suffisent pas. Les Espagnols et les autres colons pensent alors à faire venir des esclaves d'Afrique[116]. Les papes successifs, notamment Paul III en 1537 et Urbain VIII en 1639, ferment les yeux : ils ne condamnent que l'esclavage des Indiens, sans mentionner celui des Africains.

La traite commence vers 1550 et s'accélère à partir de 1672. Les esclaves sont d'abord transportés depuis l'Afrique par les bateaux portugais ; puis, après 1672, par la Compagnie royale d'Afrique anglaise et par la Compagnie française du Sénégal.

Le commerce est triangulaire. Les navires partent de Lisbonne, Liverpool, Londres, Bordeaux, La Rochelle, Nantes, Amsterdam et Rotterdam vers l'Afrique occidentale ; ils transportent des tissus, des armes, des bijoux de pacotille, de l'alcool, qu'ils échangent avec des négriers africains et arabes contre des prisonniers de guerre, des victimes de razzias ou des gens vendus par leurs familles. Chargés de ces esclaves, les navires repartent vers les plantations de canne à sucre des Canaries et de Madère, ou vers le Brésil et la Floride[116].

Les navires qui servent à la traite sont de petite taille pour pouvoir approcher les côtes africaines. L'équipage est plus important que sur les navires traditionnels, pour contrôler les esclaves : entre 30 et 45 marins. La traversée de l'Atlantique dure en moyenne deux mois dans des conditions atroces : les esclaves dorment nus et enchaînés dans les espaces très restreints des cales, dans l'obscurité et la puanteur. En de rares occasions, ils peuvent prendre l'air. De 10 à 20 % d'entre eux meurent à chaque trajet. Au cours d'un voyage sur dix éclate une révolte, violemment réprimée[116].

À l'arrivée, pour vendre les esclaves, le capitaine les « prépare » en leur coupant les cheveux, en cachant leurs blessures et en les laissant à l'air libre pour qu'ils soient plus « présentables ». La vente a lieu soit au marché, soit à bord[116].

Les navires retournent ensuite en Europe avec du sucre, du café ou des métaux précieux.

Au total, plus de 12,4 millions de personnes sont ainsi déportées ; 1,8 million meurent durant les traversées.

En 1790, la population totale des colons de la Virginie, où les esclaves sont concentrés, est de 748 000 habitants, dont 350 000 esclaves. La proportion est moindre ailleurs : la population totale des colons en Amérique du Nord est alors de 3,9 millions d'habitants, dont 800 000 esclaves.

Émergence de la puissance anglaise

Quand commence le XVIIIe siècle, Amsterdam est encore le « cœur » du monde[24] ; les Hollandais dominent le commerce transatlantique et l'océan Indien. Faute de concurrents chinois, ils imposent leur commerce à l'Asie.

La Grande-Bretagne connaît alors une révolution agricole qui permet de nourrir sa population avec moins de force de travail, favorise le développement industriel et le négoce maritime. Les ports anglais prennent de l'importance. Celui de Londres s'étend le long de la Tamise sur environ 18 kilomètres ; il compte alors quelque 1 500 grues chargeant et déchargeant 60 000 navires par an. Liverpool devient un grand port grâce à la découverte d'une mine de sel, qui jusque-là est importé de France *via* Bristol. Au même moment, la Compagnie britannique des Indes abandonne le monopole sur le commerce dans l'Atlantique pour se centrer sur le commerce en direction des Indes orientales, privilégiant des produits de luxe (cotonnades, porcelaine, thé). Les Anglais constituent alors un empire colonial gigantesque au nord des Amériques, en s'appropriant toute la façade nord-est du continent et des Caraïbes.

En Inde, les Anglais ne contrôlent que les régions de Bombay, Calcutta et Madras, tandis que les Français, grâce à Dupleix, père et fils, conquérants d'exception, dominent les côtes de la moitié du sous-continent. Mais la rivalité avec La Bourdonnais prive Dupleix du soutien naval dont il a besoin en 1747 pour obtenir une victoire complète sur les Anglais, avant son rappel en France en 1754.

Le pouvoir anglais se consolide alors, tant en Inde qu'ailleurs. En particulier avec une innovation radicale : le chronomètre de marine, qui vient remplacer peu à peu le sablier. John Harrison, artisan ébéniste du Yorkshire, gagne en 1761 un prix de 20 000 livres offert depuis 1714 par le Parlement britannique, pour un chronomètre suffisamment précis pour être utilisé à bord des navires[5]. Les bateaux commencent à l'employer, en le réglant sur l'horloge de l'observatoire de Greenwich, au bord de la Tamise, qui devient ainsi progressivement la référence du temps pour tous les navires.

En Chine (dont la population double au XVIIIe siècle pour atteindre 330 millions, soit le tiers de la population mondiale), les Anglais viennent chercher du thé et du riz ; ils les paient avec de l'opium indien, qu'ils poussent les Chinois à consommer, au vif mécontentement de leur empereur. Le port de Canton devient la plaque tournante de ce trafic, au grand dam des Chinois. En 1729, l'empereur Yong Zheng interdit officiellement l'importation d'opium en Chine. En vain. En 1796, son successeur, Jiaqing, renouvelle l'interdiction, tout aussi vainement. Le commerce de l'opium sera l'enjeu de deux guerres navales au siècle suivant, contre les Anglais.

En Russie, en 1712, le tsar Pierre le Grand prend conscience de l'importance de la mer. Pour accélérer la modernisation de son immense pays, il déplace sa capitale au bord de la mer Baltique, dans le golfe de Finlande, à Saint-Pétersbourg, qui devient le principal port commercial et militaire russe. La Russie s'éveille à la modernité, là encore face aux Anglais.

La Perse séfévide continue, elle, de tourner le dos à la mer ; elle choisit successivement trois capitales, toutes à l'intérieur des terres : Tabriz (1501-1598), Ispahan (1598-1729) et Mashhad (1729-1736).

Cinquième tentative française, en vain :
le désastre de 1763

La France tente une nouvelle fois, la cinquième, de devenir une puissance maritime. En 1750, le maréchal de Castries ordonne au chevalier de Borda d'élaborer des plans types de trois sortes de navires avec 74, 80 ou 118 canons. Sont construits en particulier 29 vaisseaux de 80 canons. Brest gère 33 vaisseaux, 33 frégates et 13 corvettes. D'autres sont à Rochefort, Toulon et Cherbourg.

Cela n'empêche pas la France de perdre ses batailles navales : pendant la guerre de Succession d'Autriche (1740-1748), à laquelle elle est mêlée par le jeu des alliances, les Anglais battent les Français sur la mer, notamment à la bataille du cap Finisterre en 1747, puis pendant la guerre de Sept Ans (1756-1763), aux batailles des Cardinaux et de Lagos en 1759. Les Français perdent alors les ports qu'ils ont construits en Amérique : Fort-Duquesne est pris en 1758 par les Anglais, et rebaptisé Pittsburgh en l'honneur de leur Premier ministre. La France doit abandonner sa colonie de la Nouvelle-France en Amérique du Nord. Et, après le départ de Dupleix, elle perd la quasi-intégralité de l'immense empire qu'il avait bâti en Inde.

En 1763, après la fin de la guerre de Sept Ans, qui n'est pourtant pas une défaite totale de la France, le traité de Paris marque un nouveau recul de la puissance maritime française, trop peu défendue par les négociateurs : la Grande-Bretagne obtient de la France l'île Royale, le Canada, y compris le bassin des Grands Lacs, la rive gauche du Mississippi, et certaines îles des Antilles. L'Espagne, qui avait reçu de la France l'ouest du Mississippi, cède la Floride à la Grande-Bretagne. La France livre son immense empire des Indes aux Anglais, n'y conservant que cinq comptoirs. Elle acquiert Saint-Pierre-et-Miquelon et recouvre la plupart de ses îles à sucre (Martinique, Guadeloupe et Saint-Domingue). En Afrique, elle est autorisée à garder son poste de traite des esclaves à Gorée, mais elle cède Saint-Louis-du-Sénégal. Au total, la France perd, par ce traité catastrophique, l'essentiel. Et en particulier, pour la cinquième fois, sa chance de maîtriser la mer.

La guerre d'Indépendance des États-Unis se joue sur la mer : sixième chance de la France

La guerre d'Indépendance américaine, comme toutes les autres guerres auparavant, se gagne largement grâce à la marine. Elle est en fait largement gagnée par la marine royale française, qui réussit, avec peu de bateaux, à imposer un blocus à la formidable marine anglaise[120].

Vers 1770, les tensions montent entre les colons américains et les Anglais, notamment dans le port de Boston, centre économique majeur, à l'occasion d'une augmentation des taxes sur le thé imposées par le roi George III. Le 16 décembre 1773, en signe de protestation, le Boston Tea Party jette dans ce port des cargaisons de thé. Commencent les premiers combats entre les Anglais et les milices américaines, qui prennent le port de New York et celui de Philadelphie, où elles installent leur congrès en charge de préparer l'indépendance des mutinés.

Là encore, contrairement à ce qu'on raconte en général, la guerre se joue sur la mer[120].

En 1776, alors que les Américains déclarent le 4 juillet leur indépendance, à Philadelphie, dans leur premier Congrès continental, les Britanniques décident d'envoyer un contingent de 55 000 hommes pour mater la révolte. Et ils peuvent le faire rapidement, grâce à leur énorme flotte. Dès novembre 1776, ils reprennent le port de New York.

En août 1777, le général britannique William Howe attaque par la mer Philadelphie, où se réunit alors le deuxième Congrès continental. Il débarque à l'extrémité nord de la baie de Chesapeake et prend Philadelphie sans coup férir. L'indépendance américaine semble perdue.

En 1778, la France décide de venir au secours des colons, et d'aider la faible marine américaine à bloquer l'arrivée des troupes anglaises. La sixième tentative correspond au début du règne de Louis XVI, qui s'intéresse à la mer et reconstruit sa marine.

Deux batailles navales opposent alors la marine royale française et la Royal Navy[120].

D'abord, le 27 juillet 1778, la bataille d'Ouessant est indécise ; les pertes sont quatre fois plus importantes du côté britannique que du côté français. La Navy s'esquive ; elle file « à l'anglaise ». Cela permet à la marine royale française de redorer son image et de retrouver une certaine confiance en ses capacités.

Ensuite, le 6 juillet 1779, la bataille navale de la Grenade oppose une escadre de la Royal Navy commandée par John Byron aux forces de la marine française sous les ordres de Charles Henri d'Estaing ; avec des escadres de puissance quasi équivalente, la bataille débouche sur une défaite anglaise. Cependant, la France n'exploite pas cette victoire et se contente de la conquête de la petite île de la Grenade.

La coalition contre la Grande-Bretagne s'agrandit avec l'entrée en guerre de l'Espagne en 1779 et des Provinces-Unies en 1780. Les Américains font aussi appel à des corsaires, tel l'Écossais John Paul Jones qui s'empare de la frégate britannique *Serapis* en 1779 et écrit : « *Without a respectable navy, alas America* » (« Sans une marine respectable, pas d'Amérique »).

En 1780, la France dépêche une flotte pour aider les Américains. En particulier, La Pérouse[95] est envoyé à Charleston, en Caroline du Sud, avec la frégate *L'Astrée*, portant 26 canons de 12 livres et 6 canons de 6 livres. En 1781, le lieutenant général des armées navales françaises, de Grasse, attaque les Antilles britanniques, ce qui ralentit les mouvements des troupes anglaises vers les champs de bataille américains. Puis, lors de la bataille de la baie de Chesapeake, de Grasse détruit plusieurs navires britanniques, ce qui bloque l'arrivée de renforts britanniques en Virginie et permet l'établissement d'un ravitaillement régulier et sûr des troupes américaines par les Antilles françaises. Grâce à ce blocus français, les Anglais ne parviennent plus à amener de troupes et les Américains reprennent, les unes après les autres, les villes perdues.

Les Anglais tentent encore de forcer le blocus naval. En juillet 1781, en face de Louisbourg, au nord de l'Amérique, en Nouvelle-Écosse, Pierre André de Suffren, l'un des commandants en chef de la marine française, repousse, avec seulement deux frégates, six navires de guerre anglais et capture la frégate anglaise *HMS Ariel*. C'en est fini des espoirs britanniques. Le traité de Paris de septembre 1783 marque la fin de la guerre d'Indépendance des États-Unis et leur reconnaissance par les Anglais.

Louis XVI continue de s'intéresser à la marine. Un des rares voyages du roi hors de Versailles est pour Le Havre, en 1786. La France se contente cependant, comme les puissances chinoise et ibérique avant elle, d'explorer, de conquérir et de commercer. En cette même année 1786, Louis XVI confie à La Pérouse, revenu d'Amérique, la mission de traverser le Pacifique depuis l'Alaska jusqu'au Japon et d'effectuer une circumnavigation française, avec de nombreux scientifiques : médecin, mathématicien, physicien, naturaliste, astronome, météorologue. La Pérouse part avec deux frégates, *L'Astrolabe* et *La Boussole*[95]. Il atteint l'île de Pâques, Hawaï et les îles Mariannes. Il approche les côtes chinoises, australiennes, japonaises, russes et néo-calédoniennes. Il meurt avec tous ses hommes à Vanikoro (îles Salomon) en 1789.

En 1791, deux frégates envoyées par l'Assemblée constituante pour retrouver La Pérouse rentrent sans nouvelles. Il faut attendre 1827 pour qu'on retrouve les restes des navires de La Pérouse[95].

Dernier vestige d'un Ancien Régime qui ne sut jamais vraiment prendre la mer au sérieux. À la différence des vraies grandes puissances du monde.

Chapitre 5

La conquête des mers
avec le charbon et le pétrole
(1800-1945)

« Lorsqu'on regarde sa vie passée, on croit voir sur une mer déserte la trace d'un vaisseau qui a disparu. »

François René de Chateaubriand,
Mémoires d'outre-tombe

Et brusquement, en cette fin du XVIIIe siècle, tout change. D'abord sur la mer, encore une fois pionnière, puis sur la terre ferme : de nouvelles sources d'énergie (le charbon, puis le pétrole) et de nouveaux modes de propulsion des bateaux (la roue à aubes, puis l'hélice) bouleversent le transport, favorisent l'industrialisation, la concurrence, la division du travail, et entraînent des mouvements massifs de gens, d'idées, de produits manufacturés, de matières premières et de produits agricoles.

La mer, comme depuis des siècles, subit la présence des hommes, de plus en plus lourde, de plus en plus envahissante, de plus en plus menaçante.

L'économie mondiale décolle. La révolution industrielle prend son essor. La mer, encore une fois, choisit le vainqueur et lui permet d'universaliser sa culture, son idéologie, sa littérature et ses armées.

Et comme ces innovations maritimes sont, étonnamment, presque toutes d'origine française, cela aurait pu donner une sixième chance à la France, sous Louis XVI, d'accéder au rang de superpuissance. Une fois de plus, il n'en est rien : la France reste, à la veille de la Révolution, une nation terrienne et féodale, et elle néglige ses entrepreneurs, les poussant à l'exil.

Encore une fois, le pouvoir va se déplacer vers une autre nation maritime – celle qui, depuis le traité de Paris de 1763, a pris, au détriment des Provinces-Unies, tous les pouvoirs sur toutes les mers : la Grande-Bretagne. Avant d'être remplacée à son tour, un siècle plus tard, dans le tumulte de deux guerres mondiales, par une nation qu'elle aura pourtant tout fait pour empêcher de naître : les États-Unis, après la Flandre, les Pays-Bas et la Grande-Bretagne[9].

La vapeur, une idée française

L'usage de la vapeur comme source d'énergie est connu depuis les Égyptiens ; mais les hommes n'en ont, jusqu'alors, rien fait. Elle ressurgit en France, à la fin du XVIIe siècle, quand le physicien Denis Papin a l'idée, à 30 ans, d'installer dans un navire une série de tubes à vapeur actionnant des pistons, faisant tourner des roues à aubes par un jeu de crémaillères. En 1690, il l'expérimente avec succès à Marbourg, en Allemagne ; mais les bateliers allemands de la Weser détruisent ce prototype en 1707.

L'idée est vite reprise en Angleterre, pour un autre usage : en 1712, sur les plans de Papin (qui s'est exilé à Londres et y meurt cette année-là), un forgeron et un ingénieur (Thomas Newcomen et John Crawley) mettent au point une pompe pour évacuer les eaux dans les mines anglaises qui commencent à exploiter le charbon – qui se trouve d'ailleurs être la seule source d'énergie à fournir assez de chaleur pour la faire fonctionner. En 1769, James Watt reprend le moteur de Papin et de Newcomen, et construit la première chambre à condensation de vapeur, permettant de stocker de la chaleur[27].

La même année, à Paris, l'ingénieur militaire Nicolas-Joseph Cugnot crée, pour transporter de l'artillerie, un lourd véhicule à vapeur, le fardier, pouvant rouler jusqu'à 4 kilomètres à l'heure. Là encore, nul en France ne s'y intéresse[24].

Plusieurs personnes pensent alors à lancer un bateau à vapeur. Un ingénieur français, Claude de Jouffroy d'Abbans, tente en 1776 de faire fonctionner un bateau, *Le Palmipède*, avec une machine à vapeur actionnant des rames en forme de palmes. Il fonde pour cela une société à Paris avec des banquiers, les frères Perier, et Claude d'Auron. Deux ans plus tard, en 1778 (soit vingt-six ans avant que ne soit lancée la première locomotive à vapeur opérationnelle), il construit un premier bateau à vapeur, *Le Pyroscaphe*, utilisant le bois comme source de chaleur avec des roues à aubes. Il l'expérimente avec succès sur le Doubs, puis construit cinq ans plus tard, à Lyon, un autre navire à vapeur de 45 mètres de long, qui remonte la Saône sur plusieurs kilomètres. Le manque d'intérêt de Louis XVI pour cette innovation majeure le conduit à la ruine et à l'exil[27].

La Révolution française
se joue sur la mer

En 1789, quand commence la Révolution française, la plupart des officiers de la marine royale, majoritairement des nobles ayant participé à la guerre d'Indépendance américaine, s'exilent.

De fait, la Révolution française n'aime pas plus la mer que la monarchie : de Brest, Le Havre et Toulon, les trois plus grands ports de la royauté, seul le dernier reçoit le statut de chef-lieu de département en 1790, mais le perd en 1793, pour punir les Toulonnais d'avoir livré la ville aux Anglais. De plus, la Révolution n'aime pas la hiérarchie, si nécessaire au fonctionnement des navires : la même année 1790, la Constituante adopte un nouveau Code pénal de la marine qui donne tout pouvoir à des jurys composés de marins pour juger marins et officiers ; ces jurys ne condamnent évidemment jamais les marins, et souvent les officiers. Et, selon ce même code, il suffit, pour devenir officier dans la marine marchande ou militaire, d'avoir reçu « une éducation honorable » et de justifier de quatre ans de navigation.

Contrairement aux récits les plus connus, et comme presque toutes les guerres depuis l'aube des temps, le sort de la Révolution française se joue largement sur la mer.

En 1793, la Convention déclare la guerre aux Provinces-Unies et à l'Angleterre. En 1794, au large d'Ouessant, une première bataille navale oppose la marine révolutionnaire française et la marine royale britannique ; 12 des 26 commandants des bateaux de guerre français viennent de la marine marchande, ou étaient de simples matelots avant 1789. Ce combat se termine sans vainqueur ni vaincu, ce qui constitue déjà un exploit pour la marine révolutionnaire, où l'élan compense l'inexpérience.

En janvier 1795, les troupes françaises envahissent les Pays-Bas. En apprenant qu'une flotte hollandaise stationne dans le port du Helder, à 80 kilomètres au nord d'Amsterdam, les Français décident de l'attaquer et capturent 5 vaisseaux de ligne, 3 frégates, 6 corvettes et plusieurs navires marchands. Le stathouder Guillaume V d'Orange fuit alors le pays, laissant fonder la République batave, qui s'allie à la France révolutionnaire. La terreur s'exerce, en priorité, contre ceux qui ont une attache maritime.

L'aventure napoléonienne commence elle aussi sur la mer : à la fin de 1797, pour éloigner Bonaparte de Paris après sa triomphale campagne d'Italie, l'amiral Bruix, l'un des derniers ministres de la Marine du Directoire, décide d'envoyer le jeune général en Égypte, avec pour mission de couper les liens entre l'Égypte, l'Inde et la Grande-Bretagne, et d'y installer une base stratégique stable en vue de reconquérir les Indes perdues depuis le lamentable traité de Paris en 1763.

Au printemps 1798, Bonaparte rassemble plus de 35 000 soldats dans le sud de la France et en Italie, et réunit à Toulon 17 navires (dont *L'Orient*, armé de 120 canons, *Le Spartiate*, *Le Conquérant*, *Le Tonnant*, *L'Heureux* et *Le Mercure*). Il part en avant-garde début mai vers l'Égypte et laisse le commandement de la flotte à François Paul de Bures d'Aigalliers, qui est immédiatement pourchassé à travers la Méditerranée par la flotte britannique de l'amiral Nelson, composée de 15 navires, dont le *Goliath*, le *Zealous*, l'*Orion* et l'*Anious*.

Les deux flottes s'affrontent dans la baie d'Aboukir, au large d'Alexandrie, le 1er août 1798. La Royal Navy détruit 4 navires français, dont le vaisseau amiral *L'Orient*, et en capture 9. C'en est en fini des ambitions maritimes de la Révolution.

Quand l'Empire se perd, faute de marine

Bonaparte, une fois rentré à Paris, demande à Bruix de reconstruire d'urgence une flotte de guerre. Mais l'amiral prie Bonaparte, devenu Premier Consul en 1799, d'être patient et lui écrit en 1801 : « Donnons au temps ce que le temps réclame. Différons de vaincre. Veuillez la marine et la marine sera. » De la patience, Bonaparte n'en a pas : il veut contrôler la Méditerranée, reprendre une politique coloniale ambitieuse à Saint-Domingue, en Louisiane et en Inde, et envahir l'Angleterre.

Il n'est pas plus intéressé par les progrès techniques que les régimes précédents : en janvier 1803, l'Américain Robert Fulton expérimente sur la Seine un navire à vapeur de 33 mètres de long ; mais le bateau coule à cause du poids de la machine, et Bonaparte le traite de « charlatan ». En août de la même année, en plaçant les roues sur les côtés du navire, le nouveau bateau de Fulton ne coule pas. Mais Fulton repart aux États-Unis.

En mai 1803, après l'éphémère paix d'Amiens, la Grande-Bretagne déclare la guerre à Bonaparte. Pour celui-ci, l'invasion de l'Angleterre devient la condition nécessaire de sa domination sur l'Europe[80].

Pour y parvenir, à l'été 1805, alors qu'il vient d'être proclamé empereur le 2 décembre précédent, Napoléon rassemble à Boulogne-sur-Mer ce qu'il veut être sa future armée d'invasion : 60 000 hommes se préparent à embarquer vers les côtes anglaises. Pour réussir, il lui faut faire venir là la flotte de la Méditerranée et celle de l'Atlantique, malgré la surveillance de la flotte anglaise, dirigée, d'une part, dans l'Atlantique, par le vaincu de la guerre d'Indépendance, Cornwallis, et, d'autre part, en Méditerranée[80], par le vainqueur d'Aboukir, l'amiral Nelson.

Mais tout change quand, le 26 août 1805, Napoléon, pour se défendre face à l'attaque des Autrichiens, doit envoyer vers l'est une partie des troupes rassemblées à Boulogne, renonçant de fait à envahir le Royaume-Uni[44].

Malgré cela, le 21 octobre 1805, l'amiral Villeneuve, qui a remplacé Bruix à sa mort à la tête de la flotte impériale, et en dépit de son prochain remplacement par l'amiral Romilly, décide, sans l'accord de l'empereur, de mener au combat contre les Anglais une flotte composée de 11 vaisseaux, 6 frégates et 2 bricks, auxquels viennent se joindre depuis Cadix des bateaux espagnols et d'autres, français, venus de Rochefort. Villeneuve se retrouve alors devant Trafalgar, au sud de l'Espagne, face à une flotte anglaise moins nombreuse, menée par l'amiral Nelson[80]. Celui-ci parvient à séparer les meilleurs navires de la flotte franco-espagnole (*Le Bucentaure*, *Le Redoutable* et *La Sanctissime Trinidad*) du reste de l'escadre et détruit les deux tiers des bateaux français. La défaite est très lourde : 4 400 morts français contre 450 anglais, dont l'amiral Nelson[80].

Napoléon, faute d'accès à la mer, n'a plus les moyens de recevoir du reste du monde les ressources dont il a besoin, ni d'empêcher les Anglais de se joindre à la coalition contre lui. La bataille de Trafalgar, dont il ne voulait pas, annonce la chute de l'Empire, dix ans avant Waterloo.

À partir de cette défaite, l'empereur s'efforce de reconstituer sa marine. C'est très long : il lui faudra attendre 1812 pour retrouver une flotte équivalant à celle de 1805. Il dira, une fois en exil à Sainte-Hélène, à propos de Pierre André de Suffren, qui avait mené à la victoire la marine française dans la guerre d'Indépendance américaine : « Pourquoi cet homme n'a-t-il pas vécu jusqu'à moi, ou pourquoi n'en ai-je pas trouvé un de sa trempe ? J'en eusse fait notre Nelson, et les affaires eussent pris une autre tournure, mais j'ai passé tout mon temps à chercher l'homme de la marine sans avoir pu le rencontrer[69]. »

D'autres batailles navales suivront, dont on parle peu dans les livres français d'histoire. Rien que des défaites françaises : la bataille du cap Ortegal, le 3 novembre 1805, au large de la Galice en Espagne ; le 6 février 1806, à Saint-Domingue[80]. Impossible, alors, de percer le blocus de fait que les Anglais imposent à la France. Celle-ci n'a plus accès, en particulier, à la canne à sucre des Antilles, et développe le sucre de betterave.

En 1806, Napoléon impose en représailles un blocus continental de la Grande-Bretagne, en interdisant à ses alliés et vassaux européens de vendre quoi que ce soit aux Anglais[44]. Et il fait surveiller les côtes pour vérifier l'application de ce blocus ; la même année, Louis Jacob installe le premier sémaphore à Granville, en Normandie, pour guetter les approches maritimes anglaises et avertir les navires français, par des signaux optiques, de toute activité ennemie[80].

En 1807, Fulton reprend ses expériences à New York et construit sur l'Hudson *Le Clermont*, un bateau à vapeur et à roues à aubes de 50 mètres de long, dont le moteur est alimenté par du charbon et du bois. Le bateau effectue bientôt un service régulier sur 240 kilomètres entre New York et Albany. Les Britanniques, débarrassés de tous leurs rivaux sur la mer, profitent de leur domination maritime pour reprendre aux Français les Antilles en 1809 et les Mascareignes (Réunion, Maurice) en 1810. Ils sont peu affectés par le blocus continental imposé par la France, car la puissance de la Royal Navy leur permet de maintenir leurs échanges commerciaux avec leur propre empire aux Antilles et en Inde, ainsi qu'avec l'Empire ottoman. En revanche, le blocus a un effet désastreux sur tous les autres pays européens, obligés d'acheter très cher à la France des produits vitaux[80].

En 1810, Alexandre Ier de Russie dénonce le blocus continental du Royaume-Uni. Napoléon entre alors en guerre contre la Russie. Il est perdu. De fait, il l'était depuis la défaite de Trafalgar.

Pendant ce temps, en 1812, est expérimentée à Londres la première locomotive à vapeur fonctionnelle, bien après que le premier bateau à vapeur opérationnel a été mis en service aux États-Unis.

Les lieux de ces deux innovations indiquent clairement où sera le pouvoir dans les deux siècles à venir.

Domination britannique : la fin de la voile, le début de la vapeur, sur l'Atlantique

En 1815, lors du congrès de Vienne, qui partage les dépouilles de l'empire de Napoléon, les Anglais ne réclament aucun territoire sur le continent européen.

Sachant où réside le vrai pouvoir, ils veulent seulement continuer à maîtriser les mers, tout en agrandissant leur empire mondial : pour renforcer leur présence dans les Caraïbes, ils prennent la Guyane aux Hollandais, Tobago et Sainte-Lucie aux Français, Trinidad aux Espagnols ; pour consolider la route des Indes, ils prennent Le Cap et Ceylan aux Hollandais ; pour contrôler la mer du Nord et l'accès à la mer Baltique, ils prennent Helgoland au Danemark ; et, pour surveiller l'Empire ottoman face à l'Égypte, ils prennent Malte et les îles Ioniennes[27].

Le port de Londres s'installe comme le premier port du monde, tant en marchandises qu'en tonnage des navires ; son commerce est principalement tourné vers l'Inde, l'Australie et la Nouvelle-Zélande. Liverpool est aussi un port majeur : il peut accueillir de grands navires et il est très bien relié à la rivière Mersey et à un canal construit en parallèle, ce qui permet l'acheminement rapide des marchandises vers Londres ; de nombreux chantiers navals sont à proximité. Le port de Glasgow, quant à lui, reçoit l'essentiel des 21 000 tonnes de tabac importées chaque année des États-Unis[24].

En 1816, un riche industriel de Montpellier, Pierre Andriel, soutenu par le banquier français Jacques Laffite, fonde à Londres une compagnie de bateaux et achète en Angleterre un bateau à vapeur, le *Margery*, qu'il rebaptise *Elise*. Il réussit avec lui la première traversée de la Manche en bateau à vapeur, en un peu plus de dix-sept heures, et remonte la Seine jusqu'à Paris. La même année, l'inventeur du premier bateau à vapeur, Jouffroy d'Abbans, exilé de Londres depuis 1790, revient en France et lance *Le Charles-Philippe*, premier service de navigation à vapeur sur la Seine, entre Paris et Montereau[27].

Cette même année 1816, le naufrage de *La Méduse*, au large de la Mauritanie, révèle l'état désastreux de la marine française : le bateau, utilisé par un armateur pour emmener des colons au Sénégal, est commandé par un noble qui n'avait plus navigué depuis l'Ancien Régime. Seuls survivent 10 des 152 passagers. Le tableau de Géricault, peint en 1819, qui montre les derniers naufragés agonisant sur un radeau, symbolise le naufrage de la marine française.

Car la monarchie, de retour, n'est pas plus intéressée par la marine qu'elle ne l'était avant la Révolution : en 1818, Louis XVIII fonde le Collège royal de la marine (ancêtre de l'École navale), mais il l'installe à... Angoulême, à plus de 100 kilomètres de la mer.

Aux États-Unis, le progrès s'accélère, et il y est largement tiré par les forces du marché – et non, comme en Europe continentale, par les ambitions de souverains. En 1818 est créée à New York par Jeremiah Tompson, marchand quaker, et Isaac Wright, financier, la première entreprise au monde dédiée spécialement au transport de passagers, la Black Ball Line. Elle commercialise des trajets entre l'Angleterre et les États-Unis. Ses premiers bateaux sont de petits navires à voiles avec un seul mât. La traversée dure plus de quatre semaines, et elle est loin d'être sans risques[27].

En 1819, grande première : un navire à voiles, aidé d'un moteur à vapeur animant des roues à aubes, part de Savannah en Géorgie pour franchir l'Atlantique. Il est long d'une trentaine de mètres et son moteur a une puissance de quelque 90 chevaux-vapeur. La traversée dure environ vingt-sept jours ; le bateau n'utilise son moteur que pendant quatre jours en cumulé, brûlant 68 tonnes de charbon et 9 tonnes de bois. La même année, un ingénieur écossais, Henry Bell, développe le *Comet*, un navire à vapeur proche de celui de Fulton qui navigue sur la rivière Clyde, en Écosse, et transporte des passagers payants. En 1825, le naufrage du *Comet II*, dans lequel se noient 62 personnes, interrompt ce transport de passagers.

De la voile à la vapeur et à l'hélice

En 1826, le vaisseau grec *Karteria*, construit en Angleterre et dirigé par un officier britannique, est le premier navire à vapeur à participer à une bataille navale contre les Turcs : malgré ses roues à aubes, sa maniabilité lui permet de mettre en déroute une division ottomane avec seulement 8 canons. Cette supériorité intéresse rapidement toutes les marines européennes, qui commencent à développer des bateaux métalliques, utilisant la propulsion à vapeur[27].

En 1827, un ingénieur autrichien, Joseph Ressel, dépose le brevet d'une hélice de bateau, mais le navire sur lequel il l'installe n'a pas un moteur suffisamment puissant. Un peu plus tard, l'ingénieur français Frédéric Sauvage dépose un autre brevet d'hélice de marine beaucoup plus efficace.

En 1830, le premier bateau à vapeur de la marine de guerre française, *Le Sphinx*, long de 48 mètres, participe au transport de troupes lors de la conquête d'Alger[27]. En 1833, il rapporte triomphalement à Paris l'obélisque de Louxor, preuve de la confiance désormais accordée à la vapeur.

Le passage de la voile à la vapeur est difficile pour les marins, tant dans les marines de guerre que dans les marines marchandes : alors que, sur les voiliers, la hiérarchie était claire (un capitaine, quelques officiers, des dizaines de marins, quelques apprentis, un maître d'équipage, un charpentier, un maître-voilier), sur les bateaux à vapeur, la création des postes d'ingénieurs et de mécaniciens suscite la confusion dans la hiérarchie.

En 1837, des voiliers commerciaux, transportant des passagers, équipés de roues à aubes latérales et d'un moteur à vapeur auxiliaire, traversent l'océan Atlantique en un peu moins d'un mois, en utilisant encore surtout la voile.

En 1838, l'Anglais Francis Pettit Smith lance le *SS Archimedes*, le premier navire à vapeur fonctionnant avec une hélice, selon le brevet français.

Cette même année, novation radicale : une nouvelle compagnie de transport de passagers, qui vient de se créer à Liverpool, la British and American Steam Navigation Company, lance le premier bateau capable de traverser l'Atlantique en recourant uniquement à la vapeur : le *Sirius*, long de 61 mètres, utilise un mélange de charbon et de bois pour animer des roues à aubes situées sur les côtés du navire. Lors du premier voyage, la traversée ne dure que dix-huit jours, à une vitesse moyenne de 7 nœuds. Le manque de charbon à bord oblige cependant l'équipage à brûler des mâts de secours et les meubles des cabines dans les chaudières[27]. Une semaine plus tard, une compagnie concurrente, la Great Western Steam Ship Company, lance le *Great Western*, qui fait la même traversée en quinze jours, soit trois jours de moins – la moitié du temps mis par un voilier. C'en est fini de la marine à voile.

La même année, enfin, la première liaison télégraphique électrique est installée entre Londres et Birmingham. Elle transmet exclusivement, et très lentement, des messages en morse, code inventé en 1832 par l'Américain Samuel Morse (ou par son assistant Alfred Vail[49]).

En 1839, un célébrissime tableau de Turner (*The Fighting Temeraire Tugged to Her Last Berth to be Broken*) illustre cette prise de pouvoir de la vapeur sur la voile.

Première guerre navale à moteur : la première guerre de l'Opium

La population croissante de la Grande-Bretagne nécessite des importations massives de matières premières et de produits agricoles, rendant de plus en plus essentielles la protection de ses navires marchands et la création de comptoirs sur les routes de son commerce. Les Britanniques s'installent aux Falkland en 1833, pour avoir accès aux produits agricoles et à l'élevage argentins ; à Aden en 1838, à Karachi et à Hong Kong en 1839, pour sécuriser la route vers l'Inde et vers l'Australie.

Des échanges très considérables se nouent entre Londres et les pays d'Asie. Au bénéfice unique des Anglais. Ils peuvent le faire d'autant plus facilement qu'ils sont désormais les maîtres en Inde, et que la Chine de l'empire Qing entame alors son déclin. La Chine gère encore un territoire immense, qui s'étend sur toute la Mongolie et une partie de l'Asie centrale, et exerce aussi une domination de fait sur le Vietnam, le Siam, la Birmanie et la Corée. Elle a une énorme population de 435 millions d'habitants, difficile à nourrir.

Elle est handicapée par une stagnation économique, une bureaucratie envahissante, une inflation croissante et un mépris pour les nouveaux progrès techniques. Et, surtout, elle n'a aucune marine, aucun contact commercial avec le reste du monde depuis des siècles.

La Chine est alors la proie rêvée pour les Européens, et en particulier pour les Anglais, qui y poussent à la consommation d'opium fabriqué en Inde pour, en échange, leur acheter à bas prix du thé et du riz. Et cela réussit : bien que l'empereur chinois ait interdit la consommation et l'importation d'opium dès 1729, plus de 2 millions de Chinois en fument en 1835. En 1839, l'empereur tente de réagir et bloque l'accès des ports chinois aux bateaux anglais, dont beaucoup sont chargés d'opium. Pour forcer le passage, les Anglais envoient 4 000 soldats, sur une flotte composée de 16 vaisseaux de ligne, 4 canonnières, 28 navires de transport, 540 canons. En juin 1840, ils atteignent Canton, qui résiste ; ils décident alors de se concentrer sur Hong Kong et finissent par l'occuper. Ils s'installent aussi à l'entrée du Yangzi, coupant l'approvisionnement alimentaire de Pékin. En 1842, l'empereur chinois cède à ce blocus et signe le traité de Nankin, qui l'oblige à accepter le libre commerce de l'opium, l'ouverture de cinq ports (Xiamen, Canton, Ningbo, Shanghai et Fuzhou) aux Européens, le remboursement des stocks d'opium détruits et l'abandon de Hong Kong aux Anglais. Néanmoins, le commerce de l'opium reste illégal en Chine ; et les étrangers y participant sont toujours condamnés à mort.

Les migrations vers l'Amérique

En 1840 (année où Morse dépose le brevet de son langage télégraphique[49]), le SS *Archimedes*, premier navire à hélice créé deux ans plus tôt, est récupéré par la Great Western Steam Ship Company, qui s'en sert pour développer le SS *Great Britain*, lancé en 1843. C'est le premier bateau commercial à hélice[27]. Il traverse l'Atlantique en quatorze jours et il va transporter en particulier les migrants, qui commencent à arriver en masse en Amérique.

Car, malgré la paix relative en Europe, un très grand nombre d'Européens émigrent vers les Amériques[10].

D'abord, à partir de 1846, une grande famine en Irlande pousse plus de 2 millions d'Irlandais vers la Grande-Bretagne, l'Australie et l'Amérique du Nord. Puis les révolutions de 1848 en Europe entraînent un départ massif d'Allemands et de Scandinaves : durant la décennie 1850, près de 700 000 Allemands et 45 000 Scandinaves émigrent en Amérique. De même, la famine en Italie conduit un grand nombre d'Italiens du Sud à partir vers le Brésil, l'Argentine, le Venezuela et les États-Unis. Au total, plus de 4,5 millions d'Italiens émigreront vers les seuls États-Unis sur un total de 25 millions d'habitants.

Les compagnies de navigation ouvrent leurs paquebots à cette nouvelle clientèle. Ceux qui partent sans moyens voyagent dans des conditions épouvantables : des dortoirs dans l'entrepont, des repas misérables et un accès très limité aux installations douches et toilettes. Pire, même, que les équipages.

Les ports américains commencent alors à prendre de l'importance : New York, Boston, Savannah, les ports de Nouvelle-Angleterre (États du Maine, New Hampshire, Massachusetts et Rhode Island) et surtout Baltimore, qui importe sucre, cuivre et café d'Amérique du Sud, et qui exporte tabac, céréales, farines et textiles vers l'Angleterre, la France et l'Allemagne. Et aussi Bedford, qui devient un centre majeur de distribution du charbon et de pêche à la baleine – laquelle fournit désormais de l'huile pour le savon et les lampes, des éléments pour les parapluies, les manches de couteaux, les corsets, les chemises et les instruments de musique[27].

Septième tentative maritime française

Pendant ce temps, en France, commence une septième tentative, beaucoup plus sérieuse que les précédentes, de se doter d'une marine marchande et militaire efficace et puissante : en arrivant au pouvoir, Louis Napoléon, qui a vécu longuement en Angleterre, fait de la marine une priorité.

En 1849, à peine élu président de la République, il entame à Toulon la construction du vaisseau *Le 24 Février*, sous la direction de l'ingénieur Dupuy de Lôme. Le bateau est achevé durant l'été 1850, et baptisé *Napoléon*. Ce sera le premier navire à vapeur à hélice à fort tonnage (5 120 tonnes) de la flotte française. Des entrepreneurs français créent de nombreuses entreprises de transport maritime. Ainsi sont fondées en 1851 les Messageries impériales, puis la Compagnie de navigation mixte et la Compagnie générale maritime[27].

Une autre innovation majeure apparaît : on ne transporte plus seulement des gens et des marchandises, mais aussi des données. Et, d'abord, des données financières. On ne peut plus en effet se contenter de mettre trois jours pour transmettre une information de la Bourse de Paris à la Bourse de Londres par pigeons voyageurs ou signaux télégraphiques visuels. La mer fournit la solution : en août 1850, financé puis fabriqué par les Anglais, un premier câble télégraphique sous-marin est posé entre Calais et Douvres, mais il se brise au bout de onze minutes ; il est rétabli le 30 novembre 1851, réduisant à une heure (au lieu de trois jours) la durée de transmission des messages. Il fonctionnera quarante ans, transmettant en morse, pour l'essentiel, des données boursières.

C'est une extraordinaire mutation dans l'économie mondiale : chacun sent qu'on va pouvoir s'informer à une vitesse sans commune mesure avec le passé.

Progressivement, la Grande-Bretagne installe des câbles télégraphiques la reliant aux autres pays européens. Principalement pour les échanges en morse de données financières. Ainsi se met en place l'infrastructure de ce qui va faire la puissance durable de la City de Londres.

Deuxième et troisième guerres navales à moteur : la Crimée et la Chine

Et puis commence une nouvelle guerre, évidemment encore une fois maritime. En 1853, les Russes souhaitent profiter de la faiblesse croissante de l'Empire ottoman pour satisfaire leur ambition millénaire : avoir accès à la mer Noire. En novembre 1853, ils détruisent le port ottoman de Sinope sur la mer Noire. En 1854, la France et la Grande-Bretagne, inquiètes d'une hégémonie de la Russie sur la mer Noire qui pourrait lui permettre de venir les concurrencer en Méditerranée, se portent au secours des Turcs. Des bateaux de guerre à vapeur français, blindés (construits par le même Dupuy de Lôme), remontent le Bosphore vers la mer Noire malgré les vents contraires. En 1855, ils attaquent le fort russe de Kinburn, sur la rive sud du fleuve Dniepr, en Ukraine actuelle, qui assure la protection des Russes en mer Noire. Les bombardes françaises et les canonnières anglaises entretiennent d'abord un feu régulier contre les Russes, permettant aux batteries flottantes de se mettre en ordre de combat. En quatre heures, elles lancent plus de 3 000 projectiles et reçoivent près de 200 boulets, sans grands dommages grâce à leur blindage. Le fort est pris. Les Russes doivent céder.

En 1856, le traité de Paris met fin à cette guerre de Crimée. La mer Noire devient une « zone neutre » : aucun navire de guerre ne doit plus y transiter et il est interdit d'y construire un fort, ce qui garantit la liberté de circulation dans les détroits du Bosphore et des Dardanelles, et permet aux Français et aux Anglais de maintenir leur commerce en mer Noire et de poster des navires à proximité du territoire russe. Le traité interdit aussi la guerre de course, déclarant que les biens de l'ennemi ne peuvent être saisis en mer (excepté la contrebande). L'Empire ottoman ne sort pas pour autant renforcé de cette défaite russe.

Devant ce triomphe des bateaux de guerre blindés, les grandes marines militaires du monde abandonnent les bateaux en bois, ouvrant ce qu'on appellera en français l'« ère des cuirassés » – l'analogie avec la tenue de combat des chevaliers est révélatrice des nostalgies françaises.

Toujours en 1856, l'Angleterre, qui consomme de plus en plus de thé, souhaite amplifier son très rentable commerce de l'opium avec la Chine. Le gouvernement chinois fait tout pour s'y opposer et des bateaux de guerre chinois interceptent un navire britannique, l'*Arrow*, suspecté de transporter de l'opium ; ce qui déclenche la deuxième guerre de l'Opium.

Encore une fois, une force navale, cette fois franco-britannique, est envoyée en 1859 pour exercer un blocus sur la capitale chinoise. Elle bloque de nouveau le port de Tianjin, vital pour l'approvisionnement de Pékin. Mais le siège ne suffit pas à faire céder l'empereur chinois, comme dans la guerre précédente, et les alliés décident de frapper un grand coup : ils remontent le fleuve Hai He, occupent Pékin et, le 6 octobre 1860, incendient le palais d'Été de l'empereur. La Chine reconnaît sa nouvelle défaite et signe en 1860 la convention de Pékin, qui ouvre onze nouveaux ports aux Européens ; la France et le Royaume-Uni perçoivent aussi une indemnité d'environ 320 tonnes d'argent. Les Britanniques obtiennent la cession perpétuelle du sud de la péninsule de Kowloon, ce qui agrandit leur comptoir de Hong Kong.

À ce moment, les derniers bateaux à voiles et les derniers bateaux à roues disparaissent des marines militaires et marchandes. Napoléon III commande, pour la marine de guerre française, 40 bâtiments rapides, 90 frégates et corvettes, des bâtiments spéciaux pour la défense des côtes et des ports.

En 1857, Cyrus Field, un industriel américain, lance la pose du premier câble télégraphique trans-atlantique entre l'Irlande et Terre-Neuve en utilisant le *Great Eastern*, qui est alors le plus grand navire du monde, transformé en câblier. Le câble fait 4 200 kilo-mètres et pèse 7 000 tonnes. Il ne transmet pour l'ins-tant que très lentement des messages en morse et il ne fonctionne que vingt jours. Le même bateau posera progressivement, pour le compte des Anglais, près de 48 000 kilomètres de câbles sous-marins, notamment quatre câbles transatlantiques de Brest à Saint-Pierre-et-Miquelon et d'Aden jusqu'à Bombay en 1870. Il atteint Hong Kong en 1871, et Sydney en 1872.

Les steamers à hélice, pour l'essentiel anglais, sillonnent désormais l'Atlantique pour le transport de marchandises et de voyageurs. Les principales compa-gnies sont alors la Cunard Line (fondée par Samuel Cunard), l'Inman Line (William Inman), la Great Eastern (Isambard Kingdom Brunel) et la Peninsular and Oriental Navigation Company (Arthur Andersen).

À la fin de la décennie 1850, on commence à employer le pétrole. D'abord pour l'éclairage des grandes villes : Bucarest est la première ville au monde à installer un éclairage public utilisant du pétrole en 1857. En 1861, le premier navire-citerne, un bateau anglais de 224 tonnes, l'*Elizabeth Watts*, dont les cuves ne sont pas parfaitement étanches, quitte Philadelphie pour arriver à Londres après une traversée très risquée de quarante-cinq jours.

La mer reste très dangereuse : à cette époque, environ 3 000 marins britanniques disparaissent encore en mer chaque année. Et leurs conditions de vie à bord sont toujours épouvantables.

Guerre de Sécession
et premiers sous-marins

Le 4 février 1861, le nouveau président des États-Unis, Abraham Lincoln, décide d'abolir l'esclavage sur tout le territoire de l'Union. Les États du Sud refusent et déclarent leur indépendance. Commence la guerre de Sécession[87].

Nul ne se doute alors du rôle considérable que la marine va jouer dans cette guerre civile, comme elle a joué un rôle essentiel dans la guerre d'Indépendance américaine, quatre-vingt-dix ans plus tôt.

Le Sud ne produit pas tout ce dont il a besoin pour se nourrir. Aussi doit-il, comme toutes les puissances importatrices avant lui, contrôler la mer. Et, pour autant, la mer n'est pas le point fort des armées américaines, pas plus au Nord qu'au Sud, constituées pour l'essentiel de gigantesques régiments de cavalerie. La marine du Nord n'a, au début de la guerre, que 12 bateaux à vapeur de combat. Celle du Sud, moins encore[27].

En 1862, Lincoln décide de mettre en place un blocus maritime et terrestre du Sud. Il lui faut pour cela contrôler 5 600 kilomètres de côtes, 12 ports majeurs, dont La Nouvelle-Orléans et Mobile, et sécuriser le fleuve Mississippi. Il lance alors la construction d'un grand nombre de bateaux dans de multiples chantiers navals, dont ceux de Philadelphie. Le Sud fait lui aussi construire des bateaux en Angleterre, la France refusant de lui en vendre. Il construit en particulier des vedettes à vapeur équipées de charges explosives et un premier submersible, l'*Alligator*, de 14 mètres de long, propulsé avec des rames, puis par des hélices tournées par une manivelle, pour aller fixer des mines sous la ligne de flottaison des navires du Nord[87]. Le 17 février 1864, un de ces sous-marins à propulsion manuelle, le *CSS Hunley*, coule un bateau du Nord, le *USS Housatonic*. Malgré cela, le blocus décidé par Lincoln se met en place inexorablement. Le 5 août 1864, la marine du Nord réussit même à fermer le dernier des grands ports confédérés, celui de Mobile, sur le golfe du Mexique[87].

Ce blocus, qui limite l'acheminement vers le Sud de biens de première nécessité, y déclenche une inflation considérable et une faillite des banques. En particulier, le Sud n'a plus accès au sel, nécessaire pour nourrir les chevaux[87] de l'armée du général Lee, battue dans les dernières batailles terrestres qui aboutissent à la fin de la guerre de Sécession, le 9 avril 1865.

Encore une fois, tout s'est joué sur la mer.

Illusions françaises, premier grand canal

Pendant cette première moitié du XIXe siècle, le commerce se développe entre l'Europe et l'Asie. Londres est toujours le premier port mondial, soutenu par la première flotte marchande du monde ; et le premier entrepôt mondial, avec les West India Dock, East India Dock, Royal Victoria Dock, tous installés sur la Tamise. Et orientés vers le commerce avec l'Asie. La seule route possible pour y aller est encore, comme depuis l'aube des temps, celle qui contourne l'Afrique : les navires venant de l'Angleterre mettent ainsi encore trente-cinq jours pour rallier l'Inde. Et presque le double pour atteindre la Chine, et plus encore pour l'Australie.

D'où l'idée d'un canal évitant l'Afrique, en la traversant au point le plus étroit entre la Méditerranée et la mer Rouge : Suez, à 300 kilomètres d'Alexandrie. L'idée est française, pour contrarier l'influence des Britanniques en Égypte et freiner leurs échanges avec l'Inde et la Chine[93]. Ferdinand de Lesseps et sa Compagnie universelle du canal maritime de Suez, appuyés par Napoléon III, obtiennent des dirigeants ottomans le droit de creuser un canal large de 280 à 345 mètres et profond de 22,5 mètres, assez grand pour accueillir des navires à moteur et à hélice, bien que, à cette époque, seulement 5 % des bateaux de transport soient motorisés[93].

La France semble triompher sur tous les plans. Elle paraît enfin devenir une puissance maritime, à sa septième tentative.

En 1869, Jules Verne en fait un sujet de roman dans son *Vingt Mille Lieues sous les mers*. Son *Nautilus* s'inspire de l'*USS Alligator* américain : il mesure environ 70 mètres ; il utilise l'énergie électrique et peut naviguer de 8 000 à 12 000 mètres en dessous du niveau de la mer – estimation assez proche de la profondeur de la fosse des Mariannes, qui sera découverte six ans plus tard. Il faudra attendre 1930 pour qu'un sous-marin de cette taille soit construit.

En cette même année 1869, le canal est inauguré par l'impératrice Eugénie. Le trajet entre les ports européens et Bombay passe de 17 000 à 9 900 kilomètres, soit moins de vingt jours au lieu de trente-cinq par la route de l'Afrique[93].

Et pourtant, quelques mois à peine après cette inauguration, la France triomphante, qui a modernisé sa marine plus qu'aucun autre pays depuis vingt ans, se risque à une guerre terrestre absurde, mal préparée, contre la Prusse, cavalerie contre cavalerie. La flotte de guerre française (321 bâtiments à vapeur, dont 55 cuirassés, 115 croiseurs et 52 transports), construite en vingt ans par l'empereur, n'y est d'aucune utilité.

La France est battue à Sedan. Le Second Empire disparaît. L'Allemagne apparaît, avec les États-Unis, comme le nouveau rival de la Grande-Bretagne.

Six ans à peine après l'inauguration du canal, et profitant de l'effacement français, le Royaume-Uni rachète pour une somme dérisoire les parts de l'Égypte dans la société du canal de Suez. Treize ans plus tard, un traité signé à Constantinople (capitale de l'Empire ottoman, auquel est encore rattachée l'Égypte) par plusieurs pays, dont l'Angleterre, donne au canal de Suez un statut international : il peut être emprunté par tous les navires, quelles que soient leurs origines.

La mer est désormais un lieu beaucoup plus sûr : les naufrages deviennent moins fréquents, du fait de l'amélioration de la coque des navires. Et, comme seuls les États ont les moyens de disposer désormais de flottes de combat efficaces, avec des bateaux blindés, la piraterie disparaît quasi totalement.

De nouvelles innovations, un deuxième canal

Les Anglais ont alors le champ libre sur la mer : les entreprises de transport basées à Liverpool et à Glasgow prennent le contrôle de la nouvelle route vers l'Asie par Suez. La possession d'Aden, de Karachi et de Hong Kong assure la suprématie mondiale britannique. En 1872, la Grande-Bretagne construit le premier

navire spécialement conçu pour la pose de câbles
télégraphiques (qui ne diffusent encore que les messages en morse), et elle en installe partout : en 1877,
elle en possède 103 068 kilomètres, alors que le réseau
mondial atteint 118 507 kilomètres ; la France n'en a
que 1 246 kilomètres, l'Allemagne 752, et les États-Unis
aucun[49].

Ferdinand de Lesseps commence à penser à un
autre canal, qu'il veut creuser au milieu de l'Amérique
centrale, pour réduire de plus de moitié (de 22 500
à 9 500 kilomètres) le trajet entre New York et
Los Angeles, et donc entre le Japon et New York.
En 1882, sa Compagnie universelle du canal interocéanique du Panama entame la construction du canal,
mais, la même année, un tremblement de terre interrompt le projet[16].

Apparaissent alors les premières craintes d'une sur-
exploitation des ressources de la mer : la pêche n'est
plus seulement réalisée par des entreprises familiales
ou locales, mais aussi par de grandes entreprises. Est
créée notamment à Brême la Deutsche Dampffischerei-
gesellschaft Nordsee, qui gère plus de 10 grands navires
de pêche. En particulier, la pêche à la baleine devient
industrielle, ce qui fait passer le nombre de baleines
capturées par an de 1 000 en 1880 à 20 000 dans les
années suivantes. En réaction, en 1885, est fondée par
le Danemark, la Finlande, l'Allemagne, les Pays-Bas, la
Norvège, la Suède, la Russie et le Royaume-Uni la première organisation internationale maritime : le Conseil
international pour l'exploration de la mer (CIEM), basé
à Copenhague, pour contrôler et limiter la pêche en
mer Baltique.

Pendant ce temps, à Panama, en 1889, les épidémies de fièvre jaune, les crues et les scandales financiers conduisent à la faillite de la Compagnie universelle du canal interocéanique du Panama ; les 100 000 épargnants français ayant investi dans ses emprunts sont ruinés[16]. L'ingénieur français Philippe Bunau-Varilla, qui menait le chantier pour le compte de Lesseps, réussit à créer pour son propre compte une nouvelle société, la Compagnie nouvelle du canal du Panama, qui devient le principal actionnaire du projet de canal, dont la construction n'a pas vraiment commencé[75].

Naissance, sur la mer, de nouvelles ambitions coloniales

En 1890, l'amiral américain Alfred Thayer Mahan publie *The Influence of Sea Power upon History, 1660-1783*. Il y définit le terme de « puissance maritime dominante[78] » en se fondant sur l'exemple de la Grande-Bretagne et le rôle de l'amiral Nelson. Ce livre aura une très grande influence sur les présidents américains ultérieurs ; il les poussera, malgré leurs réticences, à s'intéresser au reste du monde et, pour cela, à se doter d'une marine puissante[27].

En 1891 est posé le premier câble téléphonique sous-marin entre la France et l'Angleterre. On ne transmet plus seulement du morse, mais de la voix. Immense bouleversement.

Une nouvelle puissance surgit alors sur la mer – la première en Asie depuis Srivijaya, à Sumatra, il y a quinze siècles : le Japon.

Au début de 1894, faisant face à une révolte pay-
sanne, le roi de Corée demande une aide à la Chine.
Le Japon, modernisé à marche forcée depuis 1868,
en profite pour y envoyer au plus vite une flotte
avec 18 000 hommes, sous prétexte d'aider la Corée
contre la Chine. Les combats entre Chinois et Japonais se déroulent principalement en mer ; le 17 septembre 1894, la flotte chinoise (2 cuirassés, 8 croiseurs,
2 corvettes et 2 torpilleurs) est détruite à l'embouchure
du Yalou par une flotte japonaise légèrement moins
puissante (9 croiseurs, une corvette, une canonnière et
un croiseur auxiliaire). En février 1895, les empereurs
chinois Qing capitulent et signent le traité de Shimo-
noseki, qui cède Taiwan au Japon. Nouvelle défaite
chinoise sur la mer face aux Japonais, après celle de
Kubilaï Khan, six siècles plus tôt.

En février 1898, les États-Unis vont, eux aussi,
s'aventurer sur la mer. La révolte des Cubains contre
le colonisateur espagnol entraîne le naufrage du cuirassé
américain *Maine*, alors en visite de courtoisie dans la
région, et la mort de 266 marins américains. Même si
l'on apprendra plus tard que ce naufrage était acci-
dentel, cela provoque l'entrée en guerre des États-Unis
contre l'Espagne et les premiers combats navals américains : d'abord aux Philippines, espagnoles depuis le
XVIe siècle, puis à Cuba[27].

Le 1er mai 1898, dans la rade de Manille, une
flotte américaine de 7 navires avec 163 canons et
1 750 hommes d'équipage détruit les 8 navires de la
flotte espagnole du Pacifique, armés de 76 canons, avec
1 875 membres d'équipage. Le 13 juillet suivant, à Cuba,
une autre flotte américaine anéantit les derniers navires
espagnols qui tentent de quitter le port de Santiago.

Les forces espagnoles de Cuba capitulent le 17 juillet. Le 12 août, l'Espagne accepte un armistice d'ensemble. Le 13 août, Manille est occupée par les Américains. Le 10 décembre, par le traité de Paris, l'Espagne reconnaît l'indépendance de Cuba et cède les Philippines, Porto Rico et Guam aux États-Unis en échange du versement de 20 millions de dollars américains[27]. Les États-Unis deviennent alors une puissance mondiale. Parce que maritime.

La mer joue aussi un rôle important dans l'attitude coloniale d'autres pays, sur tous les continents. On pourrait ici raconter la conquête de l'Afrique par les Anglais et les Français comme fondamentalement liée à une stratégie maritime : les Français tentent de relier Dakar à Djibouti, tandis que les Anglais tentent de relier Le Caire au Cap. Les deux veulent relier les ports et contrôler l'arrière-pays, d'un port à l'autre. Ils se rencontrent en 1898 à Fachoda, où les Anglais, disposant de plus de moyens amenés par la mer, l'emportent sans combat. L'humiliation française conduit un peu plus tard à l'Entente cordiale.

L'Empire allemand commence à se manifester dans cette région à la même époque. En particulier pour le contrôle des îles Samoa, dont ils veulent faire une colonie, en rivalité avec les Anglais et les Américains, arrivés là bien avant eux. En 1889, un traité signé à Berlin établit que ces îles constitueront un protectorat commun des trois puissances. En 1899, par un nouveau traité signé à Londres, les Britanniques se retirent de Samoa en échange de Tonga, plus stratégique pour eux, parce que sur la route de la Nouvelle-Zélande et de l'Australie[27].

En 1901, le nouveau président américain, Theodore Roosevelt, fait explicitement siennes les thèses de l'amiral Alfred Mahan, et veut que la marine américaine contrôle le Pacifique[78].

La guerre menace… sur la mer

Décidés à dominer les océans Atlantique et Pacifique, les États-Unis ne peuvent pas laisser échapper à leur contrôle le projet de canal entre ces deux océans, dont la construction à Panama n'a pas encore commencé.

Pour y parvenir, en 1903, Theodore Roosevelt organise la sécession de la région du canal, qui rompt avec la Colombie sous le nom de Panama. Son secrétaire d'État, John Hay, signe un accord avec l'ingénieur français Philippe Bunau-Varilla (encore l'un des plus grands actionnaires de la société qui prend désormais en charge le projet de canal) : la zone s'étendant sur 8 kilomètres de part et d'autre du futur canal sera sous le contrôle complet des États-Unis[27]. Le Panama, ce nouveau pays qui n'est même pas partie à l'accord franco-américain, s'y résigne, contre un paiement de 10 millions de dollars et un loyer annuel de 250 000 dollars. La construction du canal est alors confiée au corps des ingénieurs de l'US Army. Signe d'une première prise de contrôle de la mer par les Américains.

Mais les Anglais ont encore le contrôle de l'essentiel des océans : leur cuirassé blindé, le *Dreadnought*, construit en 1905, assure plus encore cette domination. Ni les Russes, ni les Français, ni les Allemands, ni même encore les Américains, n'ont les moyens de s'y opposer.

Et, la même année, les Anglais sont capables de décider d'une défaite de la Russie dans une guerre contre le Japon juste en refusant aux navires russes venus de la mer Baltique le passage par le canal de Suez pour rejoindre le champ de bataille, au large des îles japonaises.

La flotte russe doit en effet se résigner à passer par le cap de Bonne-Espérance, et accomplir un voyage de huit mois. Engagée dans le combat dès son arrivée au large du Japon en mai 1905, la flotte russe est battue par les Japonais à la bataille de Tsushima, au sud-ouest de l'archipel nippon. La Russie doit alors demander l'armistice et concéder au Japon une partie de la Mandchourie. Elle est ainsi le premier pays chrétien, depuis la prise de Constantinople par les Ottomans en 1453, à perdre une guerre contre une puissance orientale.

Un mois plus tard, en juin 1905, la mutinerie du *Potemkine* démoralise plus encore toute la marine russe. D'une certaine façon, la défaite navale russe de Tsushima a joué un rôle dans le déclenchement de la révolution de 1917.

Au même moment, la guerre recommence à menacer en Europe, et une nouvelle fois sur la mer : l'empereur allemand Guillaume II lance un vaste programme de construction de navires de guerre, ce que les Anglais ne peuvent accepter. Pour eux, il devient évident que seule une guerre massive arrêtera la concurrence allemande.

Le 22 octobre 1909, pour s'y préparer, le Royaume-Uni s'allie à la France et à la Russie. La guerre est là.

Premier porte-avions, grand naufrage

Aux États-Unis et sur la mer se déroulent alors un exploit qui passe relativement inaperçu, mais dont les conséquences seront considérables ; et un naufrage au contraire très médiatisé, mais aux conséquences minuscules.

D'une part, le 14 novembre 1910, un jeune mécanicien américain de 24 ans devenu aviateur, Eugene Ely, réussit, dans le port de New York, le premier décollage d'un avion à partir d'un bateau, le croiseur *USS Birmingham*. Bien plus difficile, il parvient, le 19 janvier suivant, à poser son avion sur le *USS Pennsylvania*, dans la baie de San Francisco, avant de mourir six mois plus tard, le 19 octobre 1911, au cours de l'un de ses essais. Les premiers porte-avions, qui changeront bientôt le sort des armes, s'annoncent ainsi.

D'autre part, dans la nuit du 14 au 15 avril 1912, lors de sa première traversée entre Southampton et New York, le *RMS Titanic*, nouveau transatlantique de très grand luxe de la White Star Line, réputé « insubmersible », percute un iceberg à trop grande vitesse et coule en deux heures quarante. Le manque de canots de sauvetage (1 178 places pour 2 200 passagers) et le défaut de formation du personnel de bord ne permettent pas de secourir tous les passagers. Plus de 1 500 personnes meurent. Seulement 700 sont rescapées, soit beaucoup moins même que le nombre de places dans les canots[249].

La marine commerciale aurait pu être impactée par ce naufrage ; mais la guerre va, de toute façon, interrompre ces traversées de civils. Même si Woodrow Wilson, qui entre à la Maison-Blanche en 1913, est décidé à tout faire pour éviter une guerre avec l'Allemagne.

L'Amérique continue, pendant cette période, d'attirer tous les déshérités du monde : l'émigration juive s'accélère après les massacres en Russie de 1881 ; puis celle des Arméniens après les massacres en Turquie de 1896. Le flux devient de plus en plus énorme : dans la seule année 1913, 2 578 000 migrants traversent l'Atlantique. Au total, entre 1815 et 1914, près de 60 millions d'Européens ont pris un bateau pour un aller simple vers les Amériques.

Le commerce maritime est aussi de plus en plus intense : le tonnage mondial passe de 6,7 millions en 1840 à 9 en 1850, 20 en 1880, 26 en 1900, 47 en 1913. À la veille de 1914, les mers sont traversées chaque année par environ 30 000 navires. Bien des analystes en déduisent qu'aucune guerre n'est plus possible entre des nations si interdépendantes, et où s'épanouissent tant de progrès nouveaux : l'électricité, le gramophone, le téléphone, l'automobile, l'avion, le cinéma, la radio, l'ascenseur…

La guerre est pourtant inévitable : les Anglais et les Américains ne peuvent tolérer les ambitions commerciales, et donc d'abord maritimes, des Allemands.

Le 15 août 1914, deux semaines après que la guerre a été déclarée en Europe, le canal de Panama est inauguré. Le trajet entre New York et Los Angeles passe de 22 500 kilomètres par le cap Horn à 9 500 kilomètres. Étonnamment, encore une fois, un grand canal est inauguré à l'aube d'une grande guerre.

Première Guerre mondiale :
en mer, plus encore que dans les tranchées

Quand elle commence, la Première Guerre mondiale a vocation à être une guerre terrestre, comme celle de 1870 dont elle est la revanche. Très vite, il n'en est rien : c'est sur la mer, une fois de plus, que l'essentiel se joue, même si la quasi-totalité des victimes de la guerre seront terrestres.

Encore une fois, l'Histoire n'a pas assez reconnu la dimension maritime de cet effroyable conflit.

Les océans sont en effet essentiels pour l'approvisionnement de tous les pays belligérants en nourriture, en charbon, en fonte, en acier et en armes, depuis l'Amérique, l'Afrique et l'Asie. Pas de guerre terrestre sans approvisionnement maritime.

Et il est notamment vital pour toutes les armées de contrôler les ports du nord de la France et de la Belgique : afin d'y débarquer, pour les Anglais ; ou afin d'y embarquer, pour les Allemands.

Dès l'été 1914, la mer devient donc un terrain de combat – sans respect, par aucun des belligérants, d'aucune règle, et en particulier des engagements pris en 1856, à la fin de la guerre de Crimée, sur la question des pavillons neutres : les bateaux de commerce français et anglais sont immédiatement attaqués par les 28 sous-marins allemands, les U-Boote, construits à partir de 1906.

En septembre 1914, les armées allemandes se lancent dans une course pour contrôler les ports du nord de la France, notamment Calais, Dunkerque et Boulogne-sur-Mer. Les Britanniques parviennent, grâce à leur flotte et avec l'aide de l'armée belge, à repousser cette offensive. À partir du 3 novembre, l'amirauté britannique place, dans toute la mer du Nord, des mines qui coulent 8 U-Boote et en endommagent 8 autres. L'Allemagne n'a plus les moyens d'empêcher les Alliés de recevoir leurs importations d'Amérique et d'Asie.

En revanche, le blocus allié empêche l'Allemagne de recevoir les matières premières qu'elle attend de ses colonies africaines et océaniennes. Le Reich est donc obligé de lancer une offensive sur le front de l'Est, tout en continuant de tenter de bloquer l'apport d'armement et de nourriture venant d'Amérique vers l'Angleterre et la France.

Le 7 mai 1915, un paquebot transatlantique britannique, le *Lusitania*, transportant officiellement des passagers, et clandestinement du matériel de guerre pour l'armée britannique, est coulé par un des derniers U-Boote allemands : plus de 1 200 morts, dont 124 Américains. L'opinion publique américaine enrage. L'Allemagne prend peur et, en février 1916, par crainte de l'entrée dans le conflit des États-Unis, interrompt cette guerre sous-marine[27]. Mais, en réaction, l'amiral américain Sims accélère le transport de marchandises et d'armement à travers l'Atlantique vers la France et la Grande-Bretagne, et entre les colonies françaises et britanniques et les divers autres théâtres d'opérations en Méditerranée.

En mars 1916, les Anglais installent un pont plat sur le croiseur *HMS Furioso*, où le commandant Dunning parvient à se poser. C'est le premier porte-avions. En avril 1916, la flotte allemande bombarde deux villes britanniques, Yarmouth et Lowestoft, avant d'être repoussée par la marine britannique. Les Allemands tentent encore une autre sortie, pour avoir accès à l'acier de la Scandinavie : le 1er juin 1916, la flotte anglaise de l'amiral Jellicoe affronte la marine allemande de l'amiral Scheer dans le Jutland, au nord-ouest du Danemark. 6 094 Britanniques et 2 551 Allemands y meurent. Sans que la bataille soit décisive.

Les Allemands sont, désormais, définitivement privés d'accès à toute source d'approvisionnement extérieur.

En janvier 1917, les Allemands se retrouvent face à des armées françaises et anglaises mieux équipées, grâce aux armes venues d'Amérique ; ils doivent reprendre la guerre sous-marine, ce qui entraîne, le 6 avril 1917, l'entrée en guerre des États-Unis. Près de 2 millions de soldats américains sont alors acheminés vers l'Europe, sans que les sous-marins allemands, de moins en moins nombreux, coulent aucun bateau allié ; alors que les mines placées par les Alliés dans la Manche coulent 50 sous-marins allemands.

Dès lors, le sort des armes est scellé : la fin de la guerre n'est plus qu'une question de temps. Même si l'Allemagne peut basculer ses troupes de l'Est vers le front de l'Ouest, après la paix de Brest-Litovsk avec les Russes, le 3 mars 1918.

Au printemps 1918, le Royaume-Uni lance dans la bataille le premier porte-avions, le *HMS Argus*, initialement destiné à être un paquebot italien, dont ils ont rasé les structures sur le pont afin de ménager un grand espace plat pour accueillir les avions.

En septembre 1918, les Américains, conscients d'avoir créé les conditions de la victoire (même s'ils ont énormément tardé entre leur arrivée en France et leur montée au front), imposent leurs volontés. Le président Wilson fait connaître les quatorze points qu'il veut voir régler par un traité de paix, dont : la liberté de la navigation maritime et du commerce international ; la limitation des flottes militaires de tous ; le règlement équitable des revendications coloniales ; le droit pour tous les peuples à disposer d'eux-mêmes ; la restitution à la France de l'Alsace et de la Lorraine. Au surplus, les Alliés font savoir aux Allemands que seule l'interruption immédiate de la guerre sous-marine pourrait créer les conditions d'un dialogue et permettre de signer un armistice honorable. Les Allemands s'inclinent, et l'armistice est signé deux mois plus tard. Là encore, la mer est essentielle, à la guerre comme à la paix.

Traités de paix, crises et océans

Selon le traité de Versailles, qui suit l'armistice, à sa section II « clauses navales », il est décidé que la flotte allemande ne peut se composer au maximum que de 6 cuirassés, 6 croiseurs légers, 12 destroyers et 12 torpilleurs, zéro sous-marin et pas plus de 15 000 marins ; tous les bateaux de guerre présents hors du territoire allemand sont réquisitionnés par les marines alliées. La marine allemande doit également déminer toutes les zones proches de ses côtes.

En 1922, le traité de Washington, signé par les États-Unis, le Royaume-Uni, le Japon, la France et l'Italie sur la réduction progressive des armements européens, organise, comme le voulait le président américain, le gel des flottes de combat de tous les pays, y compris les vainqueurs, avec des plafonds de tonnage par nation.

Cette maîtrise des armements navals, cette illusion pacifiste, n'est pas tenable. Dès 1930, elle est remise en cause par le traité de Londres, puis abandonnée après sa dénonciation par le Japon. Le traité naval germano-britannique de 1935 autorise la marine de l'Allemagne devenue nazie à dépasser les limites imposées par le traité de Versailles et à atteindre 35 % du tonnage de la marine britannique. Limites que Hitler piétine sans vergogne.

Au même moment, la crise économique entraîne l'effondrement des échanges. Il faut attendre 1938 pour que le trafic de marchandises retrouve son niveau de 1929. Le trafic de passagers passe de 2 578 000 personnes en 1913 à 785 000 en 1924 et un million en 1930. Deux bateaux de transport de personnes, lancés avant la crise, sont pourtant mis en service après : le *Normandie* en 1932 et le *Queen Mary* en 1936.

Des pavillons de complaisance se développent, pour permettre à des dizaines de paquebots américains servant de tripots et de distilleries clandestines de s'ancrer dans les eaux territoriales américaines.

Chacun fourbit ses armes. Allemands, Japonais, Américains se construisent des flottes de guerre à marche forcée. En particulier les premiers porte-avions. Le Japon devient en 1937 la troisième marine militaire au monde, après les Américains et les Anglais, et la première de la zone Pacifique. Le pourcentage du budget de l'État japonais consacré à la marine est de 15 %, très loin devant les États-Unis (7,5 %) et la France (5,3 %). La marine française compte alors 76 navires de guerre, dont 2 cuirassés récents de type *Dunkerque*, 3 cuirassés de type *Provence*, 2 autres cuirassés en construction, *Le Richelieu* et *Le Jean Bart*, 18 croiseurs, 32 contre-torpilleurs, 26 torpilleurs, un porte-hydravions, *Le Commandant Teste*, et un porte-avions, *Le Béarn*. Elle possède 78 sous-marins, dont *Le Surcouf*, alors le plus grand du monde[28].

Au même moment, une invention prépare un tout autre avenir : sur une idée lancée par un Français, René Lorin, dès 1908, le Britannique Frank Whittle dépose en 1930 le premier brevet d'un moteur à réaction ; il effectue les premiers essais le 12 avril 1937. La même année, Hans von Ohain, un ingénieur allemand, réalise plusieurs prototypes de réacteur ; en 1939, son moteur permet de concevoir le premier prototype d'avion à réaction, nommé Heinkel He-178, qui décolle pour la première fois le 27 août 1939, sous les applaudissements du Führer.

À trois jours du début d'une nouvelle guerre mondiale.

La Seconde Guerre mondiale commence et s'achève sur le Pacifique

La guerre reprend alors, d'abord en Asie, et toujours sur mer : en 1937, le Japon, qui s'est doté de plusieurs porte-avions, dispose aussi d'une capacité de projection aérienne qui lui permet de transporter des hommes sur la côte chinoise, de conquérir les Philippines, la Malaisie, le Sri Lanka et la Birmanie.

En 1939, l'Allemagne veut elle aussi une guerre courte, car elle n'a pas de marine suffisante pour garantir durablement ses importations de produits agricoles (provenant pour l'essentiel de la France et des États-Unis) et de fer (provenant de Suède)[29].

Dès les premiers mois de 1940, deux événements maritimes décident du sort de la guerre en Europe[29].

D'abord, l'armée allemande tente, comme pendant la Grande Guerre, de s'ouvrir la voie du fer suédois, indispensable pour la production de ses armes. En réponse, le 18 avril 1940, les Alliés se précipitent en Norvège et les Allemands y perdent un croiseur lourd, 2 croiseurs légers, 10 destroyers et 6 sous-marins. Le Führer doit alors se retourner vers l'Asie pour y chercher les ressources alimentaires et énergétiques dont il a besoin ; d'où la rupture du pacte germano-soviétique et l'invasion de l'URSS. Il laisse Américains et Britanniques dominer l'Atlantique, ce qui facilitera l'arrivée des soldats alliés sur le champ de bataille en Afrique du Nord, puis en Europe.

Ensuite, l'armée anglaise cherche dès le printemps 1940, comme en 1914, à bloquer l'accès de l'armée allemande à la mer du Nord et à l'Atlantique ; mais elle est mise en difficulté en mai 1940 par la débâcle de l'armée française. Les Britanniques envoient alors 39 destroyers, des dragueurs de mines, des remorqueurs, des ferries, des yachts, des chalutiers, et réussissent à exfiltrer de Dunkerque 338 226 soldats (dont 123 000 Français). Les Allemands ne peuvent donc s'en saisir. À cela s'ajoute bientôt la destruction de la flotte française par les Anglais à Mers el-Kébir, et par les Français eux-mêmes à Toulon : l'Allemagne ne peut donc en disposer et, ne contrôlant plus ni l'Atlantique, ni la Baltique, ni la Méditerranée, elle doit se tourner vers l'Asie.

En un sens, le sort de la guerre en Europe est déjà scellé.

De la même façon, les Japonais pensent aussi qu'ils ne pourront pas gagner une guerre longue face aux États-Unis[35]. D'où leur plan : attaquer Hawaï pour démoraliser les États-Unis et les éloigner à jamais du conflit. En décembre 1941, ils lancent une offensive surprise à Hawaï, sur la base de Pearl Harbor, avec 350 avions de combat et une vingtaine de navires de guerre, dont 6 porte-avions. L'attaque fait 2 403 morts américains ; 4 cuirassés sont détruits. Toutefois, les 3 porte-avions américains sont alors en mer et ne sont donc pas touchés. L'effet obtenu est inverse à celui escompté : les États-Unis entrent en guerre.

La force navale japonaise inflige d'abord plusieurs autres défaites aux États-Unis dans le Pacifique Ouest : les Japonais s'emparent des archipels américains de Micronésie et de quelques îles des Aléoutiennes, au sud-ouest de l'Alaska. En mai 1942, ils débarquent même au nord de la Nouvelle-Guinée, devenant une menace directe pour l'Australie.

Mais les Américains ne renoncent pas. En juin 1942, la bataille de Midway, une île dans le Pacifique, est le tournant de la guerre. Elle oppose la flotte américaine, composée de 3 porte-avions (dont l'*Enterprise*), 7 croiseurs lourds, un croiseur léger et 15 destroyers, à une flotte nippone comprenant 4 porte-avions, 2 cuirassés, 2 croiseurs lourds, un croiseur léger et 8 destroyers. Les Japonais perdent 4 porte-avions et 3 057 soldats. Ils lancent un programme de construction qui ne parvient pas à remplacer les pertes subies[35], alors que la productivité américaine permet au contraire de construire à très grande vitesse un grand nombre de navires, de torpilleurs, de croiseurs et de destroyers.

À partir de 1942, et malgré l'échec en août du débarquement, à Dieppe, de troupes canadiennes, les Alliés unissent leurs forces marines pour transporter armées et approvisionnement à travers le monde, sur les divers théâtres d'opérations. Alors que l'acheminement par la terre de troupes allemandes, notamment pour Rommel en Afrique du Nord, est très lent et que l'avancée en Russie est bloquée devant Leningrad, puis Stalingrad.

En novembre 1942, le débarquement anglo-américain en Afrique du Nord met fin aux derniers espoirs allemands d'avoir accès au pétrole du Golfe. Cela déclenche l'occupation de la zone Sud de la France et pousse Hitler à chercher à atteindre les sources d'énergie d'Azerbaïdjan. En 1943, la marine italienne est incapable de freiner les débarquements alliés dans le sud de la péninsule et l'Allemagne ne peut envoyer plus de troupes pour lutter contre les forces alliées au Maghreb, puis en Libye et en Égypte. À cela s'ajoute la résistance russe à Stalingrad, qui ruine l'espérance de l'Allemagne d'un approvisionnement oriental en carburant.

Pendant ces heures très sombres, en 1943, à Toulon, Jacques-Yves Cousteau et Émile Gagnan mettent au point le scaphandre autonome, qui ouvrira la porte à l'écologie sous-marine et à la prospection pétrolière.

En Europe, il est clair que le débarquement américain en Italie ne suffira pas à terminer rapidement la guerre. Il en faut un autre, sur les côtes de l'Atlantique. Il a lieu en Normandie le 6 juin 1944. C'est le plus grand débarquement de l'histoire de l'humanité.

Au total, la flotte de débarquement regroupe 6 939 navires : 1 213 navires de guerre, 4 126 navires de transport et 1 600 navires de soutien (dont de nombreux bateaux marchands). Plusieurs centaines de milliers d'hommes débarquent en quelques jours. Malgré les pertes des premiers jours, le débarquement est irrésistible.

Au même moment, dans le Pacifique, les sous-marins américains détruisent la flotte navale et aérienne japonaise. La bataille de Guam, du 21 juillet au 10 août 1944, se solde, après des combats très meurtriers, par une victoire américaine et permet l'établissement dans cette île, située à 2 600 kilomètres du Japon, de bases navales et terrestres mettant les défenses des îles japonaises à portée de l'aviation américaine.

Pendant ce temps, l'Union soviétique, tout occupée à repousser les armées allemandes de son territoire, ne se mêle pas de la guerre marine : Staline se méfie de ses amiraux, les jugeant politiquement dangereux. Il ne fait construire que de petits navires et pas de porte-avions. Il est pourtant l'un des vainqueurs de la guerre et convoque les autres dirigeants de l'Alliance à Yalta ; il réclame pour lui les îles Kouriles, à l'extrême nord du Japon, pour avoir une position stratégique face au Japon. En échange, il accepte enfin d'entrer en guerre contre le Japon, ce que lui demandent depuis trois ans les Américains. C'est cette menace, au moins autant que le bombardement nucléaire d'Hiroshima et de Nagasaki, qui convainc les Japonais de solliciter l'armistice en août 1945.

Si la Seconde Guerre mondiale se termine sur la terre, tant en Europe qu'en Asie, avec la prise de Berlin et de Tokyo, c'est bien le contrôle de la mer qui a décidé, dès 1940, du sort des armes. La signature, en mer, de l'armistice entre les États-Unis et le Japon en est un symbole.

À la fin de la guerre, l'US Navy dispose de près de 1 200 grands navires de combat et plus encore de navires de transport de troupes. Ils formeront, pour l'essentiel, la base de la nouvelle flotte marchande américaine.

Chapitre 6

La « boîte »
ou la globalisation maritime
(1945-2017)

À partir de 1945 commence, d'abord dans une grande tension entre l'Est et l'Ouest, une période relativement pacifique. Si les flottes de l'Ouest et de l'Est se défient et se frôlent, et si se déploient en mer, et sous la mer, des sous-marins nucléaires portant des armes de plus en plus puissantes, capables de détruire plusieurs fois l'humanité (nous y reviendrons dans un prochain chapitre), la mer reste le lieu principal du voyage des marchandises, même si elle n'est presque plus celui des personnes.

La mer devient même de plus en plus vitale pour l'humanité : une part croissante des humains viennent vivre près des côtes ; au point que, en 2017, 60 % de la population mondiale vit à moins de 150 kilomètres d'une mer ou d'un océan, contre moins de 30 % un siècle plus tôt.

La mer devient le cadre de la croissance, et en souffre de plus en plus. Autour et sur la mer se développe une activité économique plus considérable que jamais, faite de ports, d'industrie navale, de transport de marchandises et de données, de pêche, d'aquaculture, de tourisme, et d'exploitation de ressources sous-marines. Au total, tout ce qui tourne autour de la mer représente même aujourd'hui le deuxième secteur d'activité humaine après l'industrie agroalimentaire, où on la retrouve aussi en partie[162].

Et pour que cela ait lieu, pour que la mer devienne ainsi le support de la formidable croissance que demandent les peuples, à la sortie de deux guerres mondiales, il aura fallu qu'une innovation modeste, un bricolage même, bouleverse les conditions du transport de marchandises.

La demande de mer est énorme

Quand se termine la Seconde Guerre mondiale, l'aviation semble en situation de remplacer la marine. Au moins pour le transport de passagers.

Les premières compagnies aériennes commerciales, créées avant guerre et mises en sommeil pendant le conflit, reprennent vie. Le 2 mai 1952, un Comet, de fabrication anglaise, appartenant à la British Overseas Airways Corporation, traverse l'Atlantique pour le premier vol commercial d'un avion à réaction, avec une vitesse double de celle des autres avions. En 1958, Boeing lance son 707. La même année vient la Caravelle, premier avion français à réaction produit par Sud Aviation, qui deviendra l'Aérospatiale. C'en est fini des bateaux de passagers.

Pourtant, le 11 mai 1960, le gouvernement français lance la construction d'un navire de prestige, *Le France*, inauguré 19 janvier 1962, au moment où la plupart des grands *liners* d'autres pays sont déjà désarmés ou transformés en navires de croisière. Ce sera bientôt le cas, aussi, du *France* devenu le *Norway*.

Certains prévoient alors qu'il en ira vite de même pour le transport de marchandises. De fait, on se rend compte que c'est impossible : l'avion ne peut transporter ni pétrole, ni blé, ni animaux, ni machines-outils, ni camions, ni automobiles, ni biens d'équipement ménagers ; quant au train et à la route, ils ne peuvent le faire que dans des zones limitées. Or la demande de ces biens augmente considérablement ; l'Europe, en particulier, a besoin de recevoir les machines américaines nécessaires à sa reconstruction, que finance, à partir de 1947, le plan Marshall.

Seule la mer peut les transporter. Mais par quels moyens ? De nombreux bateaux de l'armée américaine, utilisés dans le Pacifique et pour le débarquement de Normandie, sont transformés en bateaux de commerce. Mais cela ne suffit pas. Car ces bateaux, des « vraquiers », ne peuvent transporter que du vrac ou des machines en pièces détachées, réassemblées ensuite dans des usines locales, sur les lieux de consommation. Le commerce est aussi limité par la complexité des ports, avec leurs milliers de débardeurs, leurs entrepôts chaotiques et leurs camions ralentis dans d'énormes embouteillages.

Aussi, à la fin des années 1940, la croissance mondiale hésite, faute de moyens adéquats de transport et de logistique. Une forte inflation s'installe dans tout l'Occident.

La révolution de la « boîte »

Tout va bientôt changer, avec une innovation très simple, qui va permettre de stocker, de manipuler et de transporter sur de très longues distances, en mer, quelle que soit la météo, dans d'excellentes conditions de sécurité, toutes sortes de marchandises fragiles, en les empilant en très grandes quantités dans des bateaux : ce qu'on appellera en anglais une *box* et en français un « conteneur ». Une innovation modeste, et pourtant absolument majeure, qui va rendre possible la formidable croissance mondiale des Trente Glorieuses[73].

Moins de cinq ans après la fin de la guerre, en 1949, Keith Tantlinger, un ingénieur américain employé d'une entreprise de transport routier, la Fruehauf Trailer Corporation, bricole une grande caisse métallique pour y entasser et fixer des marchandises complexes (automobiles, machines-outils, équipements ménagers, produits pharmaceutiques et autres produits empaquetés) sans avoir à les démonter. Il conçoit cette caisse, cette « boîte », pour qu'elle puisse être embarquée dans un bateau, arrimée par des attaches à d'autres boîtes identiques, et utilisée à l'arrivée comme une remorque de camion. Détail essentiel : Tantlinger conçoit sa boîte de telle façon qu'on puisse en empiler un grand nombre dans la cale d'un bateau[73].

Son initiative reste sans lendemain : le coût de sa *box* se révèle trop élevé pour qu'elle puisse être utilisée de manière commercialement rentable. Tantlinger ne renonce pas, et cherche un partenaire pour améliorer son idée. Cinq ans plus tard, en 1954, il rencontre un transporteur routier américain, Malcolm McLean, qui vient d'acheter une entreprise de transport maritime, la Pan-Atlantic, possédant 37 navires et un accès à 16 ports différents, pour sécuriser l'approvisionnement de ses camions. Ils conçoivent ensemble un conteneur de 10 mètres de long, soit environ 30 pieds, adapté à la taille des cales des deux pétroliers que la Pan-Atlantic vient d'acquérir[73]. Devant le succès de l'opération, deux ans plus tard, en 1956, ils lancent la fabrication de 200 de ces conteneurs. Cela fonctionne très bien. En 1958, ils font construire des cargos spécialisés pouvant transporter chacun 226 conteneurs. En 1960, ils réduisent la longueur de ces derniers à 20 pieds, soit 7,5 mètres, ce qui devient l'unité de compte des conteneurs (qu'on nomme aussi EVP, « équivalent vingt pieds »).

D'autres transporteurs suivent ; des cargos de 200 mètres de long sont alors réaménagés en porte-conteneurs, pouvant accueillir jusqu'à 800 EVP.

En 1967, l'Organisation internationale de normalisation propose aux constructeurs de se limiter à trois types de conteneurs de 20, 30 et 50 pieds de long, et de 8 pieds de large. Ces normes sont vite adoptées par l'ensemble des armateurs et deviennent la règle pour tous les bateaux.

La généralisation de la « boîte »

L'usage des conteneurs décolle vraiment avec la guerre au Vietnam : ils y sont utilisés pour le transport d'armes et d'équipements depuis la Californie et l'État de Washington jusqu'au Vietnam ; les voyages de retour sont rentabilisés en rapportant aux États-Unis des produits japonais, qui commencent à devenir très concurrentiels.

On construit alors des bateaux spécialement conçus pour transporter des conteneurs – et pas seulement en soute : l'équilibre de ces grands bateaux est tel qu'ils peuvent maintenant en empiler jusqu'à trois étages au-dessus du pont. On en construit partout dans le monde. En 1973, le plus grand porte-conteneurs du monde est le premier porte-conteneurs français, le *Kangourou*, avec une capacité de 3 000 EVP, d'une longueur de 228 mètres et pouvant transporter 15 000 tonnes de marchandises.

Au cours des années 1970, les vraquiers sont de plus en plus remplacés par des porte-conteneurs. En 1977, la dernière route exclusive des vraquiers, entre l'Afrique du Sud et l'Europe, est empruntée par des porte-conteneurs.

En 1988, de nouveaux porte-conteneurs, dits « de type Panama Class », ont une capacité de 5 000 EVP et mesurent jusqu'à 290 mètres. Puis sont lancés en 1990 les « Post Panama », qui peuvent transporter jusqu'à 6 000 EVP. Ensuite viennent en 1996 les « Post Panama Plus », avec une capacité de 8 000 EVP et mesurant 335 mètres. Dix ans plus tard, en 2006, certains porte-conteneurs ont une capacité de 19 000 EVP et une longueur de 380 mètres.

En 2017, le plus grand porte-conteneur du monde, l'*OOCL Hong Kong*, mesure 400 mètres pour une capacité de 21 413 EVP, soit environ dix étages de conteneurs au-dessus du pont. Soit 100 fois plus que le premier porte-conteneurs, construit soixante ans plus tôt. Beaucoup moins de bateaux sont nécessaires, pour beaucoup plus de marchandises transportées.

Parallèlement au développement des porte-conteneurs, les autres types de navires de commerce s'agrandissent, avec des coques en métal de plus en plus renforcé et des moteurs de moins en moins consommateurs de pétrole. Le plus grand vraquier du monde (*Vale Brasil*) mesure 362 mètres et peut transporter jusqu'à 402 000 tonnes de céréales. Le plus grand pétrolier (*Ti Oceania*) mesure 380 mètres et peut transporter 500 000 mètres cubes de pétrole brut. Le plus grand méthanier mesure 345 mètres et peut transporter 266 000 mètres cubes de gaz.

Selon l'UNCTAD, en 2017, la marine marchande mondiale comprend 89 423 navires, dont 19 534 cargos, 9 300 pétroliers, 10 461 vraquiers, 5 132 porte-conteneurs et 44 000 autres navires (dont les méthaniers, les bateaux frigorifiques, les rouliers, les bitumiers, les ferries, les câbliers, les remorqueurs ou encore les navires de recherche).

Un commerce mondial maritime plus florissant que jamais

Ainsi, grâce au conteneur, la croissance du commerce maritime n'a pas cessé pendant toute cette période : on est passé de 2,6 milliards de tonnes transportées sur les mers en 1970 à 6 milliards en 2000, et 11 milliards en 2017.

La mer n'a pas pour autant empêché le développement de l'usage de l'avion, pour transporter des marchandises de haute valeur ajoutée (cosmétiques, textiles, produits chimiques ou pharmaceutiques, pièces détachées de l'industrie aéronautique) et des produits frais (animaux vivants, fruits et légumes, presse et fret postal). De fait, le fret aérien transporte chaque année 50 millions de tonnes de marchandises. Le pétrole, lui, est transporté à 75 % par voie maritime, 16 % par voie terrestre et 9 % par les pipelines.

Au total, la valeur mondialement transportée l'est pour plus de la moitié par la mer, un tiers par l'aérien et le reste par voie terrestre.

Cela s'explique par la compétitivité exceptionnelle de la mer : en 2017, le transport maritime est 100 fois moins cher que l'aérien et 10 fois moins cher que le routier ; 25 tonnes transportées de Shanghai à Londres par la mer coûtent moins cher qu'un billet de seconde classe en avion pour la même destination pour une seule personne. Pour un téléviseur de 1 000 dollars vendu à Anvers et venant de Shanghai, on compte seulement 10 dollars de transport par voie maritime, contre 70 dollars par voie aérienne.

Le triomphe des ports du Pacifique

L'apparition des porte-conteneurs pousse les ports les plus clairvoyants à se doter très vite de moyens logistiques adaptés : grues pour décharger les conteneurs, lieux pour les stocker, plates-formes multimodales pour les envoyer sur des trains ou des camions, réseaux routiers et ferroviaires rapides et commodes vers un arrière-pays où se trouvent les consommateurs. L'ensemble étant automatisé, puis digitalisé.

Les premiers ports à se transformer ainsi, dans les années 1960, sont les ports dominants à la sortie de la Seconde Guerre mondiale : New York, Virginia, Charleston, Felix Stowe, Seattle, Londres, Liverpool, Glasgow, Rotterdam, Anvers, Hong Kong, Singapour, Sydney, Melbourne. D'autres, comme les ports français du Havre et de Marseille, ne prennent pas conscience de ce qu'implique cette révolution et se concentrent sur l'accueil des navires transporteurs de pétrole ; ils encombrent leurs arrière-pays avec des raffineries occupant l'espace qui aurait dû être consacré à des voies ferrées, à des canaux, à des autoroutes, pour acheminer les conteneurs vers les marchés intérieurs.

En 1970, la route transatlantique demeure dominante dans les échanges mondiaux et l'on trouve encore trois ports britanniques et quatre ports américains parmi les dix premiers mondiaux.

Dans les années 1980, avec la montée des exportations venues du Japon, puis de la Corée et de la Chine, tout bascule : le Pacifique l'emporte sur l'Atlantique. Les ports de Los Angeles, Singapour et Hong Kong dominent les nouvelles routes vers l'Asie et deviennent les premiers du monde.

En 1986, les ports d'Asie prennent le pouvoir : Singapour devient le premier port mondial en termes de nombre de conteneurs et de tonnage, suivi par des ports japonais (Yokohama) et coréens (Busan).

À partir des années 1990, les ports chinois (hors Hong Kong) émergent, pour devenir vers 2000 les leaders de la réception et de l'envoi des conteneurs : Shanghai reçoit par la terre de ses usines, et renvoie par la mer vers les consommateurs du monde, 5 millions d'EVP en 2000 et 18 millions en 2005, ce qui en fait à cette date le premier port mondial en nombre de conteneurs et en tonnage. Los Angeles n'est plus, cette année-là, que le 8e port mondial (5 millions d'EVP).

En 2017, les cinq plus grands ports du monde sont tous sur la rive asiatique du Pacifique : Shanghai (36,5 millions EVP), Singapour (31 millions EVP), Shenzhen

(24 millions EVP), Ningbo-Zhoushan (20,6 millions EVP) et Hong Kong (20 millions EVP). Dans ces ports arrivent des usines chinoises, en camion, et repartent en bateau l'essentiel des marchandises qui se répartissent ensuite dans le monde entier.

En 2017, le premier port américain, celui de la Louisiane du Sud, n'est plus que le 15e port mondial avec 265 millions de tonnes échangées, loin derrière le port de Ningbo-Zhoushan (Chine) et ses 889 millions de tonnes. Le 2e port américain est celui de Houston. Los Angeles est, en 2017, bien au-delà de la 20e place (avec 8 millions d'EVP). New York, premier port mondial jusqu'en 1960, n'existe quasiment plus aujourd'hui. En Europe, le triptyque « hanséatique » (Rotterdam-Anvers-Hambourg) reçoit la grande majorité des marchandises arrivant d'Asie ; ce sont les trois seuls ports européens dans les vingt premiers du monde (respectivement 13e, 15e et 18e). Mais avec un niveau d'activité relativement faible : les cinq plus importants ports européens ont un trafic total inférieur à celui du seul port de Shanghai. Le port de Londres est devenu un port de moindre importance, dépassé en Grande-Bretagne par Felix Stowe et Southampton. Le premier port africain, Port-Saïd en Égypte, à l'entrée du canal de Suez, est en 48e position, juste devant le nouveau port de Tanger-Med au Maroc. Le premier port latino-américain est le brésilien Santos, en 41e position. Le port du Havre est 65e ; celui de Gênes, 70e ; celui de Barcelone, 71e ; Marseille, au-delà de la 100e place.

Au total, pour la première fois dans l'histoire, la nation la plus puissante économiquement et militairement n'est plus celle qui domine économiquement la mer. Cela ne pourra pas être sans conséquences à moyen terme sur l'évolution géopolitique du monde. Nous y reviendrons.

L'industrie navale devient aussi asiatique

Qui construit ces bateaux ? Là encore, les Américains ne dominent plus.

À partir de 1950, les chantiers navals américains et britanniques sont supplantés par ceux du Japon et de Corée du Sud. En 2005, ces deux pays assurent 40 % de la construction navale mondiale. En 2010, la Chine devient le premier constructeur naval mondial ; en particulier, les principales entreprises de construction de conteneurs sont chinoises : CIMC et Singama. La Corée du Sud construit 50 % des porte-conteneurs et plus de 60 % des pétroliers ; viennent ensuite les Chinois et les Japonais.

La construction des navires de pêche est dominée par le Japon, où elle est très subventionnée. Les Chinois sont deuxièmes, et en voie de devenir les premiers, sur ce marché aussi.

Environ 90 % des navires de croisière sont construits en Europe ; 24 l'ont été entre 2012 et 2016. Par exemple, le *Royal Caribbean*, qui mesure 362 mètres, est construit en Finlande et en France (Saint-Nazaire), pour le compte d'un organisateur américain de croisières.

Enfin, l'Europe conserve encore aussi sur son sol les trois principales entreprises mondiales d'armement naval, c'est-à-dire de transport de marchandises : la danoise Maersk, l'italienne Mediterranean Shipping Company et la française CMA-CGM se partagent l'armement de 37 % des capacités d'EVP mondiales.

L'armateur chinois COSCO est le quatrième armateur mondial de porte-conteneurs. La première puissance du monde semble vraiment avoir abandonné la mer. En tout cas, commercialement.

Le travail en mer devient asiatique

En 2017, 1,4 million de personnes travaillent dans la flotte marchande mondiale : 445 000 officiers et 648 000 matelots. Presque tous des hommes.

Sept des dix plus grands fournisseurs de matelots sont des pays d'Asie. Les cinq pays fournissant le plus de marins sont la Chine (141 807), la Turquie (87 743), les Philippines (81 180), l'Indonésie (77 727) et la Russie (65 000) ; puis viennent les États-Unis (38 454), la Grande Bretagne (23 193) et la France (13 696). Les Philippines investissent en 2010 dans la création de 100 écoles maritimes ayant pour objectif de former 40 000 marins par an ; et, sur les 16 milliards de dollars envoyés au pays par les expatriés philippins, 7 proviennent des travailleurs maritimes.

Les conditions actuelles du travail des marins restent, partout dans le monde, et comme depuis des millénaires, proches de l'esclavage : ils sont payés en moyenne 150 dollars par mois pour 14 à 16 heures de travail quotidien et entre 3 et 9 mois en mer. Sur certains bateaux de pêche asiatiques rôdant autour de l'Afrique, les marins restent à bord plus de deux ans, sauf s'ils réussissent à s'évader, parfois en coulant leur navire. Le BIT tente de faire appliquer sa convention du travail maritime de 2006, pour assurer une meilleure protection des marins, notamment sur l'âge, le recrutement, les contrats, les salaires et la durée de travail (en cherchant, par exemple, à imposer un minimum de 10 heures de repos par jour). Cette convention a été signée par les États les plus concernés comme la Chine, les Philippines, l'Indonésie, le Panama, le Liberia, la Russie ou les Bahamas. Mais ces règles sont facilement détournées par les pavillons de complaisance. La moitié de la flotte mondiale de marine marchande navigue d'ailleurs désormais sous un pavillon de complaisance. Parmi les dix principaux employeurs des gens de mer, 25 % ont un pavillon panaméen, 17 % bahamien et 11 % libérien, pays qui ont des réglementations infiniment moins contraignantes sur la sécurité à bord. Scandale absolu d'une mondialisation sans règles de droit.

Les câbles sous-marins, qui font encore l'essentiel du transport des données, restent américains

Comme les conteneurs assurent encore l'essentiel du transport des marchandises, les câbles sous-marins assurent encore l'essentiel du transport des données ; même si des satellites sont parfois nécessaires pour les transporter ou les recevoir. Et, là, les Américains conservent le pouvoir.

En 1956, le premier câble téléphonique à technologie coaxiale est posé dans l'Atlantique (une ligne de transmission asymétrique utilisée en haute fréquence). À partir de 1962, ces câbles sont concurrencés, pour les liaisons téléphoniques, par les satellites. Mais la concurrence ne tient pas, sauf pour les zones les plus continentales et les plus rurales ; et les câbles sous-marins gardent leur quasi-monopole à l'échelle planétaire.

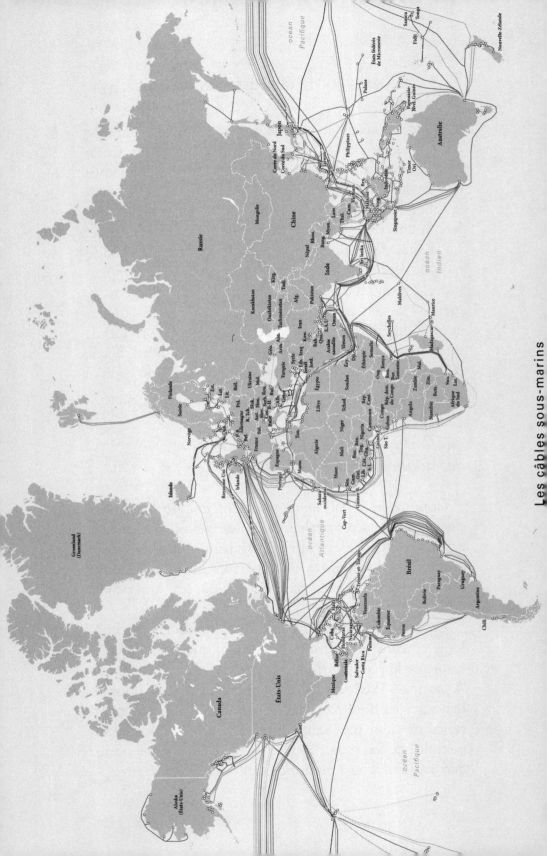

Les câbles sous-marins

À ce moment, la production de ces nouveaux câbles passe de firmes anglaises à des firmes américaines : à partir de 1988, le premier câble à fibre optique est posé en Atlantique par des Américains, avec une capacité de 560 mégabits, permettant pour la première fois de faire passer les images.

Cette technologie joue le même rôle que le conteneur dans le transport des marchandises : elle permet à la mer de garder l'essentiel du transport des données.

En 1999 est mis en service Bea-Me-We3, premier câble à fibre optique reliant l'Europe à l'Inde et au Japon, permettant de faire passer la couleur.

Puis c'est par là qu'à partir de 1995 commencent à circuler les données et l'Internet, qui occupe bientôt l'essentiel du trafic de données.

En 2017, il existe 263 câbles sous-marins, d'une longueur totale d'un million de kilomètres, par lesquels transitent la quasi-totalité des échanges Internet, 95 % des communications et des images mondiales. Treize de ces câbles traversent l'Atlantique et sont propriété américaine ; la majorité des autres sont assez courts, notamment entre les États insulaires d'Asie du Sud-Est et d'Océanie. Certains sont posés jusqu'à plus de 8 000 mètres de profondeur. Comme ils restent très vulnérables aux rencontres avec les ancres et les filets de pêche, qui provoquent 70 % des ruptures annuelles, ils sont progressivement enterrés.

Les États-Unis semblent donc avoir compris avant les autres que l'essentiel de la richesse viendra du transport des informations, et non plus de la matière ; ils ont abandonné le commerce des marchandises à des puissances pour l'instant secondaires, pour garder – toujours en mer, mais cette fois sous la mer – le contrôle du transport des marchandises de demain, les données.

Des multinationales des télécommunications asiatiques tendent à s'investir davantage dans le câblage des mers, asiatiques d'abord, puis mondiales. Ainsi, l'équipementier chinois Huawei crée en 2008, avec la société britannique Global Marine Systems, une filiale, Huawei Marine, spécialisée dans la pose, l'entretien et l'amélioration des câbles sous-marins, qui pourrait vite s'imposer comme leader mondial, grâce à l'explosion des communications en Asie. Elle pose de très nombreux nouveaux câbles. Même si ceux existants sont encore très sous-utilisés : par exemple, on n'utilise que 20 % de la capacité des treize câbles traversant l'Atlantique.

Les industries de la mer

La mer devient aussi un lieu d'exploitation industrielle de ressources. La production pétrolière sous-marine représente aujourd'hui 30 % de la production pétrolière mondiale. Et 27 % de la production de gaz est offshore. Aujourd'hui, les forages pétroliers dépassent 2 000 mètres de profondeur. Ce n'est pas sans risques : en 2010, la plate-forme Deepwater Horizon a déversé par accident 750 millions de litres de pétrole dans le golfe du Mexique. On y reviendra.

On commence aussi à y exploiter l'or, le cuivre, le zinc, l'argent. D'autres industries, comme les biotech marines, ne font que balbutier.

Au total, la mer contribue pour 1 500 milliards de dollars à la valeur ajoutée brute mondiale, et 500 millions de personnes en vivent[162].

La huitième tentative française

À partir de 1958, avec le retour du général de Gaulle au pouvoir, commence une huitième tentative de faire de la France une nation maritime. Mais surtout militaire : l'État investit massivement dans sa marine de guerre, avec les porte-avions *Clemenceau* en 1961 et *Foch* en 1963, le croiseur porte-hélicoptères et navire-école *Jeanne d'Arc* en 1964, les six sous-marins lanceurs d'engins (SNLE) à partir de 1964.

En 1981 est créé un ministère de la Mer. En 1984 est fondé l'IFREMER. Le porte-avions *Charles de Gaulle* est commandé le 3 février 1986 et lancé le 7 mai 1994.

Pourtant, la marine marchande française décline : entre 1975 et 1995, le tonnage des navires marchands en construction est réduit de 65 % et les emplois dans les chantiers navals chutent de 32 500 à 5 800 personnes. Entre 1985 et 1995, la flotte de pêche passe de 13 000 à 6 500 navires, et le nombre de marins de 30 000 à 17 500. En 2016, il n'y a plus que 4 500 navires de pêche en France, dont la moyenne d'âge atteint 26 ans.

La France reste le deuxième constructeur mondial de bateaux de plaisance, et le premier en Europe. Des entreprises françaises sont leaders de ce secteur, comme Bénéteau dans la construction et Max Sea dans la cartographie électronique. La France est également leader mondial dans le marché de la planche à voile.

Enfin, la France ne joue presque aucun rôle dans le transport sous-marin des données, alors qu'elle joue encore un rôle significatif dans son transport par satellites, qui ne représente qu'une petite part des données à transmettre ; aucune entreprise française de pose de câbles sous-marins n'est encore un acteur mondial, même si plusieurs sont importantes, dont Orange Marine.

Existe aussi depuis peu un Cluster maritime français (CMF), véritable lobby économique et instrument de recherche avec l'Institut français de la mer (IFM).

Aujourd'hui, au total, le mer joue un rôle aussi important que méconnu dans l'économie française. L'économie maritime représente 14 % de la richesse nationale, soit trois fois plus que le secteur automobile, ce qui place l'économie maritime française au premier rang européen. La France dispose de la cinquième flotte mondiale en termes de tonnage. Et la mer fournit 300 000 emplois directs en France dans le tourisme, la pêche et les transports.

Le commerce illégal et criminel : une circulation facile

De fait, un tel développement mondial du commerce maritime n'aurait pas été possible sans la garantie d'une libre circulation de tous les navires commerciaux sur toutes les mers du monde. Elle est en théorie garantie désormais par la Convention sur le droit de la mer de Montego Bay, ratifiée en 2017 par 170 États. La sécurité des mers est assurée longtemps par les deux grandes puissances de la guerre froide, les États-Unis et l'Union soviétique. Depuis l'effondrement du bloc de l'Est, il n'y a pas de police internationale, et les États-Unis ne peuvent plus, seuls, à assurer la sécurité en mer aujourd'hui.

C'est d'abord par la mer que circule, en 2017, l'essentiel du trafic international de produits illégaux. Presque

10 millions de cigarettes sont exportées en contrebande chaque année dans des conteneurs. Quelque 90 % de la production d'héroïne de Colombie et 80 % de la cocaïne produite en Amérique du Sud sont transportés par bateau vers l'Amérique centrale ou les îles caribéennes. Le reste est expédié du Venezuela vers Lisbonne, Rotterdam, Barcelone et les ports de Guinée et du Nigeria pour remonter ensuite par la terre, à travers le Mali et le Niger. Le cannabis du Maroc arrive en Espagne par la mer *via* le détroit de Gibraltar. L'essentiel de l'héroïne afghane est acheminé vers les ports de la Méditerranée orientale ou de la mer Noire, par camion, avant d'être transféré par bateau vers l'Europe et les États-Unis. L'héroïne et les opiacés birmans sont convoyés par camion vers les grands ports de la côte chinoise par le Yunnan et sont ensuite transportés aux États-Unis par les navires de commerce du Pacifique.

Les trafiquants recourent à toutes sortes de bateaux : des porte-conteneurs, des navires de pêche remodelés, des vedettes très rapides, des semi-submersibles équipés de système d'autodestruction (notamment dans le Pacifique Est). De plus, la vétusté des cadenas utilisés sur les conteneurs permet aux trafiquants de cacher d'importantes quantités de drogue dans des conteneurs parfaitement légaux. Les drogues arrivent ainsi aisément dans un des 7 000 ports de la planète ; et même dans ceux équipés de scanners à rayons X, où de 5 à 10 % seulement des marchandises sont contrôlées.

La probabilité de se faire confisquer une cargaison de drogue est donc tellement faible que le risque d'en faire le trafic est de moins en moins important.

La piraterie et le terrorisme : deux obstacles dérisoires au commerce

La piraterie est, depuis l'an 2000, redevenue significative. À son pic, en 2011, 153 navires ont été pris d'assaut, 49 détournés, 1 052 membres d'équipage pris en otage. Quelques actions ont été et sont particulièrement symboliques et très visibles : en Indonésie, le groupe séparatiste Acheh prend des otages en mer ; au Nigeria, plusieurs groupes prennent des otages sur les plates-formes pétrolières ; en Somalie, des pirates attaquent, jusqu'à 1 000 milles des côtes, les navires se dirigeant vers Suez et réclament des rançons.

Face à ces pirates, les opérations de police, lorsqu'elles sont bien coordonnées internationalement, sont efficaces. Ainsi l'opération Atalante[185], lancée en 2008 dans l'océan Indien, avec la double mission d'escorter les navires qui arrivent de l'océan Indien vers le canal de Suez et de combattre les pirates qui rôdent le long des côtes. Elle rassemble d'une façon très coordonnée les marines de guerre d'un très grand nombre de pays, pour un coût annuel allant de 5 à 8 milliards de dollars entre 2008 et 2014. Elle a pratiquement éliminé les pirates : entre 2008 et 2014, leurs attaques sont descendues de 168 à 3. Il y en a eu une en 2016, mais elle n'a pas réussi. Au total, les pirates n'ont récupéré ces années-là qu'entre 200 et 300 millions d'euros. Preuve que, lorsqu'on le veut vraiment, un état de droit planétaire peut être mis en place.

Le terrorisme maritime est, lui, devenu rare, même si certaines attaques relativement anciennes ont marqué l'opinion. Ainsi, la prise d'otages en 1985 sur un bateau de croisière, l'*Achille Lauro*, provoqua deux morts et une grande émotion mondiale. On peut citer aussi des cas d'attaque de navigateurs solitaires ; d'une plate-forme pétrolière au Nigeria ; et d'un bateau américain, le *USS Cole*, à Aden au Yémen[133].

Au total, qui possède la mer ?

En principe, personne : il existe, depuis les écrits de Grotius au XVIIᵉ siècle, un droit de la mer garantissant le libre accès de tous à tous les océans. Ce droit est aussi fondé sur la coutume internationale, la jurisprudence des tribunaux et les avis de juristes internationaux. Selon cette jurisprudence, valide jusqu'en 1945, les États ne sont maîtres que de leurs eaux intérieures (lacs, fleuves, rivières) et territoriales (eaux très proches des côtes). Ils ont aussi un droit de contrôle de douane et police sur la zone contiguë (jusqu'à 24 milles des côtes), mais aucun droit sur le plateau continental et les eaux internationales[28].

Ce droit, à peu près appliqué pendant trois siècles (sauf durant les périodes de guerre), est remis en cause en 1945 par la découverte de pétrole sur le plateau continental des États-Unis, au-delà de leurs eaux territoriales.

Immédiatement, le nouveau président Truman déclare que ces ressources appartiennent aux États-Unis.

Quelques organisations internationales sont alors créées, avec des pouvoirs limités, pour tenter de mettre de l'ordre dans la navigation maritime et la propriété des mers. En 1948 est fondée l'Organisation intergouvernementale consultative de la navigation maritime (OMCI), devenue en 1958 l'Organisation maritime internationale (OMI). Elle réunit les 171 États ayant un accès à la mer, avec pour ambitieuse mission de « lutter contre la piraterie, réduire les émissions de gaz à effet de serre provenant des navires, créer un système de transport maritime durable et maintenir la sauvegarde de la vie humaine en mer ». Son action, malgré son très faible budget (moins de 60 millions d'euros), est assez efficace : les 171 États membres respectent approximativement les règles promulguées, notamment sur les signaux que doivent émettre les navires de la marine marchande. Elle a permis la création de 70 conventions de droit maritime, dont la convention MARPOL sur la pollution marine et la convention SOLAS sur la sécurité des navires.

S'impose alors une réflexion juridique sur la propriété des mers au-delà des eaux territoriales. En 1958, après des années de négociations, une Conférence des Nations unies sur le droit de la mer ouvre à la signature quatre conventions définissant les limites des eaux territoriales et de la zone contiguë ; les limites de la haute mer ; la pêche et la conservation des ressources biologiques en haute mer ; et la dimension du plateau continental. Ces conventions introduisent les notions de « zone économique exclusive » (ZEE), adjacente aux eaux territoriales, pouvant s'étendre jusqu'à 200 milles nautiques, et d'« eaux archipélagiques ». Sur ces eaux, les États riverains peuvent réclamer des droits particuliers. Mais rien de plus précis n'est décidé. Tout reste alors encore à négocier.

Sur un cas particulier, l'Antarctique, dont on sait qu'il regorge de ressources diverses (pétrole, métaux rares, etc.), une décision radicale est prise : le 1er décembre 1959, 12 pays (Afrique du Sud, Argentine, Australie, Belgique, Chili, États-Unis, France, Japon, Norvège, Nouvelle-Zélande, Royaume-Uni et URSS) signent un traité, aujourd'hui ratifié par 53 pays, protégeant l'Antarctique et le limitant à être une zone d'échanges scientifiques, prohibant toute exploitation de ressources et interdisant aux bases existantes de devenir militaires et à tout navire militaire d'y circuler.

En 1966, le président américain Lyndon Johnson lance un programme océanographique, affirmant que les États doivent protéger les grands fonds marins « qui sont et resteront l'héritage de tous les êtres humains ».

En 1973 commence à l'ONU une négociation pour préciser les concepts et les propriétés des territoires marins tels que définis dans les conventions de 1958. Plus précisément commence à New York la négociation d'une convention des Nations unies sur le droit de la mer (CNUDM) ; elle va durer dix ans.

Une convention est enfin signée en 1982 à Montego Bay, en Jamaïque, et elle entre en vigueur en 1994, après la ratification du 60e État, soit trente-six ans après les conventions qu'elle concrétise. Cette convention précise les limites des différentes zones : zone côtière ou eaux territoriales jusqu'à 12 milles marins (22 kilomètres) ; zone contiguë (24 milles marins depuis la limite des eaux territoriales), dans laquelle l'État côtier possède des « droits souverains aux fins d'exploration et d'exploitation, de conservation et de gestion des ressources naturelles, des eaux surjacentes aux fonds marins, des fonds marins et de leur sous-sol » ; zone économique

exclusive (ZEE), allant jusqu'à 200 milles marins, défi-
nie comme une zone de pêche et d'exploitation des
fonds marins du plateau continental par l'État riverain ;
enfin, la haute mer, ouverte à tous et que nul ne peut
exploiter pour son compte, qui recouvre 64 % de la
superficie des océans.

Un État côtier peut aussi prolonger le plateau
continental sous sa juridiction au-delà des limites
de 200 milles nautiques. Cette extension – jusqu'à
350 milles (650 kilomètres) maximum – concerne
uniquement le sol et le sous-sol marins, dans le pro-
longement naturel des terres émergées, les eaux restant quant à elles du domaine international. Dans ces
« zones de plateau continental », les États riverains
disposent de droits souverains pour l'exploitation des
ressources naturelles du sol et du sous-sol. Le plateau

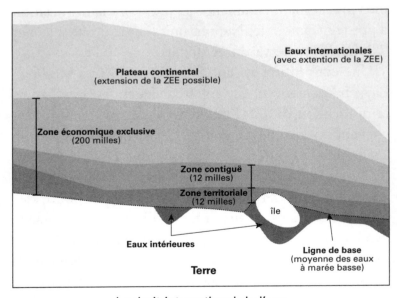

Le droit international de l'eau

continental se différencie donc de la ZEE qui inclut, elle, la colonne d'eau.

La CNUDM édicte aussi des droits et devoirs sur la mer, des règles sur la navigation, sur la responsabilité des États quant aux bateaux battant leur pavillon, sur la piraterie ou encore sur la coopération régionale. Elle crée également trois institutions : une administration de conseil juridique, un tribunal pour le droit de la mer et une commission sur la délimitation du plateau continental (CLCS). La CLCS a reçu 77 demandes et en a confirmé 19 ; elle est davantage une commission scientifique que juridique.

En 1991, un protocole additionnel au traité de 1959 consacre l'Antarctique comme une « réserve naturelle consacrée à la paix et à la science ». Toute pêche est interdite en mer de Ross, bordant le continent Antarctique, qui abrite 40 % des manchots Adélie, un quart des manchots empereurs, des baleines de Minke, des orques, des phoques et des léopards des mers. En 1994 y est aussi mis en place un sanctuaire baleinier, malgré l'opposition du Japon. La durée de validité de ce traité est une question.

En 1992, au sommet de Rio, est adoptée la Convention sur la diversité biologique, signée par 168 États, qui crée les « aires maritimes protégées » (AMP). Elles sont tout de suite 1 300.

En 1994 est instaurée, sous l'égide des Nations unies, à Kingston, en Jamaïque, l'Autorité internationale des fonds marins (AIFM) pour contrôler les activités relatives à la prospection et à l'exploration des fonds marins en eaux internationales, considérés comme un « bien commun de l'humanité ».

À la différence de l'Antarctique, l'Arctique n'est pas
protégé des exploitations et présences militaires. Un
Conseil de l'Arctique, créé en 1996, fonctionne comme
un « forum intergouvernemental » permettant seulement de se concerter, notamment sur les problèmes
liés à la protection de l'environnement. Il est composé
des cinq pays limitrophes, plus la Suède, l'Islande et
la Finlande. Six pays ont un poste d'observateur permanent : France, Chine, Japon, Royaume-Uni, Italie
et Pays-Bas. L'Union européenne et la Chine y revendiquent aussi un poste d'observateur permanent, alors
que la Russie ne veut pas que l'UE ait une voix sur les
questions de souveraineté de l'Arctique. D'autres États,
comme l'Inde ou la Corée du Sud, ont également un
rôle consultatif dans le Conseil. De plus, des associations autochtones de la région (Inuit au Canada, aux
États-Unis et au Groenland, Tchouktches et Evenks
en Russie, Samis en Scandinavie) souhaitent participer
aux débats.

Enfin ont été adoptés en 2016 les objectifs des
Nations unies pour le développement, dont le 14e vise
explicitement à « conserver et exploiter de manière
durable les océans ».

Beaucoup de pays ayant signé tous ces textes ne les
appliquent pas ou n'ont pas l'intention de les respecter.
Ainsi, l'Australie défend la liberté de navigation pour
ses bateaux sur les côtes de l'Indonésie, de Singapour
ou des Philippines, mais limite l'accès à ses propres
eaux aux bateaux des autres pays. Les États-Unis ne
les ont pas signés, même s'ils respectent, pour l'instant, la grande majorité des principes de ces textes.
Les conditions de travail des marins ne sont presque

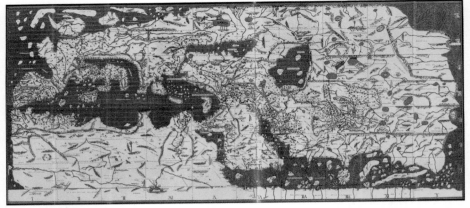

▲ 3. Copie de la *Tabula Rogeriana*
créée par Muhammad al-Idrissi en 1154

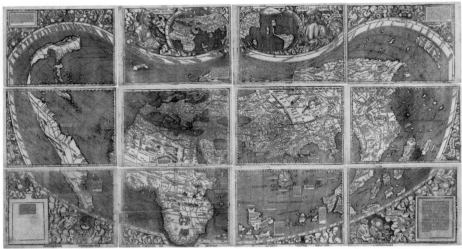

▲ 4. Planisphère de Waldseemüller, 1507

▲ 5. Pieter Brueghel l'Ancien (attribué à),
Bataille navale dans le golfe de Naples, 1556

◀ 6. Rembrandt van Rijn,
*Le Christ dans la tempête
sur la mer de Galilée*, 1633

▶ 7. Ludolf Bakhuisen,
Amsterdam, vue du Mosselsteiger, 1673

◀ 8. Théodore Géricault,
Le Radeau de La Méduse,
1818-1819

▶ 9. Katsushika Hokusai,
La Grande Vague de Kanagawa,
vers 1829-1833

◀ 10. Auguste Mayer,
*Scène de la bataille
de Trafalgar*, 1836

▶ 11. William Turner,
*Le Dernier Voyage
du Téméraire*, 1839

磯投て
西海よおりくと
まへる
其うら鐘塞乃
さりく
ごとく魔残わけて
ふきく
船人をそぞ引込
いきミ
てらふぞぞ

�◀ 12. Takehara Shunsen,
Ehon hyaku monogatari.
Isonade, 1841

▶ 13. Kikuchi Yosai,
La Flotte mongole
détruite par le typhon, 1847

▲ 14. Gustave Courbet,
La Mer en automne, 1867

► 15. Gustave Doré,
*L'Albatros étant alimenté
par les marins*, 1876

◀ 16. Claude Monet,
Mer agitée à Étretat, 1883

▼ 17. Ivan Aïvazovsky,
La Vague, 1889

◀ 18. Paul Gauguin,
Fatata te Miti, 1892

▲ 19. Henri Matisse, *Les Trois Baigneuses*, 1907 © Succession Henri Matisse

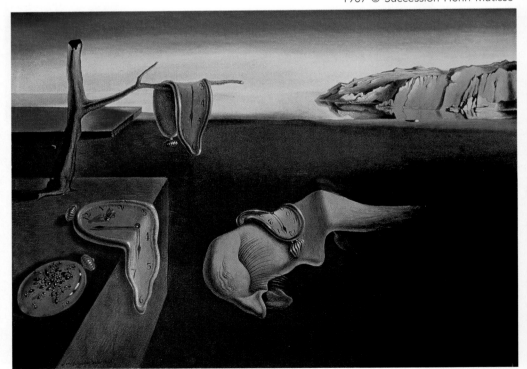

▲ 20. Salvador Dalí, *Persistance de la mémoire*, 1931
© Salvador Dalí, Fundació Gala-Salvador Dalí / Adagp, Paris 2017

pas protégées. Nul ne défend la mer contre l'avidité croissante des pêcheurs.

On verra plus loin combien la mer est menacée par ceux qui s'apprêtent à violer ces accords internationaux.

Chapitre 7

Aujourd'hui, la pêche

La mer n'est évidemment pas qu'un lieu de commerce. C'est avant tout, et depuis l'aube des temps, un lieu de pêche. C'est même, au moins en partie, pour y trouver de la nourriture que les hommes ont osé se lancer sur les fleuves, puis sur les océans, avec des barques et des radeaux, des piques et des filets, en pilleurs de ce que leur offre la nature.

En 2017 encore, les humains se comportent avec la mer, pour l'essentiel, comme il y a 100 000 ans : en cueilleurs sauvages, ne se préoccupant ni de protéger les lieux de reproduction des poissons, ni d'épargner les espèces menacées. Et, comme cela ne suffit pas, ils construisent désormais des bateaux-usines, lancent des filets de plus en plus grands et élèvent des poissons hors de la mer, d'une façon industrielle, comme du bétail en batterie.

La population actuelle
des mers et des océans

Le peuplement actuel de la mer, résultat d'une évolution de plus de trois milliards d'années de la vie, est
d'une extraordinaire variété : au début de la chaîne alimentaire, il y a, on l'a vu, le phytoplancton, qui absorbe
la lumière du soleil et fabrique, avec le CO_2 et l'eau,
les sucres dont il se nourrit et une partie de l'oxygène
que respirent les autres êtres vivants[28].

Ce phytoplancton est ensuite consommé par d'autres
êtres vivants, plus sophistiqués, regroupés sous le nom
de « zooplancton » (virus, bactéries, micro-algues,
corail, cellules reproductrices, larves de poissons, micro-
crustacés et en particulier le krill), qui représentent plus
de 95 % de la biomasse marine. Le krill, crevette rose
de quelques centimètres, très riche en protéines et en
oméga 3, vit à 3 000 mètres de profondeur dans l'océan
Austral, en essaims pouvant atteindre 100 kilomètres de
long. Sa biomasse totale est d'environ 500 millions de
tonnes (soit le même poids que l'espèce humaine et la
moitié du poids de la totalité des êtres marins).

Le zooplancton est à son tour consommé par les
mollusques, les éponges, les méduses, les arthropodes,
les amphibiens, les poissons, les échinodermes et les
mammifères marins.

On trouve aussi, en grande profondeur, des espèces
que l'on pensait disparues depuis longtemps, tels les
Cœlacanthes, les Liparidae, les Abyssobrotula galatheae,
ou les Chauliodus Sloani.

Au total, il y aurait aujourd'hui environ un milliard
de tonnes d'êtres vivants dans la mer, soit le double du

poids de l'espèce humaine. Donc beaucoup moins que le poids de l'ensemble des êtres vivants terrestres. À la différence de ces derniers, la quasi-totalité des êtres marins sont comestibles par les hommes – à quelques exceptions près, comme les méduses, les balistes, les poissons-ballons, les poissons-lunes et les carangues.

Que pêche-t-on ?

Les espèces historiquement les plus pêchées dans le monde sont les poissons bleus (sardine, hareng, anchois, maquereau, lieu et thon) et le tilapia, poisson d'eau douce.

Certaines religions interdisent de manger certains poissons : ainsi, l'hindouisme prohibe la consommation de tout poisson, comme de toute viande ; le judaïsme proscrit les poissons sans écaille et sans nageoires, et tout fruit de mer ; l'islam exclut tout poisson qui n'a pas été capturé vivant. Certaines cultures consomment avec gourmandise des êtres marins qui en rebutent d'autres : ainsi, beaucoup d'Occidentaux auraient le plus grand mal à manger le poulpe vivant, dont raffolent les Coréens ; le fugu, ou poisson-globe, est interdit en France alors qu'au Japon des chefs disposant d'une licence spéciale peuvent le cuisiner. Enfin, 38 millions de requins sont tués illégalement chaque année pour leurs seuls ailerons, surtout par les Chinois.

La Chine est le principal producteur, consommateur et exportateur mondial de produits de la pêche, devant la Norvège, le Vietnam et la Thaïlande. Les plus grands importateurs sont l'Union européenne, les États-Unis et le Japon.

Les zones de pêche les plus exploitées sont l'Atlantique Nord (sud Islande et mer du Nord), l'Atlantique Sud (au large de l'Afrique de l'Ouest), le Pacifique Nord (mer de Behring et Kouriles), le Pacifique Centre-Ouest et l'océan Indien Est. On pêche principalement l'anchois dans le Pacifique Sud-Est ; le lieu ou le colin d'Alaska, dans le Pacifique Nord ; le hareng, dans l'Atlantique Nord-Est et Nord-Ouest.

Au total, la production de la pêche en mer est passée de 20 millions de tonnes (Mt) en 1950 à 95 Mt en 2016, quantité stable depuis 2008. L'Asie orientale représente 52 % des prises mondiales ; la Chine produit 17 Mt, l'Indonésie 4,8 Mt, le Japon 4,2 Mt. En plus, chaque année, des millions de tonnes de poissons sont rejetés à l'eau, morts ou presque.

Comment pêche-t-on ?

En 2017 circulent 4,6 millions de bateaux de pêche, dont les trois quarts sont en Asie (700 000 en Chine) et seulement 65 000 en Europe. Environ 4 millions de ces bateaux ont des longueurs hors tout (LHT) inférieures à 12 mètres. Seuls 64 000 ont une LHT de plus de 24 mètres. Un tiers de ces navires ne sont pas encore motorisés. Les plus sophistiqués s'équipent de radar, de sonar, et d'équipements frigorifiques. Des navires-usines traitent eux-mêmes les poissons qu'ils pêchent. Selon Greenpeace, 1 % de la flotte mondiale, constituée de ces bateaux-usines, représente 50 % des prises annuelles de poissons. Après traitement, les déchets sont rejetés en mer.

Par exemple, les navires qui pêchent le krill sont des usines flottantes dans lesquelles le krill est transformé à bord en huile et en farine pour l'aquaculture.

Les palangriers (navires pêchant avec une ligne équipée d'hameçons) posent chaque année 1,4 milliard d'hameçons dans les océans. Certains filets de navires de pêche mesurent jusqu'à 23 000 mètres carrés, soit quatre stades de football, et ils peuvent récupérer à chaque fois jusqu'à 500 tonnes de poissons. Et les États grands consommateurs subventionnent massivement leur pêche, ce qui encourage ces projets de plus en plus démesurés. Au détriment des petits pêcheurs locaux. En Mauritanie, les petits bateaux côtiers ne rapportent plus que 3 kilos à l'heure, contre 20 en 2005 ; tout étant capté par d'immenses chalutiers japonais, coréens et chinois, qui ne respectent en rien les règles internationales et viennent épuiser la mer de ses réserves, jusqu'à proximité des côtes africaines, avec des bateaux-usines où les équipages restent parfois deux ans.

En 1960, on pêchait autour de 100 mètres de profondeur ; de 300 mètres en 2017. Se développe même la pêche en eaux très profondes, qui n'est interdite au-delà de 800 mètres que dans la seule Union européenne.

L'épuisement des réserves de pêche

Bien des espèces de poissons sont surexploitées, c'est-à-dire qu'on en pêche plus que ce que produit le renouvellement naturel de l'espèce : 40 % des stocks halieutiques sont classés comme surexploités.

Parmi ces espèces : le hareng Nord-Atlantique, l'anchois du Pérou, le pilchard de l'Atlantique austral, le

thon, la morue, le poisson-empereur ; les poissons péla-
giques (poissons qui vivent près de la surface, comme
les sardines, les anchois ou les harengs) sont tous
exploités au maximum ou surexploités. Par exemple,
près de 61 000 tonnes de thon ont été pêchées en
2013, alors que l'exploitation maximale devait être de
10 000 tonnes ; 41 % des thons sont exploités à un
niveau « biologiquement non durable » depuis 2013.
On pêche aujourd'hui 500 000 tonnes de morue par
an, contre 200 000 en 1960, ce qui était considéré
alors comme un maximum. Le maquereau Atlantique
et Pacifique est exploité au maximum dans le Pacifique
Est et surexploité dans le Pacifique Nord-Ouest. En
Méditerranée et en mer Noire, les merlus, les soles et les
rougets sont surexploités, et seulement 59 % des stocks
sont exploités à un niveau « biologiquement durable ».

Sans compter les espèces dont la pêche est interdite
et qui sont pourtant massacrées : chaque année, environ
100 millions de requins sont pêchés, surtout autour de
la Chine, de l'Indonésie, de l'Inde et de l'Espagne[187].
Quelque 1 500 baleines ont été pêchées en 2009, 1 179
en 2013 et 300 encore en 2016 (au Japon, en Islande
et en Norvège), malgré une Convention internationale
pour la réglementation de la chasse à la baleine, créée en
1946, qui a interdit la chasse à la baleine en 1986. Il y a
en 2017 environ dix fois moins de baleines qu'en 1800.

De nouvelles espèces sont pêchées en très grande
profondeur (entre 900 et 1 800 mètres), notamment le
poisson-empereur.

L'aquaculture

Pour satisfaire la demande, se développe la production de poissons d'élevage en eau de mer ou en eau douce. Selon la FAO, l'aquaculture est passée de moins d'un million de tonnes en 1950 à plus de 60 millions de tonnes en 2017, dépassant alors la production mondiale de poissons de capture. Cette production a lieu à 80 % en Asie (dont 90 % en Chine). Les principaux pays aquacoles sont la Chine, l'Indonésie, l'Inde, le Vietnam, la Corée, loin devant les pays européens et les États-Unis.

À 85 %, l'aquaculture concerne six poissons : carpe, tilapia, chanos, poisson-chat, saumon, anguille. En particulier, 4,3 millions de tonnes de tilapia (sorte de carpe, poisson d'eau douce originaire d'Afrique) sont produites chaque année dans plus de 100 pays, surtout la Chine, l'Égypte, le Brésil, l'Indonésie et les Philippines.

Plus d'un tiers des productions de l'aquaculture est utilisé pour nourrir les autres produits de l'aquaculture : pour produire 1 kilo de saumon en aquaculture, il faut 5 kilos de poisson. Pour obtenir 1 kilo de thon rouge, il faut de 8 à 10 kilos de poisson. Certaines espèces de poissons normalement herbivores, comme la carpe, sont nourries par des produits de l'aquaculture.

La farine de poisson, principalement produite en Amérique du Sud (Pérou et Chili), sert aussi à nourrir le bétail, les chats et chiens : 22 % de la production mondiale de farine de poisson alimente les cochons, et 14 % les volailles.

L'économie de la pêche

Les produits de la mer et de l'aquaculture représentent en 2017 environ 17 % des protéines animales consommées par l'humanité, et jusqu'à 70 % de la consommation dans certains pays côtiers. Et elle est en augmentation : la consommation moyenne de poisson par être humain et par an est passée de 9,9 kilos en 1960 à 20,1 kilos en 2016. Avec de grandes variations selon les pays : un Islandais, qui détient le record, en consomme en moyenne 91 kilos par an ; un Espagnol 40, un Français 34, un Sénégalais 26, un Chinois 24, un Américain 18, un Congolais 6, un Bulgare 4 et un Nigérien 3.

La pêche fait vivre, directement et indirectement, de 10 à 12 % de la population mondiale, en grande majorité en Asie. Le nombre de pêcheurs et d'aquaculteurs dans le monde est passé de 31 millions (4 millions d'aquaculteurs et 27 millions de pêcheurs) en 1990 à 55 millions (16 millions d'aquaculteurs et 39 millions de pêcheurs) en 2016 : 48 millions sont en Asie (où l'on trouve 86 % des pêcheurs et 97 % des aquaculteurs mondiaux), 4 millions en Afrique, 3 millions en Amérique latine, 634 000 en Europe et 342 000 en Amérique du Nord.

La valeur du commerce mondial des produits de la mer est passée de 8 milliards de dollars en 1976 à 130 milliards en 2016, soit une croissance moyenne de 8,3 % par an. En raison de leur rareté, certains poissons ou crustacés, tels le bar de ligne, le thon rouge et le homard, sont de plus en plus chers. En 2016, le prix mondial du maquereau a augmenté de

35 % ; celui du saumon norvégien, de 45 % ; celui de la sardine, de 49 %.

Au total, la pêche ne représente cependant qu'une part infime (0,13 %) du PIB mondial ; 1,26 % du PIB de l'Afrique, mais plus de 6 % du PIB de certains pays comme le Sénégal, les Comores et la Namibie[162].

La pêche, à la fois dérisoire et vitale, est essentielle à la survie matérielle de l'humanité.

Et plus encore à sa culture.

Chapitre 8

La mer comme source
de l'idéologie de la liberté

« Certaines contrées ont été dessinées sur un plan plus heureux, mieux découpées en golfes et ports, mieux limitées de mers et de montagnes, mieux percées de vallées et de fleuves, mieux articulées, si j'ose dire, c'est-à-dire plus capables d'accomplir tout ce qu'en voudra tirer la liberté. »

Michelet, *Introduction
à l'histoire universelle*, 1850.

La mer n'est pas seulement, depuis toujours, un lieu de cueillette, d'aventure, de découverte, d'échange, de richesse et de pouvoir. Elle est avant tout une source culturelle majeure de l'humanité. La source essentielle, sans doute. Et, pour employer de grands mots, devenus suspects de nos jours, elle est à l'origine de la principale utopie des hommes, de leur principale idéologie, celle de la liberté, dont elle enseigne la grandeur, l'ivresse et les tragédies. Des hommes, plus que des femmes, car, depuis l'aube des temps, la mer est, on l'a vu, le royaume des hommes. Et la liberté est leur quête, avant de pouvoir être aussi celle des femmes. Les femmes naviguent peu. Elles étaient jusqu'ici rarement sur les bateaux, sinon comme passagères ; et leur présence actuelle sur la mer, de plus en plus visible, constitue une excellente mesure du progrès de la liberté pour tous.

Quand l'humanité était nomade, la mer était le lieu extrême de ce nomadisme ; et les risques encourus y étaient mille fois plus élevés que dans le pire des déserts : sur la mer, tout accident est mortel, toute erreur est fatale. Plus encore que le désert[10], elle est le lieu de l'aventure, de l'audace, du choix, de la liberté. À la différence du désert, elle est essentielle à la puissance de l'homme[9].

Aussi les qualités nécessaires pour la parcourir forment-elles peu à peu une conception de la survie, de la réussite, de l'éthique, de la vie, du monde, qui s'impose à ceux qui la traversent, qui la côtoient, ou qui en vivent. Et comme ceux-là, on l'a vu, dominent le monde, c'est en mer que se constitue l'idéologie des vainqueurs.

C'est aujourd'hui aussi en mer que se décante et s'élabore l'éthique de la modernité ; elle conduit, tout naturellement, à privilégier cette valeur plus que toute autre, qui va faire son chemin dans l'histoire humaine, jusqu'à l'emporter sur toutes les autres et façonner toutes les civilisations d'aujourd'hui : le désir de liberté.

La mer comme lieu d'apprentissage des exigences de la liberté

Les sédentaires, sur la terre ferme, ont besoin de routine : ils espèrent le retour des saisons, la venue de la pluie, la régularité des vents. L'expérience leur apprend à se méfier du nouveau, des étrangers, du changement ; à préférer des règles immuables à l'adaptation aux circonstances. Ils aiment tirer parti d'une rente. Ils n'aiment pas s'aventurer, prendre des risques. L'erreur n'est pas pour eux mortelle ; ils peuvent se tromper sans trop de risque. Ils ne vont jamais à la découverte de l'inconnu. Ils ne font jamais le choix de l'errance. Ils ont besoin de discipline, de hiérarchie, et plient souvent sous la loi du plus fort.

Les métiers de la mer, comme ceux des nomades, exigent au contraire le goût du risque, de l'innovation, de l'audace ; l'apologie du pragmatisme et de la compétence ; l'esprit d'entreprise, l'ouverture au monde. La mer est, d'une certaine façon, l'ultime lieu du nomadisme. Ceux qui voyagent en mer acceptent de prendre le risque de se perdre (pour trouver ce qu'ils ne cherchent pas), de ruser avec vents et courants, au point de s'en servir pour naviguer contre eux. Ils n'ont pas droit à l'erreur : en mer, l'amateurisme est immédiatement mortel. Les marins n'acceptent de bon cœur la hiérarchie que si elle est légitime, fondée sur les compétences, et tenant compte des exigences du travail en équipe.

Les qualités exigées par la mer sont donc, en apparence, contradictoires : méthode et audace, improvisation et apprentissage, autonomie et collaboration. De fait, ces qualités sont exactement celles qui sont nécessaires à l'émergence de l'idéologie de la liberté individuelle, qui a besoin de s'inscrire dans un cadre institutionnel clair, pour ne pas virer à l'anarchie. La mer est pourtant, aussi, le lieu d'une des pires formes d'exploitation des hommes par les hommes, de bien des marins par bien des armateurs. Comme pour montrer que la liberté est une idée bien avant d'être une réalité.

La mer a fait naître la vie. Cinq cents millions d'années plus tard, elle donne à l'une de ses créatures les moyens de se penser libre.

La mer comme source de l'esprit d'entreprise

C'est de la mer qu'ont surgi bien des malheurs : en mer, les tempêtes, les naufrages, les pirates, les batailles ; dans les ports, les épidémies, les mauvaises nouvelles, les ennemis.

C'est de là aussi que sont venues bien des découvertes et des innovations essentielles pour l'humanité. Les civilisations ont été et sont, on l'a vu, d'autant plus dynamiques qu'elles ont affronté la mer avec enthousiasme. Seules les nations ayant situé leur ville principale au bord de leurs côtes ont été, et sont, de très grandes puissances. Ainsi des civilisations mésopotamienne, égyptienne, grecque, carthaginoise, romaine, indonésienne, vénitienne, balte, flamande, anglaise, américaine et, aujourd'hui, japonaise, chinoise, et coréenne. Cela va, pour ne parler que de notre ère, de la cité-État de Srivijaya, grande puissance si méconnue, jusqu'aux États-Unis, en passant par Bruges, Venise, Anvers, Gênes, Amsterdam et Londres.

Ce n'est le cas ni de la France, ni de l'Allemagne, ni de la Russie, ni de l'Inde ; ni, jusqu'à une date très récente, de la Chine, qui avait tout, pourtant, depuis des millénaires, pour dominer le monde, et dont les habitants furent, on l'a vu, parmi les premiers navigateurs.

Aussi, plus que la distinction religieuse de Max Weber (qui faisait du protestantisme la source du capitalisme et de la modernité individualiste) ou toute autre distinction proposée par Marx, Darwin, Sombart ou tant d'autres[8], c'est pour moi la distinction entre la mer et la terre, entre marin et paysan, qui fixe la frontière entre ceux qui ont su fonder leurs sociétés sur l'apologie de la liberté et du marché, et ceux qui se sont enlisés dans le monde féodal et ses rentes. Ainsi s'explique qu'on trouve parmi les vainqueurs aussi bien les bouddhistes et les hindouistes de Srivijaya que les catholiques flamands et vénitiens, et les protestants hollandais, anglais et américains. Et, parmi les vaincus, aussi bien les taoïstes et bouddhistes chinois que les catholiques français, les protestants allemands, les orthodoxes russes et les hindouistes indiens.

Les vainqueurs ont tous, d'une façon ou d'une autre, fait progresser l'idéologie de la liberté, en glorifiant l'individu et sa relation au monde[12]. La liberté, au moins pour les maîtres de la mer. Car, si ni Venise ni Bruges ne sont des démocraties, ceux qui y contrôlent le rapport à la mer y sont libres. Les marins sont d'ailleurs très rarement des esclaves. Même si, comme dans le reste du capitalisme de marché, le sort de beaucoup de marins, libres en théorie, demeure celui, insupportable, d'exploités.

Un marchand vénitien, un bourgeois de Flandre sont infiniment plus libres qu'un seigneur féodal français ou chinois : il y a un lien très fort entre l'idéal démocratique, qui est d'abord celui du bourgeois et du marchand, et la mer.

Au total, comme le montre tout ce qui précède, aucune nation maritime n'est durablement une dictature – au moins pour le groupe, large, qui la dirige. Et, réciproquement, aucune nation durablement totalitaire ne développe une dimension maritime.

Et c'est sans doute pour cela que les dictatures d'hier et d'aujourd'hui hésitent à devenir des puissances maritimes, même si elles en ont l'opportunité : elles ont trop à y perdre.

La mer comme chemin d'évasion

Quand une puissance côtière est une dictature, la mer est aussi le lieu privilégié de la fuite de ceux qui recherchent la liberté. Déjà, dans l'Antiquité, les esclaves en fuite allaient vers la mer. Il leur était difficile de trouver un lieu sûr. On retrouvait parfois leur trace dans les auberges des cités portuaires de la Méditerranée orientale. Parfois, comme dans l'Exode, la mer s'ouvrait sur leur passage pour leur fournir un chemin vers la liberté : ainsi doit-on comprendre la traversée de la mer Rouge par les esclaves hébreux fuyant le Pharaon comme l'arrachement à un esclavage. La mer est, là comme ailleurs dans la Bible, la métaphore de l'informe, du non-sens, qui doit être traversé, transgressé, pour se libérer et donner du sens au monde. Comme elle sera plus tard, chez Jung, le symbole de l'inconscient dont la raison libère.

Parfois, plus simplement, elle transporte les fuyards vers des lieux plus accueillants. Ainsi des hommes de l'Antiquité la plus lointaine, qui se déplaçaient sur la mer pour fuir des conditions de vie insupportables. Ainsi des dizaines de millions d'Européens partis vers les Amériques, dès le XVIe siècle, pour y rechercher la liberté que l'Europe leur refusait ; construisant leur propre délivrance sur le génocide des peuples autochtones. Et ce n'est pas non plus un hasard si, depuis

la fin du XIXe siècle, le premier monument qu'aper-
çoivent les migrants en débarquant par la mer dans le
port de New York est une statue de la Liberté, érigée
sur Ellis Island, offerte par la France aux États-Unis,
à l'occasion du premier centenaire de la création de
cette nation nouvelle, fondée justement sur l'utopie
de la liberté.

De même, dans beaucoup de dictatures côtières
récentes, ceux qui cherchent à s'évader sont connus
par leur nom de voyageurs sur des bateaux : les *balceros*
cubains, les *boat people* vietnamiens et cambodgiens.
À partir de 1994, des centaines de milliers de Cubains
ont ainsi traversé les 140 kilomètres qui séparent Cuba
de la Floride, où les trois quarts de la diaspora cubaine
ont trouvé asile. Entre 1975 et 1985, plus d'un million
de Vietnamiens, dont 800 000 *boat people*, ont pris le
chemin de l'exode, au péril de leur vie.

Aujourd'hui, des milliers, bientôt des millions de gens
retrouvent le chemin de la mer pour fuir une dictature
ou un lieu de guerre civile ou de famine. Ils quittent
l'Afrique, par toutes les rives, depuis le Sénégal jusqu'au
Maroc, depuis la Tunisie jusqu'à la Turquie, depuis la
Somalie jusqu'à la Libye et l'Italie, en prenant le risque
de se noyer pour avoir une petite chance de vivre libres.
En 2016, 300 000 d'entre eux ont traversé la Méditerranée. Depuis 2000, 22 000 y ont perdu la vie, soit
une moyenne de 1 500 morts par an. Dans la région
de la corne de l'Afrique, 82 680 personnes ont franchi
le golfe d'Aden et la mer Rouge en 2016, principalement des Somaliens et des Éthiopiens. En 2016, près
de 106 000 migrants ont parcouru la corne de l'Afrique
pour se rendre au Yémen, contre 92 446 en 2015 et
seulement 25 898 en 2006. En Asie du Sud-Est, Birmans

et Bangladais tentent de rejoindre par bateau la Thaï-lande et la Malaisie, en passant par le détroit de Malacca ou en traversant le golfe du Bengale. En 2016, dans les Caraïbes, au moins 4 775 personnes ont emprunté des bateaux, pour fuir la pauvreté des îles ou en quête d'asile, en direction des États-Unis. En 2016, plus de 30 000 migrants sont morts noyés dans le monde.

La mer comme source d'inspiration des héros de la liberté

On trouve aussi cette relation entre la mer et la liberté dans la littérature de tous ces peuples : la mer est glori-fiée par tous ceux qui aiment le mouvement et la liberté, le changement et le défi. Ceux qui n'aiment pas tout cela n'aiment pas la mer ; ils la considèrent seulement comme le lieu de tous les dangers, dont on ne peut rien attendre, sinon la décision des dieux[137].

Ainsi dans les contes et les légendes de tous les peuples. Chez les Vikings, la mer est un symbole de puissance qui doit être domptée. Dans les Upanishad, elle est un symbole de paix, un objet de méditation, d'introspection mystique. Dans l'épopée de Gilgamesh, on trouve, on l'a vu, le premier récit du déluge et de la liberté des sauvés. Dans les contes celtes, la mer est un espace de fuite dans lequel le héros a la possibilité de changer son identité et de refaire sa vie. De même que, dans les cosmogonies sibériennes et américaines, c'est par la mer qu'un univers finit et que quelques hommes peuvent s'échapper vers le suivant.

Dans la mythologie grecque, la mer est le lieu de l'éva-sion de Thésée hors du Labyrinthe, en fuyant le roi de

Mycènes, en enlevant sa fille Ariane ; elle est aussi le lieu de la mort d'Égée, son père, après un malentendu sur le sens de la couleur de la voile du bateau qui ramène son fils[136]. Chez Homère, elle est également le lieu du voyage d'Ulysse, d'abord pour récupérer Hélène, qui a fui à Troie, puis pour retrouver sa patrie et son épouse[60]. Ulysse est un vrai marin ; il sait tout des étoiles : « Son œil fixait les Pléiades, et le Bouvier qui se couche si tard, et l'Ourse qu'on appelle aussi le Chariot, la seule des étoiles qui jamais ne se plonge aux bains de l'océan. Il navigue sur les routes du large en gardant toujours l'Ourse à gauche de la main » (V : 270-278), ce qui lui permet d'aller toujours vers l'est – on naviguera ainsi jusqu'au XVIIᵉ siècle. Mais Ulysse, comme tous les marins, en connaît les périls : il craint « le grand gouffre des mers, ses terreurs, ses dangers » (V : 174). Et c'est avec jubilation que, après ses aventures, il rejoint son île et sa famille[136].

Quelques siècles plus tard, Platon, grand voyageur à travers la Méditerranée pour aller voir les dirigeants qu'il veut convaincre, victime de plusieurs tempêtes et naufrages, considère la mer comme l'ennemie de la philosophie, car elle porte en elle le refus de l'ordre auquel il tient tant[142]. Elle est, dit-il, trop liée au commerce et à la démocratie, toutes choses qu'il méprise : « La proximité de la mer, en effet, pour un pays, dans la vie quotidienne, est un agrément ; mais en réalité c'est un voisinage saumâtre et amer ; en remplissant la cité de trafic et d'affaires commerciales, ce sont des mœurs instables et déloyales qu'elle fait naître dans les âmes ; elle rend la cité pleine de défiance et d'hostilité à l'égard des autres hommes[142]. » Pour lui, d'ailleurs, on ne peut survivre en mer que si l'on confie sa vie à des spécialistes ;

l'État lui-même doit être géré comme un navire, et la démocratie n'y a pas sa place. Du reste, si l'on se fiait à la démocratie, dit Platon, le monde ressemblerait à un navire peuplé d'ignorants et de capricieux, ne sachant pas où ils vont – une « nef des fous »[142].

À Rome, Virgile raconte dans l'*Énéide* l'histoire d'Énée, un demi-dieu, fils d'Aphrodite, qui s'enfuit lorsque Troie tombe aux mains des Achéens, à destination de Carthage, où la reine Didon s'éprend de lui.

La mer est ensuite présente dans toutes les littératures des pays maritimes, avec la même peur du risque et la même fascination pour la liberté qu'elle implique. Du moins pour les peuples qui assument leur dimension maritime.

Ainsi de la littérature anglaise. Dès le Moyen Âge, les écrivains anglais décrivent leur anxiété devant leur insularité ; et ils voient dans la mer un arbitre du destin, un lieu de recherche de l'idéal. Par exemple, les *Voyages de saint Brendan*, dont un des plus anciens manuscrits retrouvés date du XIIe siècle, racontent les pérégrinations d'un abbé du VIe siècle parti vers l'ouest de l'Irlande à la recherche du jardin d'Éden et qui aurait découvert des îles (peut-être les Açores)[84]. À la même époque, dans le *De nugis curialum*, Gautier Map relate l'histoire de Nicholas Pipe, dit l'« homme marin », capable de « vivre longtemps sans respirer […] à l'intérieur de la mer avec les poissons ». Au XIIIe siècle, le roman celte *Perlesvaus*[131] raconte que Perceval se déplace à bord d'une « nef merveilleuse », le Château des Galies, en quête du Graal. Au même moment, Tristan, dont le destin est modifié par un philtre d'amour, cherche à retrouver sa liberté.

Un peu plus tard, *La Tempête*[104], ultime pièce de William Shakespeare, écrite vers 1610, est un magnifique réceptacle de toute une littérature inspirée par la mer. On y trouve[237] des passages du *Naufragium* d'Érasme, publié en 1523 ; du *True Reportory of the Wracke and Redemption of Sir Thomas Gates, Knight*, de William Stratchey, qui relate le naufrage du *Sea Venture* au large des Bermudes en 1609 ; du récit d'un chevalier de Rhodes, Pigafetta, qui accompagna Magellan dans son expédition de 1519, et qui participa à la bataille sur l'île de Mactan dans laquelle mourut Magellan ; on y trouve aussi une description des Caraïbes proche de celle que donne Montaigne dans ses *Essais*, et un discours repris directement d'Ovide[237]. La mer y est, là encore, la mesure de la transgression, le lieu de tous les risques et le chemin de la liberté pour tous les naufragés prisonniers de l'île où ils ont échoué.

En 1719, dans *Robinson Crusoé*[39], Daniel Defoe raconte les aventures d'un marin attaqué par des pirates en 1651, puis naufragé sur une île en 1659, où il passe vingt-huit ans en ayant renoncé à s'évader. Defoe écrit ensuite *Moll Flanders*, l'histoire d'une jeune femme née dans la prison de Newgate, à Londres, qui décide de quitter l'Angleterre pour s'installer dans les colonies britanniques de Virginie. Là encore, la mer signifie l'espoir de liberté. Par ailleurs, dans *Roderick Random*, Defoe relate les péripéties d'un jeune homme quittant l'Écosse en 1739 pour faire fortune. La mer est donc, là encore, un symbole de liberté et une promesse de réussite sociale.

En 1798, Samuel Coleridge décrit la mer, dans son poème *Rime of the Ancient Mariner*, comme le royaume de la nature intacte, refuge contre toutes les menaces de la civilisation[227].

En 1816, Byron, avant de partir se battre et mourir pour la liberté des Grecs, livre, dans son recueil *Childe Harold*, une merveilleuse réflexion sur la liberté qu'on peut trouver en mer : « *There is a pleasure in the pathless woods/There is a rapture on the lonely shore/There is society where none intrudes/By the deep Sea and music in its roar**. » Byron voit l'océan comme un fauve doté d'une crinière, qu'il faut attraper pour le vaincre.

Puis les écrivains américains prennent le relais : en réponse au *Pirate* de Walter Scott, écrit en 1821, James Fenimore Cooper, engagé à 17 ans dans la marine américaine, écrit le *Pilote*[48] en 1824 et en fait un symbole de l'identité américaine, avant de devenir célèbre par ses livres sur les trappeurs et les Indiens d'Amérique, puis de terminer sa vie en composant une *Histoire de la marine américaine*.

Puis vient en 1838 le *Narrative of Arthur Gordon Pym of Nantucket*[94], seul roman et chef-d'œuvre d'Edgar Poe, qui relate les aventures d'un marin à bord d'un baleinier – naufrage, mutinerie, cannibalisme –, préférant fuir la terre ferme et sa barbarie pour retourner en mer. Livre immensément admiré par Herman Melville, qui a lui-même été marin sur un baleinier, et qui raconte en 1851, dans *Moby Dick*[83], comment le capitaine Achab du *Péquod* est obsédé par la poursuite d'un cachalot blanc, Moby Dick, connu pour sa férocité ; il en fait l'archétype du projet obsessionnel et destructeur.

On retrouve la même obsession un peu plus tard dans nombre de livres de Joseph Conrad[31], qui fut lui

---

* « Il est au sein des bois un charme salutaire/Un pur ravissement aux confins du désert/Et de douces présences où nul ne s'aventure/Au bord de l'Océan qui gronde et qui murmure. »

aussi marin, puis capitaine dans la marine marchande française et anglaise : *An Outcast of the Islands* (1896), *Heart of Darkness* (1899), *Lord Jim* (1900). En 1903, il décrit dans *Typhon*, comme une leçon de vie, les premières réactions épouvantées des marins à l'arrivée d'une tempête et leur courage face aux éléments. Encore et peut-être surtout le génial *Vaisseau des morts*[147], paru en 1921, du si énigmatique B. Traven (si tel est son nom), qui dépeint l'enfer de la vie des marins sur un bateau destiné à couler. Traven, l'auteur du *Trésor de la Sierra Madre*, et dont Einstein disait : « Si je dois emporter un seul livre sur une île déserte, ce sera un livre de Traven. »

Bien d'autres livres de la littérature américaine font de la mer un chemin vers la liberté intérieure, vers la découverte du soi le plus profond. Ainsi, en 1952, Ernest Hemingway raconte dans *Le Vieil Homme et la mer*[58] comment, dans un petit port cubain, un vieux pêcheur expérimenté doit lutter contre un marlin pour se faire respecter par son village, qui le considère comme irrémédiablement malchanceux ; comment le vieil homme est menacé de perdre sa prise au retour, quand son minuscule bateau est attaqué par des requins. Même s'il ne rapporte presque rien de sa proie au village, il retrouve le respect de ses voisins.

À l'inverse, d'autres littératures parlent peu de la mer, sinon comme le lieu d'une utopie, d'un monde fantastique, d'un irréel prétexte à des récits fantastiques, hors du monde. Ainsi la trouve-t-on au XIVe siècle dans *Les Mille et Une Nuits*[68], rédigées par le riche marchand Sindbad qui raconte ses sept voyages sur la mer, avec des naufrages et des terres inhospitalières.

De même, elle est très peu présente dans la littérature française ; et, quand on y parle de la mer, c'est en général pour en donner une image négative.

Et d'abord Baudelaire, dont le si célèbre poème dit tout du rapport de la France à la mer :

« Homme libre, toujours tu chériras la mer !/La mer est ton miroir ; tu contemples ton âme/Dans le déroulement infini de sa lame,/Et ton esprit n'est pas un gouffre moins amer/[…]/Et cependant voilà des siècles innombrables/Que vous vous combattez sans pitié ni remord/Tellement vous aimez le carnage et la mort,/Ô lutteurs éternels, ô frères implacables[17] ! »

Eugène Sue, lui-même ancien marin, consacre ses premiers romans à la mer : *Kernok le pirate*[112] (1830), *Atar-Gull* (1831), puis *La Salamandre*[113] (1832). En 1866, dans *Les Travailleurs de la mer*[61], Victor Hugo, longuement exilé sur une île, où il ne voit de la mer que la tempête, écrit : « Pas de bête comme la mer pour dépecer une proie. L'eau est pleine de griffes. Le vent mord, le flot dévore ; la vague est une mâchoire. C'est à la fois de l'arrachement et de l'écrasement. L'océan a le même coup de patte que le lion. »

Au même moment, Jules Verne, qui navigue régulièrement sur la Manche et dans l'Atlantique (d'abord sur un petit voilier, puis sur un yacht à vapeur avec onze hommes d'équipage), et qui admire beaucoup le roman d'Edgar Allan Poe, parle dans *Vingt Mille Lieues sous les mers* de l'homme comme d'un ennemi de la mer et des poissons.

Et puis Henry de Monfreid, Pierre Loti et bien d'autres écrivains, eux-mêmes marins, tels Bernard Giraudeau, Olivier de Kersauson, Erik Orsenna, Yann Queffélec, ont su faire rêver avec la mer.

De même, elle est pratiquement absente des littératures russe, allemande, chinoise, espagnole, même si Cervantès a longtemps été marin et si Isaac Babel a merveilleusement décrit le port d'Odessa et son ghetto juif.

La mer comme source d'inspiration de la liberté au cinéma

Quand le cinéma prend le relais, il obéit aux mêmes critères : la mer est un terrain d'aventures pour les peuples marins ; un lieu hostile, à fuir, pour les autres.

Les films américains proposent souvent, comme la littérature, des aventures maritimes révélatrices de caractères et offrant des leçons de vie. En 1941[241], dans *Atlantic Ferry*, Walter Forde montre comment, durant les années 1830, deux frères entreprennent, après le naufrage de leur nouveau voilier, de construire le premier navire à vapeur. En 1953, *La Mer cruelle*[242] de Charles Frend raconte la bataille de l'Atlantique vue par l'équipage terrifié d'un bateau torpillé en pleine nuit, essayant de monter dans des radeaux de sauvetage[175]. En 1956, c'est *La Bataille du Rio de la Plata*[245] de Michael Powell. La même année, *Life Boat*[244], film réalisé par Alfred Hitchcock, retrace l'histoire d'un navire américain coulé par un sous-marin allemand ; les survivants, issus de milieux sociaux différents, gagnent un canot de sauvetage et des liens se tissent entre eux. En 1975, *Les Dents de la mer*[246] de Steven Spielberg met en scène un requin blanc qui terrorise une ville ; *À la poursuite d'Octobre Rouge*[248] (1990) décrit l'odyssée d'un sous-marin soviétique ultramoderne qui fait défection ; puis vient *Titanic*[249] (1997) de James Cameron. En 2003 sort un des meilleurs films pour comprendre la vie des pirates et des marins de la Royal Navy au XVIIIe siècle : le *Master and Commander*[250] de Peter Weir. Puis *Capitaine Phillips*[252] (2013) relate l'abordage d'un porte-conteneurs américain par des pirates somaliens[175].

Les cinéastes français, eux, parlent très peu de la mer – du moins dans la fiction. En 1907, Georges Méliès adapte *Vingt Mille Lieues sous les mers*[239] et y dépeint l'océan comme un espace hostile. En 1941, *Remorques*[240], réalisé par Jean Grémillon, raconte une histoire d'amour tournée vers la mer dans une superbe évocation de Brest.

Les Français, en revanche, inventent le documentaire marin, avec *Le Monde du silence*[243], de Jacques-Yves Cousteau et Louis Malle, palme d'or du Festival de Cannes en 1956. Cousteau, le premier à avoir mis ainsi la mer sur le devant de la scène mondiale, et à continuer à le faire en sillonnant ensuite les mers pendant plus de quatre décennies avec son bateau, la *Calypso*, dont il rapporte des milliers d'heures de documentaires. Puis viennent *Le Grand Bleu*[247] (1988), où Luc Besson raconte l'histoire d'un groupe de plongeurs en apnée, dont l'un se suicide par vertige des grands fonds, et *Océans*[251], réalisé en 2009 par Jacques Perrin et Jacques Cluzaud. Et d'autres encore, comme les films en 3D des frères Mantello, qui décrivent les grands fonds.

La course en mer
comme spectacle de la liberté

Cet esprit d'aventure se retrouve aujourd'hui dans la course au large, qui donne le spectacle de la mer, en idéalisant le désir de liberté, en masquant la misère des marins, et en devenant – comme l'est aussi la course automobile – un formidable lieu de progrès technique.

Et, là encore, c'est dans les nations dominantes de la mer que cela s'est joué, et que cela se joue toujours. La France semble y avoir pris une place récente, qui pourrait laisser prévoir son réveil marin.

La plus ancienne de ces courses est l'America's Cup. C'est, malgré les apparences, une création anglaise, au XIXe siècle, au moment où Londres était le « cœur » de l'économie-monde ; son nom vient du premier bateau qui remporta, à Londres, cette compétition : la goélette *America*, du New York Yacht Club, vainqueur en 1851, à l'occasion de la première Exposition universelle. La guerre de Sécession suspend la course, qui reprend en 1870 ; depuis, elle est organisée tous les trois ou quatre ans par plusieurs yacht clubs internationaux. Les dernières éditions ont eu lieu à Auckland (2003), à Valence (2007 et 2010), à San Francisco (2013) et aux Bermudes (juin 2017). La prochaine se tiendra en Nouvelle-Zélande.

Ces courses sont l'occasion de tester de nouveaux bateaux et de nouvelles technologies. Dans les années 1960, Éric Tabarly crée, pour une course, le premier trimaran utilisant l'aluminium, le carbone et des régulateurs d'allure, et en fait le premier hydroptère (navire pouvant s'élever au-dessus de l'eau à partir d'une certaine vitesse). C'est aussi grâce à la course que l'acier, le coton ou le chanvre des navires sont remplacés par des matières synthétiques comme le nylon et le kevlar. Et c'est dans le Vendée Globe qu'on teste les premières cartes numériques, qui se sont ensuite substituées aux cartes en papier sur tous les bateaux. C'est aussi dans la course que sont testés les premiers hydrofoils, qui permettent à un voilier à la fois de décoller de la surface de l'eau et d'atteindre jusqu'à trois fois la vitesse du vent.

Aujourd'hui, le projet français *Pegasius* vise à intégrer ces technologies avancées dans un bateau futuriste : des matériaux à l'internet des objets, de l'hydrofoil à l'intelligence artificielle. Le projet est de faire le tour du monde en équipage et sans escale en moins de 35 jours (contre 40 aujourd'hui). Le bateau sera autonome en énergie avec des capteurs, des moyens de communication satellitaire, des données stockées dans le cloud. Il mesurera une trentaine de mètres de long, pour 22 de large, avec un mât culminant à 36 mètres. À bord, une dizaine de marins, connectés en permanence pour surveiller leur fatigue et optimiser les quarts. Le calendrier des animateurs du projet prévoit sa mise à l'eau en 2019 et une première tentative de tour de la planète en 2020.

Ces courses sont aussi l'occasion d'établir des records de vitesse de navigation à la voile, qui appartiennent pour l'essentiel à des pays maritimes (et parmi eux, surprise nouvelle, presque tous à la France) et qui attirent de plus en plus l'attention du grand public planétaire.

Le record de vitesse sur mer (511 kilomètres à l'heure) par l'Australien Ken Warby sur *Spirit of Australia* a été établi en 1978 avec un hydroplane, doté d'un réacteur de 6 000 chevaux emprunté à l'aviation de chasse et d'ailerons. Tous les autres records du monde à la voile sont, en 2017, détenus par des marins français : le record de distance parcourue à la voile en 24 heures est de 908 milles marins, établi en 2009 par Pascal Bidégorry, skippeur français. L'océan Indien a été traversé en 5 jours 21 heures par Francis Joyon en 2016 ; le Pacifique, en 7 jours 21 heures par Francis Joyon en 2016 ; l'Atlantique, en 3 jours 15 heures en équipage, et en 5 jours 2 heures 7 minutes en solitaire, par le même en juillet 2017. Le record du tour du monde en équipage sans escale est de 40 jours 23 heures 30 minutes, établi début 2017 par Francis Joyon (l'expédition de Magellan a mis trois ans). Le record du tour du monde en solitaire sans escale est de 49 jours 3 heures, établi en décembre 2016 par Thomas Coville.

On ne trouve encore aucune nation asiatique dans ce palmarès, alors que, on l'a vu, c'est là que se concentre toute l'industrie maritime mondiale. Sans doute parce que ces courses font l'apologie d'une dimension particulière de la mer : l'individualisme, sans mettre en avant ce qui y est pourtant tout aussi nécessaire : la discipline et le sens du travail en équipe. Et parce qu'elles supposent tout un écosystème de la voile de plaisance, qui n'y existe pas encore.

En revanche, très peu d'efforts ont été déployés pour explorer les fonds sous-marins : il y a d'ailleurs beaucoup moins d'explorateurs des grands fonds marins que de visiteurs de l'espace. C'est même ironiquement un ressortissant d'une nation n'ayant pas accès à la mer, le Suisse Auguste Piccard, qui est descendu le premier à 1 000 mètres de profondeur en 1948, puis à 3 150 mètres en 1953. Son fils, Jacques Piccard, assisté de Don Walsh, est descendu à 10 916 mètres, le point le plus profond des océans, dans la fosse des Mariannes, en 1960. Cet exploit n'a été renouvelé qu'une seule fois, en 2012, à bord du petit sous-marin *Deepsea Challenger*, par le cinéaste américain James Cameron.

Comme si l'homme ne parvenait pas à surmonter la peur des grands fonds, lieux de noyade, lieux de mort.

Les loisirs de la mer comme ersatz de la liberté

En 2016, 24,2 millions de personnes prennent des vacances sur plus de 300 bateaux de croisière, qui n'offrent de la liberté et de la mer qu'une apparence bien lointaine. Et où les équipages mènent une vie d'enfer[173]. Certains retraités de grand luxe possèdent même de vastes appartements sur ces bateaux, qui font en permanence le tour du monde, et ils y passent l'essentiel de leur vie. Quelque 25 millions de bateaux de plaisance sont en service dans le monde en 2017. Les Norvégiens en possèdent à eux seuls 800 000, soit un bateau pour 6,4 habitants, suivis par les Suédois avec un bateau pour 8 habitants. Il y a 16 millions de bateaux de plaisance aux États-Unis, dont seulement 7 % de voiliers : on y préfère les hors-bords.

Les yachts privés sont, par ailleurs, révélateurs de l'extravagance des fortunes : plus de 4 000 yachts de plus de 24 mètres circulent à l'été 2017 dans la seule Méditerranée. Le plus grand yacht privé, de 180 mètres de long, est estimé à près de 400 millions de dollars. Même valeur que le plus grand voilier du monde, qui mesure, lui, près de 140 mètres de long.

La France est le leader européen de la construction des yachts de moins de 24 mètres, et le deuxième
constructeur mondial de bateaux de plaisance, derrière
l'Italie. La plupart des très grands navires privés sont
construits en Allemagne par les entreprises Lürssen et
Blohm+Voss.

La liberté des uns, le malheur des autres : la mer est
le miroir des contradictions et des espérances humaines.

Chapitre 9

Demain : l'économie de la mer

« La mer, en grande artiste, tue pour tuer, et
rejette aux roches ses débris, avec dédain. »
Jules Renard, *Journal*, 1887-1892

Demain, plus que jamais, et malgré le basculement
croissant de l'économie et de l'influence vers le numérique et l'espace, tout se jouera encore sur et sous la
mer : le commerce, la puissance, l'influence, l'idéologie,
la paix et la guerre.

Même si le numérique tiendra un rôle de plus en
plus grand, même si une quantité illimitée de données
circulera sur les océans virtuels d'Internet, la mer restera
le lieu et l'enjeu principal des échanges, matériels et
immatériels, et de la puissance économique, culturelle
et géopolitique.

C'est par elle que transitera encore l'essentiel des
marchandises et des données ; c'est là que se trouvera l'essentiel des ressources futures. Et c'est donc là,
comme dans le passé le plus lointain, que se situeront
à la fois les points de force et de vulnérabilité des économies et des nations.

Comme toujours dans l'Histoire, les prochaines grandes puissances seront celles qui auront su valoriser et protéger leurs espaces marins et les grands fonds ; celles aussi qui se seront tenues à l'écart des conflits entre leurs rivales.

Ceux des pays qui tenteront de passer seulement par la terre pour échanger, ou assurer leur défense, ne réussiront pas : la mer restera un espace globalement beaucoup plus efficace et moins dangereux que la terre ; on pourra y transporter encore longtemps bien plus de marchandises, et de façon bien moins risquée, que par la terre ou par les airs. Et ceux qui penseront que le transport des données par l'espace remplacera celui des marchandises par la mer feront aussi erreur ; la quasi-totalité des données circulera encore dans l'avenir par les grands fonds.

La Chine, les États-Unis, le Canada, l'Australie, l'Indonésie, Singapour, le Vietnam, la Corée, le Japon seront les vainqueurs vraisemblables de cette mutation ; en tout cas, leurs zones côtières le seront. L'Inde et le Nigeria pourraient l'être aussi à plus long terme. L'Europe pourra également retrouver un rôle, à condition de repenser son projet afin d'utiliser toutes les nouvelles possibilités des océans du monde et de faire en sorte que la dimension maritime du continent, et de ses dépendances outre-mer, l'emporte sur le tropisme continental de deux de ses plus grandes puissances, la France et l'Allemagne.

Sans doute n'y aura-t-il plus pendant longtemps, et peut-être plus jamais, de superpuissance économique, écrasant toutes les autres, sur toutes les mers, dans tous les espaces : les États-Unis devront partager, au moins avec la Chine, pour un temps assez long, le contrôle

économique du monde. Il n'y aura pas non plus de
superpuissance économique privée : aucune multinatio-
nale mondiale de taille significative ne dominera jamais
seule la mer à la place des nations.

Étonnamment d'ailleurs, toutes les grandes entreprises du numérique, tous les grands entrepreneurs, se
passionnent plus pour l'espace que pour la mer, sans
se rendre compte encore que c'est pourtant dans la
mer que se jouent l'essentiel des profits – et l'avenir,
durable ou éphémère, de l'espèce humaine. Car il faut
repenser toute l'économie de la mer, pour en faire une
activité juste et durable, sous peine de voir s'effondrer
toute l'économie humaine.

L'avenir du transport de marchandises et de l'économie maritime

Le commerce maritime continuera de croître un
peu plus vite que la production. D'autant plus qu'un
accord multilatéral de facilitation des échanges, entré
en vigueur le 22 février 2017 (premier accord de ce
genre depuis la création de l'Organisation mondiale
du commerce il y a vingt ans), va simplifier les forma-
lités douanières et les exigences en matière de tran-
sit ; il diminuera les coûts du commerce de 15 % et
accroîtra les échanges internationaux de 1 000 milliards
de dollars par an[162].

Au total, la masse transportée par voie maritime
devrait passer de 11 milliards de tonnes en 2017 à
15 milliards en 2025. Énorme croissance. Aussi considérable que celle des secteurs les plus en pointe de
la nouvelle économie numérique. Et pourtant, peu

d'entreprises et de gouvernants comprennent encore l'importance de ce marché[162].

En particulier, on devrait assister à une forte augmentation du transport de minerai de fer, de bauxite, d'alumine, de phosphate naturel, de céréales et de pétrole. On peut aussi s'attendre à une croissance des échanges par conteneurs ; seul le nombre de pétroliers devrait augmenter moins vite que par le passé, en raison de l'actuel surplus de capacité de ces bateaux et des économies massives d'énergie[162].

Par ailleurs, on peut prévoir d'ici à 2035 un quasi-triplement du nombre de passagers de navires de croisière (passant de 19 à 54 millions de personnes)[162]. Et donc du nombre de bateaux qui seront nécessaires pour les satisfaire. De même pour les bateaux de plaisance.

Je reviendrai plus loin sur les conséquences écologiques d'un tel développement.

De nouvelles routes

En 2030, la majorité des échanges par la mer se feront entre les pays d'Asie, et entre eux et le reste du monde. Afin de réduire le temps de ces trajets, de nouvelles routes maritimes verront le jour d'ici à 2040.

D'abord, l'initiative chinoise « One Belt, One Road » a pour ambition de relier la Chine à l'Afrique de l'Est et à l'Europe par une « route de la soie maritime » longeant l'océan Indien et traversant la mer Rouge[191]. Ce projet concerne 68 pays, 4,4 milliards d'habitants et 40 % du PIB mondial ; il suppose entre autres le développement de ports, notamment ceux

de Bakou en Azerbaïdjan et de Calcutta en Inde. Et
d'autres où s'installe aujourd'hui la Chine, tout au
long de cette route, en particulier dans l'océan Indien
avec une dérivation vers l'Afrique. À cela s'ajoutera,
ou se substituera, une « route de la soie terrestre »,
ligne ferroviaire reliant l'est de la Chine à Londres.
Immense projet, traversant le Kazakhstan, la Turquie
et les Balkans, conduisant la Chine à affaiblir ses
propres ports, au bénéfice d'un commerce terrestre
par l'ouest[191]. Comme un signal faible d'un éventuel
retour de la méfiance chinoise bimillénaire à l'égard
de la mer.

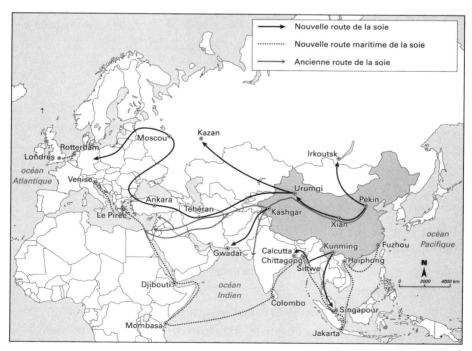

La nouvelle route de la soie

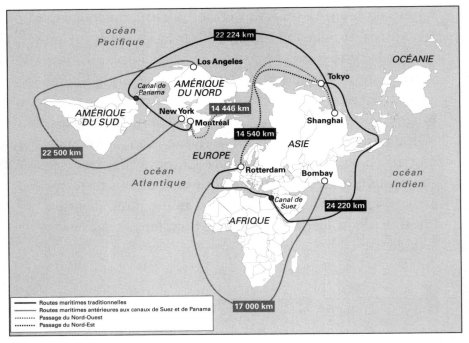

Les routes maritimes

D'autres routes s'ouvriront aussi pour détourner l'actuel commerce du Pacifique vers des routes encore plus courtes. Elles vont tout bouleverser[128].

Le réchauffement climatique, dont il sera question plus loin, ouvrira en effet au moins deux nouvelles routes maritimes à travers l'océan Arctique : l'une vers l'Europe et l'autre vers l'Amérique, réduisant de 30 % la longueur et la durée du trajet de l'Asie à l'Occident en évitant d'avoir à emprunter les canaux de Suez et de Panama.

Le « passage du Nord-Est » (qui longera la côte russe et pourra être accessible à n'importe quel navire de haute mer, et pas seulement, comme aujourd'hui, à des brise-glace) permettra de relier l'Asie à l'Europe par le voisinage du Pôle, donc sans avoir à passer par le canal de Suez et la Méditerranée, réduisant d'environ un tiers la durée du trajet.

Le « passage du Nord-Ouest »[141] rendra possible le transport des marchandises de l'Asie à la côte est des États-Unis en passant par l'Arctique et les îles canadiennes, *via* le détroit de Behring, sans avoir à s'engager dans le canal de Panama. Elle permettra de gagner 8 jours sur les 23 du trajet actuel.

Si le réchauffement climatique continue, ces deux nouvelles routes devraient être accessibles pendant la période estivale à partir de 2040. Elles bénéficieront énormément aux ports de la côte est du Canada et des États-Unis et aux ports de la Baltique et d'Europe

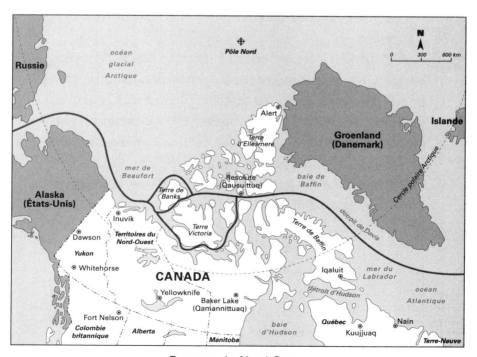

Passage du Nord-Ouest

du Nord, au détriment des ports de la côte ouest des États-Unis, du golfe du Mexique, de la Méditerranée, de l'Atlantique et de la Manche (dont Le Havre).

Une troisième route, passant plus directement encore par le pôle Nord, pourrait, d'ici à 2050, devenir accessible à des navires capables de briser 1,20 mètre de glace, ce qui réduirait encore considérablement la durée de ces trajets.

Dans les trois cas, de tels passages détérioreraient gravement la banquise et l'écosystème arctique.

Les futures grandes entreprises du monde marin

Les principaux armateurs d'aujourd'hui ont vocation à le rester.

A.P. Møller-Mærsk, société danoise basée à Copenhague, est la première entreprise danoise, la première compagnie maritime et le plus grand armateur de porte-conteneurs du monde ; elle possède la plus grande flotte mondiale : 1 595 navires et plates-formes pétrolières. Mediterranean Shipping Company, société italienne basée à Genève, est la deuxième compagnie maritime mondiale ; son chiffre d'affaires annuel est d'environ 25 milliards de dollars. Le français CMA-CGM, numéro trois mondial du transport maritime de conteneurs, dispose d'une flotte de 428 navires, avec 170 lignes, sur les grandes routes maritimes et les axes secondaires, avec cinq plates-formes principales de correspondance à Malte, Tanger, Khor Fakkan, Port Kelang et Kingston. China Cosco Holdings, premier armateur chinois, basé à Pékin, est le quatrième mondial avec 550 navires, dont 130 porte-conteneurs[28].

On verra sans doute s'imposer de nouveaux producteurs de navires, assemblant les innombrables compétences nécessaires à la conception de l'architecture et à la construction d'un navire. Parmi ces firmes : Skysails, Rolls Royce, Toyota, Eco Marine Power.

D'autres industries pourraient naître autour de projets maritimes à très long terme, plus ou moins réalisables : le *SeaOrbiter* de Jacques Rougerie, navire de recherche partiellement sous-marin ; le *Flexblue*, centrale nucléaire sous-marine de DCNS ; le *Polar Pod*, navire océanique de Jean-Louis Étienne ; la ville flottante en Polynésie du *Seasteading Institute*, financé par Peter Thiel, le fondateur de Paypal ; la ville sous-marine *Ocean Spiral* du géant japonais de la construction Shimizu.

De nouvelles technologies de transport maritime

Les porte-conteneurs seront de plus en plus grands et de moins en moins lourds. Ils consommeront moins, seront plus connectés et moins polluants. Certains de ces navires seront aussi bientôt sans équipage : un groupe norvégien a annoncé qu'il serait en mesure de faire circuler en 2019 un navire sans émission de CO_2, et qu'il serait sans équipage en 2020. Rolls Royce propose un cargo-drone s'inspirant des drones aériens, piloté depuis des centres terrestres, doté d'une intelligence artificielle, avec une technologie de moteur moins polluante et permettant une économie de 15 à 20 % de carburant. Seules les conditions épouvantables d'exploitation des travailleurs de la mer retarderont ce basculement vers l'autonomie des navires[226].

Les conteneurs eux-mêmes seront connectés et climatisés à l'énergie solaire, procurant en permanence des informations aux clients sur leur localisation.

La propulsion électrique prendra également de plus en plus d'importance, allant jusqu'à des navires autosuffisants, tapissés de panneaux solaires. En 2009, Toyota a inauguré le premier cargo à voiles solaires, *Auriga Leader*, doté de 238 panneaux photovoltaïques lui fournissant assez d'énergie. En 2010 a été lancé le *Turanor PlanetSolar*, un catamaran de 31 mètres, alimenté à l'énergie solaire et parcourant les mers pour promouvoir l'énergie propre. Le *Future 13000C* est un projet japonais de cargo recouvert de panneaux solaires, disposant d'un système de récupération de chaleur, d'un revêtement qui réduit les frottements et d'une hélice allégée ; il pourra transporter 13 000 EVP, avec 30 % de consommation énergétique de moins que les navires actuels équivalents.

D'autres modèles de navires utiliseront la puissance du vent : *L'Alcyone*, lancé par le commandant Cousteau ; le *Vindskip*, qui utilise comme une voile géante la coque du navire, haute de 49 mètres et incurvée, un logiciel de navigation sophistiqué lui permettant d'orienter la coque en fonction des vents ; le *Skysails*, fonctionnant grâce à un cerf-volant qui capte l'énergie des vents à haute altitude. En 2015, la société Eco Marine Power présente *Aquarius*, un prototype combinant l'énergie du vent et du soleil : des panneaux solaires verticaux, pivotants et intelligents remplacent les voiles du navire et réduisent ainsi les émissions de CO_2.

Les ports seront équipés de terminaux plus écologiques (un terminal à Rotterdam fonctionne déjà entièrement à l'énergie renouvelable). L'intelligence artificielle gérera la logistique, les transactions entre les entreprises expéditrices et les compagnies maritimes, et le suivi des marchandises, de l'expédition à la réception par le client ; jusqu'à administrer seule une flotte de navires, de trains et de camions autonomes. Le métier de docker laissera de plus en plus la place à ceux d'ingénieur, de roboticien et d'informaticien.

Et si le transport de données remplaçait le commerce maritime ?

La valeur des données transportées virtuellement sera un jour supérieure à la valeur des marchandises physiques transportées physiquement par mer, terre et air. Pour le plus grand bénéfice de la protection environnementale.

De fait, la taille de l'univers numérique double tous les deux ans, pour atteindre plus de 5 200 giga-octets par personne en 2020. Les deux tiers de ces données numériques sont créés et consommés par des utilisateurs privés : Internet, réseaux sociaux, télévision numérique, téléphone mobile, objets et machines connectées. À cela s'ajoutent les données transférées par les entreprises, les administrations, les hôpitaux et les services de sécurité. Toutes ces données auront à être transportées[126].

À très long terme, l'imprimante 3D réduira encore plus les besoins de transport physique : chacun aura potentiellement la possibilité de fabriquer directement, à faible coût, et chez soi, les objets dont il a besoin, rendant obsolète une grande partie du transport de produits manufacturés et de pièces détachées. Seules les matières premières nécessaires à l'impression 3D devront toujours être acheminées vers les lieux de consommation. Pour évaluer l'impact de ces nouvelles technologies sur l'activité portuaire, le port de Rotterdam (comme souvent très en avance sur les évolutions mondiales) a installé un laboratoire d'impression 3D dans son centre de recherches.

En conséquence, le nombre de conteneurs pourrait, à très long terme, diminuer et les ports être moins utilisés.

Pour transmettre ces données, en particulier pour les services dits « critiques » exigeant la permanence et la globalité de l'accessibilité, il faudra continuer de recourir à la fois à des câbles souterrains et sous-marins et à des satellites.

Pour les trois quarts des êtres humains qui habiteront en zone urbaine, les câbles souterrains et sous-marins fourniront plus de 95 % des supports des échanges. Sous les mers, on utilisera les 263 câbles existants et les 22 annoncés, dont ceux voulus par la Chine. Ces câbles assurent et assureront en particulier le transport de toutes les données financières des banques et des marchés, ce qui d'ailleurs garantit pour longtemps la place de Londres comme centre financier mondial[169].

À côté de ces câbles, les satellites, tels ceux de One Web et de SpaceX, prendront un peu de place. Il est en particulier prévu de déployer 648 satellites pour toucher tous les points de la Terre. En 2020, 30 satellites de Galileo seront en orbite. La Chine a aussi lancé son propre GPS, qui couvre toute l'Asie et une partie du Pacifique, et qui vise, en 2020, une couverture globale de la Terre. Pourtant, au total, les satellites ne représenteront alors que quelques pour-cent des revenus globaux du transport des données. Ils serviront surtout à ceux qui auront besoin d'un accès téléphonique en des zones dispersées, c'est-à-dire surtout à l'intérieur des États-Unis et de l'Afrique, et en mer.

Ironie : on ne peut et ne pourra communiquer en mer que par le ciel. On ne peut et ne pourra pas communiquer sur la terre sans passer sous la mer.

La mer fournira encore au sédentaire les moyens du nomadisme, tandis que l'espace fournira au nomade les moyens de la sédentarité.

Les ressources sous-marines, bientôt disponibles

La mer contient aussi des ressources immenses en énergie et en matériaux rares, de plus en plus nécessaires. Leur exploitation ne fait que commencer. Rien ne garantit qu'elle sera écologiquement supportable.

En 2017, les réserves d'hydrocarbures en mer sont évaluées à environ 650 milliards de barils, soit 20 % des réserves mondiales connues de pétrole et 30 % des réserves de gaz. Les principaux gisements parfaitement répertoriés en 2017 sont au Moyen-Orient à des profondeurs faibles ; 450 champs de pétrole à plus de 1 000 mètres de profondeur ont aussi été identifiés en Méditerranée et dans le golfe de Guinée (Nigeria, Angola). En particulier, l'espace maritime français laisse penser que des découvertes significatives sont possibles en Guyane, à Saint-Pierre-et-Miquelon, près de Mayotte et en Nouvelle-Calédonie. On estime encore que de nombreuses ressources d'hydrocarbures se trouvent aussi en Arctique[28].

De telles ressources devraient ne jamais pouvoir être utilisées, pour des raisons doublement écologiques : pour protéger les fonds marins, et pour ne pas émettre du CO_2 en consommant ces énergies[162].

Les océans contiennent aussi des réserves inexploitées de métaux rares, sous forme de sphères d'une dizaine de centimètres, des nodules, composées d'oxydes de fer et de manganèse, de cuivre, de cobalt, de nickel, de platine, de tellure et de métaux rares comme le lithium et le thallium. Les principales réserves de ces nodules, découverts en 1868 dans la mer de Kara, au nord de la Sibérie dans l'océan Arctique, sont entre 3 500 et 6 000 mètres de profondeur au nord de l'océan Indien, au sud-est du Pacifique, au centre-nord du Pacifique et dans la zone de Clarion-Clipperton à l'ouest du Mexique. On estime qu'il y aurait 34 milliards de tonnes de nodules, contenant trois fois plus de cobalt, de manganèse et de nickel, et 6 000 fois plus de thallium, que la totalité des ressources connues hors des océans[162].

Dans les océans se trouvent aussi des sulfures hydrothermaux contenant du cuivre, du zinc, du plomb, de l'argent et de l'or ainsi que des éléments rares (indium, germanium, sélénium). Les gisements sont surtout situés le long des dorsales océaniques. Les océans renferment aussi, notamment dans la zone Clarion-Clipperton, dans le nord-est du Pacifique, des croûtes cobaltifères, estimées à près de 7,5 milliards de tonnes.

L'exploitation de ces nodules et sulfures sera très compliquée techniquement et écologiquement : les engins devraient être capables de subir une pression de 500 bars, de supporter les courants et d'aller dans des zones très dispersées. De plus, les zones contenant ces nodules sont aussi des réservoirs de vie d'une exceptionnelle biodiversité. Sans doute vaut-il mieux se préparer, là aussi, à ne jamais les exploiter, à les considérer comme un sanctuaire, comme l'Arctique l'est déjà.

La mer, ce sont aussi plusieurs réservoirs importants d'énergies renouvelables : le vent, les marées, les courants. On estime la capacité énergétique des marées et des courants à 160 gigawatts (soit 160 réacteurs nucléaires) ; celle des vagues à entre 1,3 et 2 térawatts (soit de 1 300 à 2 000 réacteurs nucléaires) ; celle des gradients thermiques à 2 000 gigawatts et celle des gradients de salinité (dus à la différence de concentration en sel au lieu où les fleuves rencontrent la mer) à 2 600 gigawatts. On ne sait pas encore comment les récupérer de façon significative et durable[162].

Partout s'y ajoutera à très long terme le développement des biotechnologies, de l'aquaculture, de la désalinisation, dont on reparlera plus loin. Au total, la mer restera au moins la deuxième activité humaine, sinon la première, devançant le secteur agroalimentaire[162]. Encore faudra-t-il, une nouvelle fois, que cela soit compatible avec la survie durable des océans.

Quelles nations domineront économiquement la mer ?

Pour la première fois dans l'histoire, la nation militairement et économiquement dominante, les États-Unis, ne dominera plus économiquement la mer : ils n'abriteront pas dans l'avenir les premiers ports du monde et ne contrôleront pas les premières sociétés d'armement naval.

En revanche, les États-Unis seront durablement le pays le plus avancé en matière de transport de données sous-marines, et en câbles sous-marins à venir, qui seront initiés et contrôlés par des firmes privées américaines. Facebook et Google ont ainsi commencé à déployer 6 600 kilomètres de fibre optique sous-marine entre l'État de Virginie et la ville de Bilbao en Espagne. Ce câble disposera de huit paires de fibres et aura une capacité initiale estimée de 160 térabits par seconde ; ce sera la plus importante capacité de transport de données entre les deux continents, et elle pourra augmenter facilement grâce à une grande interopérabilité avec des équipements de réseaux multiples[207]. Ces deux firmes américaines développent aussi ensemble un autre câble, de 12 800 kilomètres de fibre optique sous-marine ultra-rapide, liant Hong Kong à la Californie ; il entrera en service en 2018[207]. Un autre câble américain doit relier New York à Londres avec un débit de 52 térabits par seconde. Un autre câble direct entre les États-Unis et le continent européen, aboutissant à Marseille, va s'interconnecter avec les câbles desservant le Moyen-Orient, l'Inde et l'Asie.

Par ailleurs, le transport de données par satellites sera aussi, dans les prochaines décennies, dominé par les États-Unis. Les Américains Boeing et SpaceX envisagent, à l'horizon 2020-2030, l'envoi de plusieurs fusées en vue de déployer des constellations de satellites pour garantir une connectivité instantanée et sans faille. Ces satellites ne représenteront qu'une part très faible du transport des données.

Au total, les États-Unis (États et entreprises confondus) domineront pendant au moins trente ans encore les câbles sous-marins, les satellites et les données qui y circuleront. Ils s'en serviront en particulier pour assurer la sécurité des routes maritimes à leur profit, et pour contrôler l'essentiel de la valeur produite dans le monde, notamment dans tous les nouveaux métiers de la finance, de la robotique, de l'intelligence artificielle, de l'information, des réseaux d'intelligence et d'information, des systèmes financiers et des universités, de la gestion des données, de la santé, de l'éducation.

La mer renforcera donc durablement la puissance relative des États-Unis.

La Chine, elle, conservera sur son territoire quelques-uns des premiers ports du monde ; c'est d'eux que partiront encore les principaux chargements de marchandises physiques – pour l'essentiel, par la mer.

Autour de 2035, la Chine sera la première puissance de l'ancien monde, et les États-Unis celle du nouveau.

Plus tard, peut-être, la Chine prendra aussi le pouvoir dans l'industrie et le transport des données : elle s'est récemment lancée dans des projets de câbles sous-marins en mer de Chine et à travers le Pacifique, puis l'océan Indien et l'Atlantique. Huawei Marine concourt même en ce moment à la préparation de 46 projets de câbles sous-marins. En particulier, cette entreprise chinoise, d'origine militaire, participe à un consortium pour poser bientôt un câble de 6 000 kilomètres sous l'Atlantique reliant Kribi (Cameroun) à Fortaleza (Brésil). L'Afrique et le Brésil, l'une et l'autre si stratégiques pour la Chine.

Les autres puissances asiatiques, tels l'Indonésie, la Corée, le Japon, le Vietnam, la Malaisie et l'Australie, s'ordonneront autour d'elle. Puis viendra peut-être le tour de l'Éthiopie et du Nigeria, des puissances du Golfe et du Maroc.

Dans ce monde en devenir, les nations européennes ne pourront maintenir leur niveau de vie que si elles retrouvent et développent leur identité et leur puissance maritime.

Et la France, une neuvième tentative ?

La France ne deviendra une grande puissance que si, d'abord, Paris devient un port. Et ce port ne peut être que Le Havre[13]. Il faut donc que Paris se vive comme une ville portuaire, que la capitale comprenne qu'elle a tout intérêt, économiquement, socialement, culturellement, à s'inscrire dans l'axe Seine. Et, pour cela, qu'une autorité unique coordonne toute la vallée de la Seine ; en particulier, que l'ensemble Paris-Rouen-Le Havre forme une entité administrative et politique unique, comme celle qui rassemble déjà les ports des trois villes sous le nom d'« Haropa ». Pour que ce port grandisse et atteigne une taille mondiale (avant que les routes polaires ne redonnent l'avantage aux ports de l'Europe du Nord), il faut que la mer soit clairement une priorité pour la France, et que notamment le désenclavement du Havre soit engagé, en termes d'infrastructures portuaires, de liaisons ferroviaires et fluviales rapides avec Paris et les ports fluviaux d'Europe centrale, à commencer par Duisbourg ; et que le mode de circulation des conteneurs soit facilité.

Bien d'autres ports, tels Marseille, Boulogne, Dunkerque, Calais, Bordeaux, Brest, Saint-Nazaire, devront aussi être mieux reliés à leur arrière-pays.

Par ailleurs, il faut valoriser l'immense espace maritime français, le deuxième du monde, avec 11 millions de kilomètres carrés ; cela passe par une valorisation de son outre-mer, où tout se jouera. Bien des choses sont à y faire. On peut même y localiser des institutions nationales en charge de la mer ; faire de la Réunion une étape dans la route chinoise vers l'Afrique ; faire de Cayenne un des grands ports de l'Amérique latine, de Papeete une étape majeure dans le Pacifique, des Antilles un haut lieu du tourisme maritime écologique. Il est impératif que la France reprenne une maîtrise dans l'industrie des câbles sous-marins. Que son territoire soit très rapidement câblé. Et tant d'autres projets possibles, en lien aussi avec les pays francophones environnants. Pour cela, il faudra qu'une culture maritime imprègne toute la société française et qu'on y valorise enfin plus le changement que la routine, sans perdre la passion pour le raffinement, l'excellence et le durable.

Pourra-t-on quand même réussir sans accès à la mer ?

Certains pays continueront de réussir sans accès à la mer. La recette : le développement de produits de très haute valeur ajoutée, légers ou immatériels, et de moyens de transport adaptés.

C'est dans le manque que se trouve le premier ressort de l'action.

Deux pays peuvent servir de leçon pour les autres.

C'est d'abord le cas de la Suisse, un des pays les plus développés du monde et pourtant sans accès à la mer. C'est même justement l'absence d'accès à la mer qui a poussé la Suisse à se spécialiser dans les produits à très haute valeur ajoutée : les machines-outils, la chimie, l'industrie pharmaceutique, les instruments de précision et les services financiers. 43 % de ses exportations sont transportées par avion ; 20 % de ses importations et 15 % de ses exportations se font par le rail, et 10 % par transport fluvial ; la route traite le reste. À l'intérieur du pays, 16 compagnies de navigation gèrent plus de 140 navires qui parcourent les douze lacs et un réseau fluvial navigable sur le Rhin de Bâle à Rheinfelden, puis de Schaffhouse au lac de Constance.

Cette obsession de l'excellence et le développement de services financiers – passant par des câbles souterrains, puis sous-marins – ont fait et feront le reste. La Suisse ne conservera son rang qu'en s'inscrivant dans l'économie des données. Sans pour autant jamais devenir une superpuissance.

C'est aussi – tout à fait autrement, et à une tout autre échelle – le cas du Rwanda. Depuis vingt ans, le

PIB par habitant de ce pays totalement enclavé a été multiplié par cinq, en restant très bas (945 dollars en termes de pouvoir d'achat). En passant d'une économie encore essentiellement minière et agricole à une économie partiellement de services. Ses principaux produits d'exportation sont encore les métaux, les minerais, le café, le thé, les céréales et les légumes expédiés vers la RDC, le Kenya, les États-Unis, la Chine, les Émirats arabes unis et l'Inde. 95 % de ses exportations autres que le thé et le café vont par la route ou le rail vers les ports de Mombasa au Kenya et de Dar es-Salam en Tanzanie, premier et deuxième ports d'Afrique orientale. Le développement du numérique et des services (qui devront être assurés par câble souterrain, puis sous-marin) sera clé dans cette stratégie.

À l'horizon 2050, le Rwanda se rêve comme « un nouveau Singapour ». Il devra aussi aménager un cadre législatif permettant d'organiser le transport par drones de marchandises dans les zones reculées du pays et vers les ports. Ici encore, son avenir dépend de son inscription dans le transport des données.

Ces exemples pourraient être utiles à d'autres pays enclavés, comme le Kazakhstan (le plus grand pays du monde sans accès à la mer), l'ensemble des pays d'Europe centrale et certains pays d'Amérique latine.

Au total, le développement relatif des pays passera par la place qu'ils donneront à la mer, et par les modifications profondes de leur modèle de développement, en vue de créer une économie maritime positive, dont il sera longuement question au dernier chapitre de ce livre.

Chapitre 10

Demain : géopolitique de la mer

La mer restera très longtemps encore la source et l'enjeu du pouvoir des hommes sur les hommes. Et tout nous annonce que la grande puissance économique de demain sera partagée entre une nouvelle superpuissance de l'ancienne économie, la Chine, et une ancienne superpuissance de la nouvelle économie, les États-Unis ; toutes deux bordant le Pacifique. Tout nous annonce aussi que les tensions géopolitiques seront surtout aux points de rencontre, avant tout maritimes, de ces deux puissances. Donc, pour l'essentiel, autour de la mer de Chine et du Pacifique, et sur les routes par où arrivent leurs ressources vitales et d'où partent leurs productions vers le reste du monde.

La géopolitique maritime
de la guerre froide

De 1945 jusqu'à aujourd'hui, l'océan est resté au centre de toutes les tensions, de presque toutes les guerres locales et de toutes les menaces ayant failli déboucher sur une guerre planétaire.

Même si, comme dans l'économie, les avions et les fusées semblent, dès 1945, prendre un rôle géopolitique majeur, c'est encore sur la mer, et surtout sous la mer, que tout s'est joué : c'est là que, depuis lors, se trouvent les armes les plus dangereuses. C'est aussi sous la mer qu'ont été posés tous les câbles dont la protection est géopolitiquement essentielle aux puissants.

C'est d'abord autour de la mer qu'est créée en 1949 l'Alliance atlantique, dont la mission est d'y assurer une libre circulation et de défendre tous les pays riverains contre toute attaque émanant de l'Union soviétique.

C'est sous cet océan, principalement, que viennent rôder, à partir de 1950 et du début de la guerre froide, des sous-marins équipés d'un moteur nucléaire, et porteurs chacun de nombreuses fusées intercontinentales pourvues chacune de multiples têtes nucléaires : en 1950, l'*USS Halibut* est le premier bateau classifié comme sous-marin nucléaire lanceur d'engins. Les Soviétiques suivent rapidement les États-Unis dans cette course aux armements les plus terrifiants.

La Chine populaire entreprend aussi de créer, avec l'URSS, une marine de guerre, dès l'arrivée au pouvoir de Mao Zedong, qui déclare, en cette même année 1950 : « Pour nous opposer à l'agression impérialiste, nous devons construire une marine puissante. »

En 1956, la crise de Suez marque l'échec de la dernière tentative franco-britannique de faire respecter leurs droits d'anciennes puissances ; et la consécration du nouvel imperium américano-soviétique. La France et la Grande-Bretagne, pour essayer d'empêcher la nationalisation par le nouvel homme fort, l'Égyptien Gamal Abdel Nasser, du canal de Suez – créé par l'une et repris par l'autre –, parachutent des troupes en Égypte, avant d'être honteusement désavouées et chassées par les deux nouveaux grands, qui se partagent désormais la maîtrise des mers et du monde.

La guerre froide connaît son apogée six ans plus tard, à la mi-octobre 1962, encore sur la mer, quand les Soviétiques envoient vers Cuba – devenue communiste en 1959 – des bateaux porteurs de missiles nucléaires. Pour empêcher leur débarquement et leur installation sur l'île, le président américain John F. Kennedy organise, le 24 octobre, le blocus de Cuba. La tension est à son comble ; une guerre nucléaire est proche. Trois jours plus tard, les Soviétiques cèdent et leurs navires font demi-tour, remportant leurs fusées. En contrepartie de façade, les États-Unis renoncent à installer des missiles nucléaires en Turquie.

Trois ans plus tard, la Chine, ayant rompu avec la Russie, décide de construire seule sa marine militaire.

Elle n'est pas la seule : le 29 mars 1967, le premier sous-marin nucléaire français, *Le Redoutable*, avec 16 missiles de 3 000 kilomètres de portée, est mis à l'eau dans le port de Cherbourg.

La guerre froide est désormais fondée sur une dissuasion nucléaire, opposant essentiellement des sous-marins capables de lancer, sans être détectables, des fusées sur le territoire de l'ennemi. Beaucoup plus sûrs et moins vulnérables que les armes nucléaires chargées sur des avions ou envoyées depuis des bases terrestres.

La course est lancée. Le nombre de ces sous-marins nucléaires lanceurs d'engins augmente vite : en 1970, les États-Unis en possèdent 41, et l'URSS 44. D'autres pays s'en dotent aussi. Après *Le Redoutable*, la France construit *Le Terrible*, *Le Foudroyant*, *L'Indomptable*, *Le Tonnant*.

La guerre froide prend un autre tour en janvier 1983, avec le lancement de la « guerre des Étoiles » par le président américain Ronald Reagan. Elle vise à développer des technologies permettant de détruire en vol les fusées intercontinentales ennemies après leur tir vers les États-Unis par un sous-marin nucléaire, puisque ces sous-marins restent indétectables. Les Soviétiques tentent d'y répondre en se lançant dans une course technologique. C'est pour eux vital. Car, si ces nouvelles technologies deviennent efficaces, c'est toute leur dissuasion nucléaire qui s'effondre. Le débat sur le désarmement reprend et hésite. Plusieurs traités annoncent la réduction des armements nucléaires.

Le 2 avril 1982, un incident isolé, ne mettant pas en jeu les grandes puissances, oppose la Grande-Bretagne et l'Argentine, dans l'Atlantique Sud : les généraux argentins envoient quatre frégates, un sous-marin, un navire de débarquement de chars, un brise-glace et un cargo occuper des îles voisines de leurs côtes, les Malouines (ainsi nommées en 1764 par leurs premiers résidents, des pêcheurs de Saint-Malo, mais reprises depuis 1833 par les Anglais). Immédiatement, Margaret Thatcher, alors Premier ministre britannique, dépêche, pour les récupérer, neuf navires : cinq à vocation antiaérienne, trois à vocation anti-sous-marine et un pétrolier de ravitaillement. Le Royaume-Uni prend alors conscience de la formidable misère de la Royal Navy. Au terme de combats navals où interviennent des lance-torpilles argentins et qui causent la mort d'environ 250 Britanniques et 750 Argentins, les troupes argentines se rendent le 14 juin. États-Unis et URSS sont soigneusement tenus à l'écart du conflit.

En 1986, un nouveau dirigeant soviétique, Mikhaïl Gorbatchev, incapable de suivre cette course aux armements, prend acte de l'échec du système soviétique et décide la *pérestroïka*. En 1992, c'est la fin de l'Union soviétique : la guerre froide s'est jouée, comme les autres guerres avant elle, sur et sous la mer.

Signe des temps : l'année suivante, les Chinois inaugurent leur premier sous-marin nucléaire lanceur d'engins.

Premières escarmouches maritimes d'une éventuelle troisième guerre mondiale

Pendant cette guerre froide, des escarmouches maritimes annoncent aussi ce qui se jouera dans l'avenir, entre les nouvelles puissances, et sur les nouveaux champs de bataille. Toutes ces escarmouches impliquent, d'une façon ou d'une autre, la Chine, la mer de Chine et les îles ou îlots qui s'y trouvent : les îles Spratleys, Paracels et Pratas ; le récif de Scarborough et le banc Macclesfield.

En 1974, après l'attribution par le gouvernement de Saigon d'autorisations de prospection à des compagnies pétrolières américaines, une bataille oppose la Chine au Sud-Vietnam, qui y perd le contrôle des îles Paracels. En 1977, les Philippines tentent, en vain, de s'emparer d'îles dans l'archipel des Spratleys, tenues par les Chinois de Taiwan.

En 1988, en mer de Chine, la Chine prend possession d'un récif des îles Spratleys, faisant partie de la zone économique étendue qu'elle réclame, revendiquée aussi par les Philippines et le Vietnam. Début 1995, les Chinois installent des constructions militaires sur des récifs au large de l'île de Palawan. L'ASEAN obtient de chacun des trois pays l'engagement de s'informer mutuellement de tout mouvement militaire dans les zones contestées, et de ne pas ériger de nouvelles constructions sur les archipels. Accord violé par les trois pays : en mai 2004, le Vietnam édifie un aéroport sur une des îles Spratleys ; et, à partir de 2009, la Chine entreprend d'énormes remblais, transformant des récifs coralliens en ports, et lançant la construction de quatre bases militaires dans les Paracels, de quatre autres sur des îles artificielles au large de l'archipel des Spratleys, et de trois autres sur des îles artificielles dans cette zone économique exclusive, revendiquée aussi par les Philippines. Ces îles artificielles sont bientôt plus grandes que les îles naturelles voisines.

En juin 2011, les Philippines décident de rebaptiser la mer de Chine méridionale « mer des Philippines de l'Ouest ». En 2012, la Chine leur interdit l'accès au récif de Scarborough et, en mai 2015, transforme le récif de Subi en une île artificielle. À la demande des Philippines, un jugement du 12 juillet 2016 de la Cour permanente d'arbitrage – que la Chine refuse de reconnaître – déclare « qu'il n'y a aucun fondement juridique pour que la Chine revendique des droits historiques sur des ressources dans ces zones maritimes ».

Futurs espaces dominants, sources de confrontations futures

Ces escarmouches indiquent bien d'où peuvent surgir les prochains conflits : ils opposeront, comme toujours, sur les mers, des puissances rivales, même si leurs contentieux seront en général terrestres. Pour bloquer, pour envahir, pour retarder des débarquements, pour organiser des blocus, ou pour contrôler les routes commerciales et les câbles sous-marins de l'ennemi. Ou encore pour s'approprier de précieuses ressources sous-marines[37]. À moins que ces conflits n'opposent encore, à coups de missiles lancés par des sous-marins, des nations rivales.

Les nations dominantes, ou tentant de le devenir, seront vraisemblablement toutes situées autour du Pacifique. Elles voudront toutes, et d'abord les États-Unis et la Chine, maîtriser l'essentiel de cet océan. Et, en particulier, y contrôler l'accès aux matières premières et les réseaux de transport de leurs marchandises.

Elles s'affronteront aussi dans les zones de passage des grands bateaux, qui conditionnent leurs approvisionnements et leurs exportations ; dans les zones détenant des réserves importantes de matières premières ; et aux points de passage stratégiques des câbles sous-marins[37].

Des acteurs marginaux ou nouveaux, telles les organisations criminelles et terroristes, s'en prendront à ces lieux pour frapper au cœur des puissances qu'elles contestent[21].

On peut nommer ces zones potentielles de conflit dans un ordre de probabilité décroissante :

— La mer de Chine méridionale (3,5 millions de kilomètres carrés), qui va de l'est du Vietnam au sud de la Chine, de l'ouest des Philippines au nord de l'Indonésie. C'est un lieu intense de passage : par elle transitent 90 % du commerce extérieur de la Chine, 30 % du trafic maritime mondial et plus de la moitié du tonnage de pétrole transporté par mer. Le trafic y est trois fois plus grand que celui passant par le canal de Suez et cinq fois plus que celui du canal de Panama. Là se trouvent aussi 8 % des prises mondiales des pêcheurs ; enfin, autour des îles (Spratleys, Pratas et Paracels) se situent d'énormes réserves de matières premières et de pétrole. La Chine et les Philippines sont, en particulier, en situation de tension extrême pour le contrôle de ces îles[114].

— La mer de Chine orientale (1,3 million de kilomètres carrés), située entre la Chine, le Japon, la Corée du Sud et Taiwan, est aussi un lieu stratégique. S'y trouvent les cinq plus grands ports mondiaux : quatre en Chine (Ningbo-Zhoushan, Shanghai, Guangzhou et Tianjin) et un en Corée du Sud (Busan). Y circulent environ 20 % du commerce mondial. Cinq petites îles et trois rochers nommés Senkaku/Diaoyu y sont très disputés[114]. Enfin, la Corée du Nord menace à tout instant de déclencher une guerre nucléaire planétaire.

— L'océan Indien, par lequel passe la quasi-totalité des importations et des exportations chinoises comme indiennes, est aussi un lieu stratégique, où peuvent se déclencher bien des conflits. La Chine l'a compris qui y installe un grand nombre de comptoirs relais pour ses bateaux.

— La mer Rouge reste essentielle : par là passent chaque année 20 000 navires transportant de l'Asie

vers l'Europe 20 % du commerce mondial des pro-
duits manufacturés et pétroliers. Les États-Unis et la
France y maintiennent en permanence une flotte depuis
Djibouti.

— Le golfe Persique, où se croisent et se rencontrent
toutes les puissances sunnites et chiites, de l'Irak à
l'Iran, de l'Arabie au Qatar. On y trouve 60 % des
réserves de pétrole mondiales ; on y exporte 30 % du
pétrole mondial.

— La Méditerranée garde aussi une importance stratégique majeure : elle est entourée par 11 pays européens, 5 pays africains et 5 pays asiatiques, peuplés en
tout par plus de 425 millions de personnes. Ses deux
seules ouvertures (Suez et Gibraltar) en font la plus
grande mer fermée du monde. Par elle passent 30 % du
commerce mondial ; 130 000 bateaux, dont 20 % des
pétroliers et 30 % des navires marchands, y circulent.
Par là arrivent les trois quarts de l'approvisionnement
de la France en gaz naturel. On y trouve des champs
gaziers, en particulier devant la Grèce, Chypre, Israël,
la Turquie et le Liban. Ses côtes forment la première
région touristique de la planète, qui accueillera, sauf
nouvelle crise, plus de 500 millions de touristes en 2030.

Face aux 500 millions d'habitants de sa rive riche
survivent 1 milliard d'habitants (bientôt 2 milliards) sur
sa rive pauvre. Plus de 360 000 migrants l'ont traversée
en 2016, de la Libye et de la Tunisie vers l'Italie, et de
la Turquie vers la Grèce et la Bulgarie. Des bateaux
de plus en plus grands transportent chacun jusqu'à
900 personnes, et bientôt plusieurs milliers, à chaque
voyage. On peut même craindre l'envoi de bateaux
suicides chargés d'otages vers les côtes italiennes,
espagnoles, grecques ou françaises. D'où une présence

renforcée, dès aujourd'hui, de nombreuses flottes de guerre, telles celles de la France, des États-Unis et de la Russie (qui y possède un port, Tartous, en Syrie, au moins jusqu'en 2042).

— Enfin, l'Atlantique, longtemps si convoité, n'est plus un enjeu pour le moment, et pourrait même être abandonné par la marine militaire des États-Unis. Seul l'Atlantique Sud est encore surveillé, parce qu'il est une route du commerce international de la drogue entre l'Amérique latine et l'Afrique, et parce que le golfe de Guinée contient de grandes ressources pétrolières et de vastes réserves de pêche.

Les détroits, lieux de conflits potentiels

Les détroits reliant ces mers sont aussi des lieux exceptionnellement stratégiques, sources de conflit et points faibles de tous les belligérants, en cas de bataille :

— Par le détroit de Malacca[138], entre Sumatra en Indonésie, la Malaisie et Singapour, passent chaque année plus de 65 000 navires, avec près de 20 % du transport maritime mondial, dont la moitié du commerce maritime de pétrole et 80 % des ressources énergétiques de la Chine[138]. L'étroitesse du détroit en fait, depuis des millénaires, une cible privilégiée de la piraterie et du terrorisme, qui pourraient ainsi bloquer aisément, un jour, toute l'économie mondiale : il suffirait d'y couler trois bateaux.

— Par le détroit d'Ormuz[121], large de 63 kilomètres, au large d'Oman, entre l'Iran et les Émirats arabes unis, passent chaque année 2 400 pétroliers transportant chaque jour 17 millions de barils de pétrole et 30 % du commerce mondial de pétrole. Mêmes risques.

— Par le détroit de Bab-el-Mandeb (« la porte des fleurs »), qui sépare Djibouti du Yémen, transitent tous les bateaux qui vont de la mer Rouge au golfe d'Aden, donc à l'océan Indien. Mêmes risques.

— Par le canal de Mozambique, qui jouxte l'île des Comores, entre le Mozambique et Madagascar, circulent de très nombreux bateaux. Sous la mer, il y a beaucoup de pétrole ; en particulier à proximité de Mayotte, terre française. Mêmes risques.

— À cela s'ajoute le projet de construire, à partir de 2018, un canal de 180 kilomètres de long entre la mer Rouge et la mer Morte, dont le niveau baisse d'un mètre tous les ans. Il permettrait de redonner vie à cette mer, sur les rives de laquelle a été fondée la toute première ville de l'histoire humaine, Jéricho. Et de participer à un début de solution constructive au problème israélo-palestinien.

L'Arctique, lieu de passages et de revendications

L'Arctique recèle d'énormes réserves de pétrole sous-marin et il n'est pas protégé des convoitises nationales par un traité spécifique, comme l'est l'Antarctique, mais seulement par les règles générales du traité de Montego Bay de 1982. Aussi tous les riverains réclament-ils le droit de s'y approprier des « zones économiques exclusives » et d'y faire transiter leurs bateaux par les passages dont il a été question au chapitre précédent. Or ces revendications sont contradictoires, car leurs zones économiques exclusives se recouvrent ; et les conflits potentiels sont donc très nombreux[128].

Le Danemark revendique l'île de Hans, à côté du Groenland qu'il contrôle, alors que les populations autochtones cherchent à négocier directement avec les entreprises énergétiques et minières.

Les États-Unis revendiquent la mer de Beaufort et utilisent leur base aérienne à Thulé (Groenland)

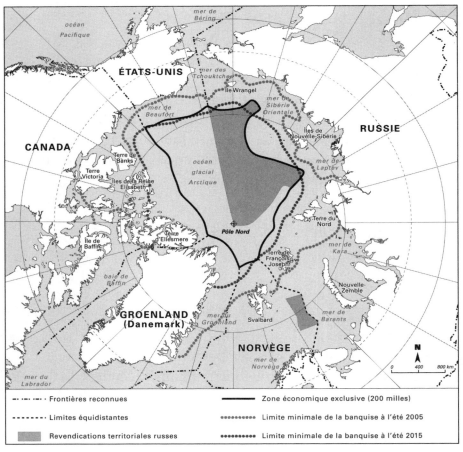

Les frontières dans l'Arctique

pour gérer leur réseau de radars. Les sous-marins américains passent déjà sous la banquise et au large des îles canadiennes, sans demander l'autorisation à personne.

La Russie revendique le pôle Nord, et la « dorsale de Lomonossov », très grand espace de près de 1,2 million de kilomètres carrés, en affirmant qu'elle se trouve dans son plateau continental ; elle a aussi en projet d'exploiter, dans la mer de Barents, le gisement de Chtokman, qui contiendrait près de 2 % des réserves mondiales de gaz naturel. Si la fonte de la banquise suit son cours actuel, ces gisements seront exploitables d'ici à cinq ans.

La Chine veut aussi y contrôler les passages du Nord-Est et du Nord-Ouest, dont il a été question au chapitre précédent, et qui seront essentiels à la réduction du coût du transport de ses marchandises vers les marchés occidentaux.

Le Canada s'oppose à toutes ces revendications, et a entrepris la création d'une base militaire au nord de l'île de Baffin (nord de Terre-Neuve). Il considère que ces passages font partie de ses eaux territoriales – ce que, évidemment, tous les autres pays refusent de reconnaître.

Les zones de passage des câbles sous-marins

Les câbles sous-marins passant dans toutes ces mers, à toutes profondeurs, ne sont pas sans fragilité : ils peuvent être détériorés par la corrosion naturelle, grignotés par les requins, abîmés par les ancres des navires raclant les fonds marins et par les filets de pêche, ou encore déchiquetés par l'activité volcanique des fonds sous-marins (en 1929, juste après le grand krach boursier, un tremblement de terre a détruit le premier réseau de câbles transatlantiques, alors seulement télégraphiques et téléphoniques). Et aussi endommagés de façon volontaire.

Les câbles sous-marins sont également des sujets de convoitise[238] : la NSA américaine intercepte déjà près du quart des données transmises mondialement, par ces câbles, en se connectant en plusieurs points d'accès. De petits sous-marins sont aujourd'hui capables d'aller intercepter toutes les communications et tous les échanges de données sur ces câbles et de les sectionner. Signe des temps : les sous-marins et les patrouilleurs russes à proximité de ces câbles ont augmenté de 50 % leurs rondes entre 2014 et 2015[221].

Pour les protéger, les puissances envoient leurs marines de guerre dans les parages, et l'on commence à enfouir ces câbles sous les fonds marins et à les recouvrir d'une armure plus épaisse.

Pour gérer ces menaces, des marines de guerre

Le monde est, et sera donc, encore très largement tributaire de ce qui se déroule en mer et sous la mer. C'est par là que passera encore l'essentiel de ce dont auront besoin les nations pour survivre. En cas de conflit, c'est là que, comme toujours, les ennemis tenteront de frapper en premier : pour couper à l'adversaire l'accès aux ressources et pour empêcher l'arrivée de ses alliés.

C'est aussi à ces lieux, si l'on n'y prend garde, que s'en prendront un jour les mouvements terroristes, lorsqu'ils auront compris où se trouve la réalité du pouvoir économique et géopolitique, et la nature réelle de ses fragilités.

C'est donc en mer, et sous la mer, au plus loin et au plus profond, que se joue l'essentiel de la défense d'un territoire.

Face à ces menaces, à la fois pour attaquer et pour se défendre, toutes les armes seront nécessaires : la marine ; l'aviation, embarquée ou non ; les satellites pour surveiller ; l'armée de terre pour garantir la protection des côtes et des ports, et pour embarquer sur les bateaux.

En particulier, les marines de guerre vont prendre des proportions gigantesques.

Elles se sont déjà beaucoup développées : en 1914, 39 pays avaient une marine de guerre. Il y en a aujourd'hui 150, dont 7 sont dominantes : les 5 membres permanents du Conseil de sécurité de l'ONU, le Japon et l'Inde.

À l'avenir, la course aux armements se jouera d'abord en mer, et entre les États-Unis et la Chine.

La marine militaire américaine est depuis 1945, et sera encore très longtemps, mondialement dominante : le tonnage militaire des États-Unis dépasse le total des tonnages des 6 pays qui les suivent. Les États-Unis disposent aujourd'hui de 50 sous-marins nucléaires d'attaque (SNA), de 14 sous-marins nucléaires lanceurs d'engins (SNLE), de 11 porte-avions et de plus de 275 navires de guerre ; pour un tonnage dépassant 3 millions de tonnes. Un seul destroyer de classe *Arleigh*

Burke est capable de transporter 96 missiles de types variés. Un porte-avions nucléaire de classe *Nimitz*, de plus de 330 mètres de long, embarque à lui seul près de 6 000 hommes et 80 appareils. Quelque 13 milliards de dollars ont été dépensés pour la construction de l'*USS Gerald R. Ford*, le premier d'une nouvelle série de porte-avions. La plus grande base aéronavale du monde, à Norfolk, en Virginie, emploie près de 60 000 civils et militaires, soit plus que l'ensemble des personnels de la marine française. Et l'US Navy dispose aujourd'hui de plus d'une trentaine de bases à l'étranger, sur toutes les mers ouvertes du globe.

En 2034, l'US Navy devrait compter au moins 300 navires de guerre, dont 3 nouveaux porte-avions de type *Gerald R. Ford*, embarquant des avions de chasse F-35. L'état-major américain estime aujourd'hui qu'il faudra de 80 à 150 milliards de dollars supplémentaires sur les sept prochaines années pour disposer de 355 navires de guerre en 2030[153].

Commenceront aussi à apparaître dans l'US Navy des navires autonomes, des drones marins, équipés d'armements à énergie dirigée (lasers, rayonnement électromagnétique, ou faisceaux de particules de types neutron ou plasma) et de drones aériens lanceurs d'engins. Rien n'indique qu'à cette date les sous-marins, SNA et SNLE, seront détectables.

La Chine, qui possède aujourd'hui 183 navires de guerre, dont la plus importante flotte de sous-marins d'attaque au monde (65, contre 50 aux États-Unis), accélère considérablement le développement de sa marine de guerre : elle a construit 80 navires militaires entre 2013 et 2017. Son premier porte-avions conçu en Chine devrait entrer en service en 2020. En 2020, la

Chine pourra disposer de plus de 70 SNA et SNLE. En 2030, sa flotte de guerre sera pratiquement égale, sinon supérieure, à celle des États-Unis : soit 415 navires de guerre (4 porte-avions, 60 sous-marins conventionnels, 12 sous-marins nucléaires dont 5 ou 6 SNA et SNLE, 26 destroyers, 40 frégates, 26 corvettes, 73 bateaux amphibies et 111 bateaux lance-missiles).

Le Japon possède plus de destroyers et de frégates que la Grande-Bretagne et la France réunies, mais n'a pas de moyens nucléaires ; il continuera à développer sa marine et se dotera de porte-avions. De même pour les deux Corée. Celle du Sud a 15 sous-marins et 70 000 hommes ; celle du Nord, 70 sous-marins et 60 000 hommes.

L'Inde, dont la population dépasse déjà celle de la Chine, aura, en 2030, 12 sous-marins conventionnels, 7 SNLE, 16 destroyers et 4 porte-avions. Elle disposera ainsi de la deuxième flotte de porte-avions au monde et de la deuxième flotte militaire navale d'Asie[148]. Le Pakistan souhaitera rivaliser et se doter de sous-marins.

L'Indonésie, future superpuissance planétaire, aura 274 navires de combat, dont une trentaine de sous-marins, mais aucun SNLE. Le Vietnam se fait livrer 6 nouveaux sous-marins russes. L'Australie dispose de 52 navires de guerre et construit 12 SNA français, 9 frégates et 12 patrouilleurs ; elle prévoit de remplacer ses pétroliers-ravitailleurs en 2021 ; et, pour assurer la protection de ses eaux et approches maritimes, une nouvelle classe de patrouilleurs hauturiers doit entrer en service à partir de 2018.

Au total, en 2030, la Chine, le Japon, Taiwan, la Corée, le Vietnam, Singapour, l'Inde, le Pakistan, l'Australie, l'Indonésie et la Malaisie auront plus de la moitié des sous-marins du monde et presque autant de porte-avions que le reste de la planète.

La Russie, pays profondément continental, débute son renouveau géostratégique. Elle commence à se positionner sur la mer et à être présente sur tous les océans. En 2020, la marine russe aura un nouveau porte-avions, 15 SNLE, 25 SNA, 6 croiseurs et 90 frégates de combat. Au total, 120 navires de combat.

Le Royaume-Uni disposera en 2030 de la plus puissante flotte navale de son histoire grâce à deux nouveaux porte-avions, 4 SNLE et 21 SNA.

La France a vu sa marine très largement réduite : un porte-avions, 6 SNA et 4 SNLE, 21 frégates, 3 bâtiments de projection et de commandement, 21 patrouilleurs, 11 chasseurs de mines, 3 bâtiments remorqueurs, 2 flottilles amphibies[127]. Dans vingt ans, elle disposera de nouvelles frégates et d'un nouveau porte-avions. Rien de plus. On peut craindre, si elle ne fait pas de la mer une priorité stratégique, qu'elle ne doive se résigner à abandonner la protection de tout ce qui n'est pas son territoire métropolitain et ses DOM/COM dans le Pacifique et l'océan Indien. En particulier, elle n'aura pas les moyens de protéger l'ensemble de sa ZEE, qui devrait pourtant constituer le cœur de son patrimoine futur.

On ne trouve dans cette liste aucun pays africain ni latino-américain. Ce sera peut-être pour le siècle suivant.

Enfin, le terrorisme maritime[134] pourrait devenir une nouvelle forme de guerre de l'avenir. On peut imaginer bien des formes qu'il pourrait prendre : utiliser des

sous-marins et des drones ; précipiter des bateaux-
suicides ou chargés d'otages sur des navires de croisière ou sur des ports ; envoyer des bateaux fourrés
d'explosifs et de migrants à travers la Méditerranée ;
ou encore briser quelques-uns des câbles sous-marins
les plus importants.

Chapitre 11

Demain : la mer peut-elle mourir ?

« La mer enseigne aux marins des rêves que les ports assassinent. »

Bernard Giraudeau, *Les Hommes à terre*

Tout ce qui précède montre que la pression humaine sur les océans est de plus en plus forte. Par la pêche, par les transports, par les déchets, par le réchauffement climatique, par l'exploitation des grands fonds, par la violence faite à la nature, sous toutes ses formes.

Tout cela bouleverse les équilibres chimiques et physiques de la planète, et remet en cause les conditions extraordinaires, improbables, fragiles, qui ont permis, il y a 3 milliards d'années, l'émergence de la vie sous la mer, son arrivée sur la terre ferme il y a 500 millions d'années, et enfin son évolution jusqu'à nous, dans la mer, et par la mer.

L'histoire de la mer rencontre donc aujourd'hui l'histoire vue de la mer : l'une peut mettre fin à l'autre. La vie ne disparaîtra pas de la mer. L'espèce humaine, en revanche, parmi d'autres, disparaîtra.

L'océan fournit aujourd'hui encore, et dans l'avenir, l'essentiel de ce qui permet à la vie d'exister : l'air, l'eau, la nourriture et le climat. Sans lui, aucune société, même la plus sophistiquée, ne survivrait. Et si quelques fragiles équilibres chimiques et physiques se déréglaient davantage, la planète deviendrait inhabitable, au moins pour l'homme.

Cela conduirait à la sixième extinction de masse, cette fois provoquée par l'action d'une espèce vivante particulière, et non, comme les précédentes, par la nature elle-même[64]. Si cette catastrophe a lieu, la vie ne disparaîtra pas, comme elle n'a pas disparu lors des précédentes extinctions de masse. Elle subsistera, sous une forme sommaire et résiliente, au moins sous la mer, pour renaître ensuite, d'une façon plus diverse, plus inattendue encore. Mais sans l'espèce humaine, qui, elle, n'y résistera pas.

Or les risques pesant sur notre espèce, et sur la vie en général, sont nombreux. On peut en recenser au moins huit, que voici.

L'insuffisance de l'eau potable

L'eau, on l'a vu, est en quantité constante sur la planète. En proportions variables. En moyenne, 97,4 % de l'eau est salée ; 2,5 %, douce (soit environ 35,5 millions de milliards de mètres cubes). L'eau douce est, en surface, sous forme de glaciers (68,7 %), de nappes phréatiques (30,1 %) et de permafrost (0,8 %) ; et, dans l'atmosphère, sous forme de vapeur (0,4 %). La plus grande concentration d'eau douce liquide sur la planète est le lac Baïkal, avec 23 000 milliards de mètres cubes ; c'est aussi le plus ancien lac existant (25 millions d'années). Au total, moins de 0,8 % de l'eau présente

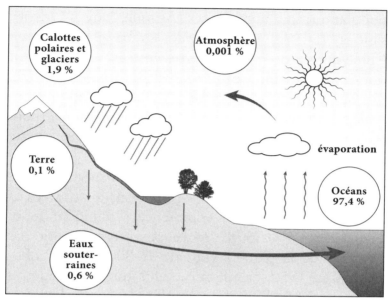

La répartition de l'eau

sur la planète est à la fois potable et liquide. Quantité dérisoire.

L'eau douce sert à l'agriculture (70 %), à l'industrie (20 %), à l'hygiène ; et en très faible proportion à la désaltération des êtres humains et des animaux.

Toute production demande énormément d'eau : 10 litres d'eau sont nécessaires pour produire un jean ; 5 000 litres pour 1 kilo de coton ou 1 kilo de riz ; 600 litres pour 1 kilo de pommes de terre ou de blé ; 450 litres pour 1 kilo de maïs ; 350 litres pour 1 kilo de bananes. Bien plus encore pour 1 kilo de viande. Enfin, pour produire une bouteille en plastique d'un litre, il faut un quart de litre de pétrole et 6 litres d'eau.

L'eau douce est assez mal répartie : elle abonde dans les régions peu habitées (Amazonie, Alaska, Sibérie, Canada, Arctique et Antarctique) et manque là où les populations sont nombreuses (Afrique, Moyen-Orient), sauf en Irak, en Asie centrale, au Bangladesh et en Chine du Nord. 40 % des terres émergées ne reçoivent que 2 % du débit d'eau mondial. La Chine et l'Inde, qui rassemblent les deux tiers de la population mondiale, ne disposent que de 10 % de la ressource mondiale en eau douce. Neuf pays totalisent 60 % de cette ressource[15].

Globalement, en raison de la croissance économique et démographique, et de la pollution des sources et des lacs, l'eau potable commence à manquer mondialement : la ressource moyenne en eau potable par habitant de la planète était de 16 800 mètres cubes par an en 1950, et elle n'est plus que 5 700 mètres cubes en 2017. Plus de 2,7 milliards d'êtres humains manquent déjà d'eau au moins un mois par an. 750 millions de personnes sont en stress hydrique (moins de 1 700 mètres cubes par an d'eau potable), dont 36 % de la population africaine. Les trois quarts des habitants du Moyen-Orient sont en stress hydrique, et la moitié d'entre eux (en Égypte et en Libye) disposent même de moins de 500 mètres cubes d'eau par an. Un milliard de personnes n'ont pas accès à des sanitaires[15].

Et l'on trouve de moins en moins d'eau à puiser : un cinquième des aquifères qui fournissent l'eau potable à la moitié de l'humanité sont surexploités[213].

D'ici à 2050, toujours en raison de la croissance économique et démographique, la demande d'eau potable va encore augmenter de 55 %, dont 70 % pour l'agriculture et 10 % pour les besoins domestiques. De plus, une part croissante de l'eau potable sera polluée. La ressource moyenne en eau potable disponible, par être humain et par an, devrait donc tomber à moins de

5 100 mètres cubes en 2030, soit trois fois moins qu'en 1950 et deux fois moins qu'en 2017. En conséquence, dès 2025, 2,5 milliards de personnes seront en situation de stress hydrique et 1,8 milliard vivront dans des régions frappées par une « rareté absolue de l'eau », avec moins de 500 mètres cubes d'eau par an et par personne[15]. En 2050, plus de 5 milliards de personnes vivront en situation de stress hydrique, et 2,3 milliards avec une rareté absolue de l'eau. À la même date, les nappes aquifères du sous-sol de la partie supérieure du bassin du Gange, et du sud de l'Espagne et de l'Italie, seront épuisées. Et bien d'autres seront en vue de l'être. Le lac Baïkal lui-même est menacé, en particulier par la pollution[15].

L'eau potable sera bientôt plus précieuse que le pétrole, et presque que toute autre matière première. Sauf le sable.

L'épuisement prévisible du sable de la mer

L'eau n'est pas la seule matière vitale, liée à la mer, en voie d'épuisement : le sable est, après l'eau et l'air, la ressource la plus consommée par l'humanité. Formé depuis des milliards d'années par érosion, il est en effet, depuis très longtemps, absolument nécessaire à un très grand nombre d'activités humaines majeures. La construction de logements, de routes, de ponts, exige beaucoup de sable : il faut 200 tonnes de sable pour construire une maison de taille moyenne, 30 000 tonnes par kilomètre d'autoroute et 12 millions de tonnes pour une centrale nucléaire. Le sable est la matière première du ciment et du béton armé (composé de deux tiers de sable et d'un tiers de ciment). Il entre aussi dans la composition du plastique, de la peinture, de la laque pour cheveux, du dentifrice, des cosmétiques, des pneus. Il est aussi essentiel dans la fabrication du verre.

Partout, donc, on recherche, on extrait, on achète et on importe du sable. À l'échelle mondiale, 30 milliards de tonnes de sable sont consommées chaque année, dont la moitié en Chine. Rien ne peut en être recyclé. On le trouve, depuis l'Antiquité, dans des carrières et sur des plages.

Singapour, qui a besoin de s'agrandir, est aujourd'hui le premier importateur de sable du monde, et s'en sert pour créer d'innombrables îles artificielles. La Chine a utilisé plus de sable entre 2011 et 2013 que les États-Unis pendant tout le XXᵉ siècle. La France consomme chaque année 450 millions de tonnes de granulats, de sable et de gravier, seulement pour satisfaire ses impératifs de construction. Et les besoins vont croître dans un monde où tout est à construire : ports, aéroports, immeubles, routes.

Or, depuis que les carrières terrestres s'épuisent, seul le sable façonné par l'eau de la mer, des rivières et des fleuves est utilisable pour ces productions ; celui du désert est trop friable, et il faut des grains anguleux et rugueux pouvant s'accrocher les uns aux autres pour qu'il puisse servir à la construction.

Pour le récupérer, des lits de rivières sont détruits en Inde, des îles disparaissent en Indonésie, des forêts sont rasées au Vietnam. Des centaines de meurtres sont commis chaque année afin de couvrir ces activités illégales. On emploie pour cela des bateaux spéciaux dont certains peuvent extraire jusqu'à 400 000 mètres cubes de sable par jour, sur les plages ou dans leur voisinage immédiat.

À ce rythme, d'ici à 2100, toutes les plages du monde auront disparu. En Floride, 9 plages sur 10 sont déjà en voie de disparition.

Il y aura encore environ 120 millions de milliards de tonnes de sable sur la planète, soit en théorie l'équivalent de 4 millions d'années de consommation, mais une très faible proportion en serait utilisable.

L'épuisement prévisible de la vie dans la mer

En 2050, il faudra nourrir au moins 9 milliards de personnes ; les productions agricoles terrestres (elles-mêmes menacées par les engrais et la détérioration des sols et de l'environnement) ne pourront y suffire. La production de la mer sera plus essentielle encore qu'aujourd'hui. Or la pêche dépasse déjà ce qui est admissible. La quantité pêchée ou produite continuera pourtant d'augmenter, pour pouvoir fournir au moins autant de poisson qu'aujourd'hui à plus de personnes.

En 2022, les Asiatiques consommeront environ 29 kilos de poisson par an ; les Européens, 28 kilos ; les Nord-Américains, 25 kilos ; les Océaniens, 24 kilos ; les Sud-Américains, 12 kilos ; les Africains, 9 kilos. Soit, en moyenne, quelque 20 kilos de poisson par habitant dans le monde. Pas plus qu'aujourd'hui par personne, mais plus au total.

Bien des espèces marines sont pourtant déjà en train de disparaître : 90 % de la population des grands poissons (thon, requin, cabillaud et flétan) ont déjà disparu ; de 24 à 40 % des vertébrés marins vont disparaître. Plus de 550 espèces de poissons et d'invertébrés marins figurent aujourd'hui sur la liste rouge UICN des espèces menacées. Requins et raies, qui existaient avant même les dinosaures et sont essentiels à la vie, sont menacés d'extinction. La population de requins a baissé de 80 % en quinze ans ; les populations de requins-tigres, requins-marteaux halicores, requins-bouledogues et requins obscurs ont diminué de 95 % depuis le début des années 1970. Le napoléon, chassé pour ses mâchoires, et le dauphin de l'Irrawaddy sont en train de disparaître.

L'épuisement des stocks de ces plus gros prédateurs conduira les pêcheurs à se diriger toujours plus bas dans la chaîne alimentaire. On consommera donc massivement crevettes et krill.

Et comme il sera impossible d'augmenter la production de poissons issus de la mer, dont les prix explosent, on augmentera la production de l'aquaculture. Avec des techniques utilisant, si l'on n'y prend garde, le génie génétique et les OGM. Selon la FAO, en 2030, seulement un tiers des poissons consommés viendront de la mer.

Les algues fourniront aussi une nourriture de substitution.

La concentration de la population sur les côtes

Plus de 20 % de la population mondiale vit actuellement à moins de 30 kilomètres des côtes ; 50 % à moins de 100 kilomètres, et 3,8 milliards de personnes à moins de 150 kilomètres. En 2035, plus de 75 % de la population mondiale vivra sur ou à proximité des côtes, parce que là se trouvent et se trouveront de plus en plus emplois et opportunités.

Cette concentration aura des conséquences désastreuses : pollutions terrestre et marine ; détérioration des terres arables, de la faune et de la flore ; pénurie et fragilité des sources, des lacs et des rivières ; salinisation accrue des eaux proches des côtes. Les mangroves, qui séquestrent le carbone, protègent les côtes et fournissent un cadre de vie et de production agricole à plus de 100 millions de personnes, pourraient disparaître (leur destruction est déjà cinq fois plus rapide que celle des forêts).

Comme on le verra plus loin, ce phénomène sera accéléré par le réchauffement climatique, qui conduira à l'élévation du niveau des mers et à l'inondation des côtes, piégeant ainsi ceux qui s'en seront trop approchés.

L'activité humaine provoque l'accumulation des déchets

Les pesticides, les nitrates, les phosphates, le plomb, le mercure, le zinc, l'arsenic finissent par se retrouver dans l'eau et à la mer. Ils provoquent la prolifération d'algues vertes. Dix mille conteneurs sont perdus en mer en moyenne chaque année, notamment lors de tempêtes.

À cela s'ajoutent les déchets humains, non traités pour l'essentiel. Et les déchets plastiques : le monde produit chaque année 500 milliards de sacs plastiques (dont 12 milliards en Chine) et presque autant de bouteilles. D'après Greenpeace, Coca-Cola produit à lui seul 100 milliards de bouteilles en plastique par an.

Ces emballages ne sont utilisés en moyenne que pendant quinze minutes, et dans la moitié des cas une seule fois, avant d'être jetés dans les fleuves et les nappes phréatiques, qui aboutissent à la mer. Cela vient surtout de Chine : les deux tiers du plastique rejeté dans les océans proviennent de 7 des 20 principaux fleuves du monde, qui passent tous par la Chine. Il faut y ajouter les microbilles (dont use l'industrie cosmétique), les mégots de cigarettes et les particules fines (moins de 5 millimètres de long), de plus en plus utilisées dans le textile, venant en partie du recyclage du plastique. Il y a aussi des microplastiques dans le sel marin : selon une étude menée sur huit pays (Iran, Japon, Nouvelle-Zélande, Portugal, Afrique du Sud, Malaisie et France), chaque kilogramme de sel contient entre 1 et 10 microparticules.

Au total, 20 millions de tonnes de déchets sont ainsi rejetés chaque année dans les mers et les lacs, dont près de la moitié sont des déchets plastiques. 80 % des déchets arrivant dans les mers et les lacs proviennent des activités terriennes, et 20 % des activités maritimes.

En 2025, les océans compteront 1 tonne de déchets pour 3 tonnes de poissons ; contre 1 pour 5 aujourd'hui. En 2050, au rythme actuel, il y aura plus de plastique que de poissons dans la mer.

Et il ne faut pas croire que leur élimination sera facile : seulement 15 % des déchets plastiques flottent. En particulier, le « vortex de déchets du Pacifique Nord » rassemble sur 3,4 millions de kilomètres carrés (soit 6 fois la superficie de la France) plus de 7 millions de tonnes de déchets. Le reste, c'est-à-dire l'essentiel, est au fond.

De plus, bactéries et algues de surface trouvent dans les nitrates et les phosphates rejetés par ailleurs les éléments nécessaires à leur développement, ce qui réduit la quantité d'oxygène dissous dans l'eau. Ces déchets peuvent transporter sur de grandes distances des espèces végétales ou animales hors de leur habitat naturel, en particulier des microbes et des bactéries.

Les conséquences de tout cela sur la vie marine sont désastreuses. D'abord se fabriquent des « zones mortes » ou hypoxiques, où la lumière ne peut plus pénétrer, ce qui interdit la photosynthèse et réduit la production d'oxygène. Plus de 400 de ces zones sont répertoriées en 2017, surtout dans le Pacifique Sud, la Baltique, les côtes de Namibie, le golfe du Bengale et le golfe du Mexique.

Le zooplancton se nourrit ensuite la nuit en montant à la surface de la mer. Il y mange le plastique, redescend au fond dans la journée et y relâche le plastique.

Et cela continue sur toute la chaîne du vivant : une partie de ces déchets plastiques sont avalés par toutes les espèces marines, qui sont pour la plupart ensuite pêchées et consommées par l'homme. On a ainsi repéré 575 espèces marines consommées ayant ingéré du plastique en 2016, soit deux fois plus qu'en 2005. 28 % des poissons et un tiers des huîtres et des moules consommés en Europe contiennent du plastique. Un Européen peut ainsi avaler en moyenne 11 000 particules fines de plastique par an en mangeant des moules et des huîtres.

Certes, 99 % des microplastiques ingérés par l'homme sont excrétés probablement sans risques par le corps humain. Mais 4 000 microfragments seraient accumulés dans leurs tissus chaque année.

On ne connaît pas encore les conséquences de cette accumulation de plastique chez les êtres vivants. Il semble que cela pourrait être cancérigène, au moins pour les poissons, et que cela pourrait altérer les capacités reproductrices et les systèmes immunitaires de très nombreuses autres espèces marines. Le danger direct pour l'homme n'est pas établi, sinon pour les nano-plastiques, qui perforent les cellules d'une façon nécessairement dangereuse.

Les émissions de CO_2 entraînent un réchauffement et une acidification de la mer

En absorbant une partie du CO_2 présent dans l'atmosphère, les océans contribuent, on l'a vu, avec les forêts, les sols et les tourbières, à réguler le climat à l'échelle mondiale. L'océan absorbe ainsi 30 % des émissions de CO_2 et 93 % de l'augmentation de température provoquée par l'activité humaine. Aussi, aujourd'hui, l'océan contient-il 50 fois plus de CO_2 que l'atmosphère : il n'y en a que 0,04 % dans l'atmosphère, contre 0,2 % dans l'océan[159].

Chaque année, l'activité humaine déverse 32 milliards de tonnes de CO_2 de plus dans l'atmosphère. La mer et les arbres en absorbent une partie. Aussi, la concentration du CO_2 dans l'eau de mer (et les arbres) augmente et atteint des limites : une proportion de plus en plus faible du CO_2 est absorbée par la mer et par les arbres. Le CO_2 qui n'est plus absorbé demeure donc dans l'atmosphère : son niveau, resté stable à 270 parts par million (ppm) entre le début de notre ère et la fin du XVIIIe siècle, a recommencé à croître et dépasse aujourd'hui les 400 ppm, niveau le plus élevé depuis 3 millions d'années[159].

Cette croissance de la concentration du CO_2 dans l'atmosphère et dans l'eau de mer conduit à une augmentation de la température de l'une et de l'autre : de fait, la température de l'atmosphère a augmenté de 10 degrés depuis le début de notre ère géologique ; et, sans l'absorption du CO_2 par la mer, elle aurait augmenté de 25 degrés de plus. Dans les cinquante dernières années, la température moyenne des trois principaux océans s'est élevée, dans les 75 mètres supérieurs de la colonne d'eau, de 0,1 degré par décennie. Et elle continuera de croître, en particulier dans l'Arctique, où la température augmentera deux fois plus vite que sur le reste de la planète, soit entre 7 et 11 degrés d'ici à 2100.

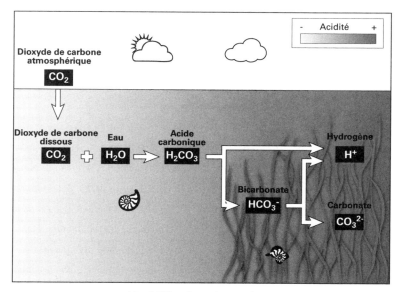

L'acidification des océans

La hausse de la température de l'océan réduira plus encore sa capacité d'absorption du gaz carbonique et entraînera une chute de la concentration en oxygène dans l'eau (anoxie), ce qui renforcera l'acidité de l'océan. Déjà, depuis le début de l'ère industrielle, le pH de la mer a diminué de 0,1, ce qui correspond à une augmentation d'un quart de l'acidité[64].

Le réchauffement entraîne une hausse du niveau de la mer

Le niveau de la mer augmente avec la température, à la fois par le dégel des glaces et par la dilatation de l'eau. Dans l'océan Arctique, la banquise, qui recouvrait la quasi-totalité de l'océan durant l'hiver, s'est réduite progressivement depuis les années 1960 – et cela s'accélère : la quantité de glace ayant fondu entre 2011 et 2014 est de 31 % plus importante qu'entre 2005 et 2010. La glace, qui couvrait 6 millions de kilomètres carrés de l'océan Arctique en moyenne durant les années 1980, n'en couvrait plus que 3,2 millions en 2012. Entre 2003 et 2010, le Groenland a perdu 4 gigatonnes de glace par an. Depuis, cela s'accélère.

Dans l'Antarctique – pourtant beaucoup plus stable, parce que formant un véritable continent – une étendue de glace côtière de 5 000 kilomètres carrés, nommée Larsen C, s'est fissurée lentement depuis plusieurs années. Le processus s'est brutalement accéléré en 2016 : un iceberg de la taille du département du Jura s'est séparé en juillet 2017 du reste de la banquise.

Au total, au cours de notre ère géologique, le niveau de la mer s'est élevé de 200 mètres. Depuis 1990, il s'est élevé de 2 centimètres ; il a crû trois à quatre fois plus vite que la moyenne mondiale dans le Pacifique tropical Ouest et le sud de l'océan Indien.

Pour l'avenir, selon des études encore très incertaines[159], l'élévation du niveau des océans pourrait atteindre entre 20 et 110 centimètres en 2100 en moyenne, avec des disparités régionales importantes : ainsi le niveau devrait-il monter sous les tropiques et baisser dans les régions situées à proximité des anciens glaciers. La hausse sera plus forte dans l'océan Indien oriental et le centre du Pacifique. La banquise arctique d'été pourrait totalement disparaître vers 2040. Si toute la glace du Groenland fondait, le niveau de la mer augmenterait de 10 mètres. Si toute la glace entourant ou recouvrant l'Antarctique fondait, cela ajouterait 50 mètres. Enfin, si toute la glace de l'Antarctique, de l'Arctique et du Groenland fondait, le niveau des océans s'élèverait de 70 mètres.

Des déplacements de population

En conséquence, la qualité de la vie sur les côtes se détériorera : les poissons seront plus petits et moins résistants ; dans les zones côtières tropicales, le réchauffement climatique aggravera la vulnérabilité des hommes aux maladies infectieuses, tels le paludisme et la dengue.

De plus, l'échauffement de la mer entraînera des inondations, une érosion du littoral, des tempêtes tropicales plus fréquentes et plus dévastatrices, et des dommages importants dans les ports. Cela fera pénétrer de l'eau salée dans les deltas et les estuaires, provoquant la destruction des zones humides et des mangroves, et exigeant le déplacement de l'aquaculture[15].

La montée des eaux menacera alors jusqu'à 800 millions d'habitants en 2030 et 1,2 milliard de personnes d'ici à 2060. Les Philippines, l'Indonésie, les Caraïbes, l'Inde, le Bangladesh, le Vietnam, la Birmanie, la Thaïlande, le Japon, les États-Unis, l'Égypte, le Brésil et les Pays-Bas sont les pays les plus menacés[15]. D'ici à 2050, plus de 2 millions d'habitants de Jakarta seront exposés aux conséquences de la montée des eaux (contre 513 000 actuellement). Avec 20 % de son territoire probablement sous les eaux en 2050, le Bangladesh sera l'un des pays les plus touchés ; à Dacca seulement, la capitale, plus de 11 millions de personnes subiront bientôt des inondations dramatiques[15]. En 2100, en France, la hausse du niveau de la mer devrait atteindre entre 40 et 75 centimètres ; toutes les plaines basses, comme le Bordelais, seront submergées. De même pour les Pays-Bas, la Belgique, les pays baltes. D'ici à 2050, la surface des îles de Tuvalu, des Maldives et de Kiribati se réduira très brutalement. De 10 000 à 20 000 îles sur les 180 000 principales de la planète pourraient disparaître, ensevelies sous les eaux. Autant d'Atlantides…

Les populations de ces pays devront donc bientôt quitter les côtes, où elles sont pourtant en train de se concentrer. Déjà, sur les 184,6 millions de nouveaux déplacés de 2008 à 2014, 102 millions ont fui des inondations, et 53,9 millions des tempêtes. L'ONU prévoit plus de 250 millions de réfugiés climatiques en 2050[214].

Et plus encore, car le réchauffement rendra aussi très difficile la vie dans certaines régions continentales. En particulier au Sahel, où vivent aujourd'hui 135 millions de personnes : selon certains modèles, en raison de la modification du climat au pôle Nord, les pluies remonteront moins au nord et seront moins abondantes, asséchant le Sahel et provoquant l'extension vers le sud du désert saharien ; cela diminuera de plus d'un million de kilomètres carrés sa surface cultivable, réduisant massivement les récoltes de mil et de sorgho. Or, en 2100, si la natalité n'y baisse pas, entre 540 et 670 millions de personnes y vivront. Et au moins 360 millions d'entre elles y manqueront de nourriture et chercheront à quitter la région, et même le continent, qui sera alors dans un grand désordre.

Au moins 360 millions de migrants climatiques quitteront le seul Sahel et partiront vers l'Europe...

Une nouvelle extinction de masse a commencé

Ces évolutions auront des conséquences dramatiques sur la vie marine.

D'abord, les déchets détruisent l'habitat de très nombreuses espèces marines et les conditions de leur nourriture, ce qui les fragilise beaucoup.

Par ailleurs, la fonte des glaces augmentera les écarts de température entre le fond océanique et la surface, ce qui modifiera le transport d'oxygène vers les fonds marins. La circulation sera ralentie ; les eaux de profondeur, riches en nutriments, remonteront plus lentement, ralentissant la nourriture des phytoplanctons, qui ne pourront plus assurer le cycle normal et se reproduiront moins rapidement. C'est déjà le cas : selon une étude de la NASA en 2015, la masse du phytoplancton se réduit depuis le début des années 2010, principalement dans les zones polaires, notamment l'Arctique. Une autre étude réalisée en 2016 montre que la quantité de phytoplancton dans l'ouest de l'océan Indien a baissé aussi de 30 % depuis 2000.

La diminution du phytoplancton perturbera les lieux de renouvellement des espèces marines, la plupart étant situés dans les zones subpolaires, les tropiques et les mers fermées. Cela entraînera aussi la disparition de plantes marines vitales, comme la posidonie méditerranéenne, qui génère quotidiennement environ 14 litres d'oxygène pour chaque mètre carré d'herbier et dont dépendent plus de 1 200 espèces différentes, dont l'oursin et la grande nacre.

De plus, l'augmentation de l'acidité provoquée par le réchauffement climatique diminuera la concentration en carbonate de calcium (qui détermine la solidité des coquilles et des squelettes) et remettra en cause la survie des espèces les moins mobiles, en particulier les coraux. Plus de la moitié de la Grande Barrière de corail en Australie, protégée par un accord international depuis 1975, est menacée pour cette raison.

Elle abrite et rend possibles, pour l'instant sur 350 000 kilomètres carrés et 3 000 récifs et 900 îles, la vie et la reproduction de 400 espèces de coraux, 1 500 espèces de poissons (dont le poisson-clown, 140 espèces de requins et de raies, et 6 races de tortues marines), 4 000 espèces de mollusques et de nombreuses autres espèces animales comme le dugong (sorte de lamentin) et la grande tortue verte. En avril 2016, 93 % des coraux de cette Grande Barrière présentaient déjà des signes de blanchissement, c'est-à-dire liés à l'augmentation de la température. À ce rythme, la Grande Barrière de corail aura disparu avant 2050. Et, avec elle, toute la vie qu'elle porte et supporte.

À cela s'ajouteront les conséquences, encore inconnues, pour la vie marine, de l'usage d'ondes acoustiques (11,5 kilohertz) pour faire communiquer entre eux les sous-marins ; et en particulier du projet Janus, qui codifie sous l'égide de l'OTAN les ondes employées sous la mer.

Aucune espèce de poisson n'est pour l'instant éteinte, mais 15 espèces marines le sont. La disparition d'espèces marines est déjà un fait : selon le WWF, la population d'animaux marins a diminué de moitié entre 1970 et 2012 ; 30 % des 600 espèces de poissons et crustacés sont en passe de s'éteindre. C'est moins sensible que la disparition des espèces terrestres, dont on sait aujourd'hui qu'elle s'accélère massivement : 200 espèces de vertébrés se sont éteintes en un siècle ; 32 % des espèces étudiées sont en déclin. Les guépards, les lions, les singes, si proches de nous, pourraient même disparaître avant 2050.

Au total, le réchauffement climatique, combiné aux autres dimensions de l'activité humaine, recrée les conditions des extinctions de masse précédentes, pouvant entraîner la disparition de 90 % des espèces apparues, pour certaines, il y a 252 millions d'années.

La vie marine continuera quand la vie humaine disparaîtra. Et la vie humaine disparaîtra parce que la mer aura été malmenée et n'aura pas pu jouer pleinement son rôle.

Après nous, malgré nous, la mer...

Si l'espèce humaine disparaissait ainsi, la vie continuerait, au moins sous la mer, jusqu'à réapparaître sous d'autres formes, comme après les précédentes extinctions de masse sous la mer et sur la terre. L'espèce humaine ne verrait pas alors l'évolution des océans, qui se transformeront encore : un océan se creuse en effet depuis 30 millions d'années entre la Somalie et l'Arabie Saoudite actuelle ; il s'élargit d'environ 20 kilomètres chaque million d'années et il pourrait devenir un nouvel océan. L'ensemble des continents devrait ensuite converger autour de l'actuel pôle Nord. Un géologue de Yale, Ross Mitchell, estime que les deux Amériques devraient d'abord se regrouper dans 50 millions d'années, puis rejoindre au nord l'Asie dans 100 millions d'années, provoquant la disparition de l'océan Arctique.

Il y a très peu de chances que l'humanité y assiste.

Chapitre 12

Sauver la mer

La mer est-elle l'enjeu le plus important ? S'il ne fallait choisir qu'une seule bataille à mener, serait-ce celle-là ? Oui, sans doute. Car, si l'on s'intéresse à ce qui menace l'humanité, et à toutes les promesses de l'avenir, tout ramène à la mer.

Sur le terrain des menaces, les huit principales contraintes planétaires, dont le respect est nécessaire à la survie de l'humanité, dépendent toutes, d'une façon ou d'une autre, de la mer et des agressions qu'elle subit :

1. La concentration de CO_2 dans l'atmosphère : elle dépend de la capacité de la mer à l'absorber.

2. La proportion d'ozone dans l'atmosphère : elle dépend du degré d'oxygénation de l'eau de mer et participe à l'acidité des océans.

3. Le degré d'acidité de l'océan : il découle de la chaleur des océans et décide de la vie marine, et en particulier de la santé du corail et de la solidité des squelettes des poissons.

4. La proportion de phosphore rejeté dans les océans par l'agriculture et les eaux usées : elle participe à la disparition de l'oxygène dans les océans et à la prolifération des algues.

5. La proportion d'azote dans l'atmosphère et dans les sols : elle dépend de l'activité industrielle et agricole, et accélère la prolifération de plancton qui épuise une partie de l'oxygène nécessaire à la vie des plantes océaniques.

6. La disponibilité d'eau potable : elle est totalement liée à l'équilibre des océans et au cycle de l'eau qui en découle.

7. La disponibilité de terres cultivables : elle est essentiellement liée à l'urbanisation, à l'eau douce disponible, au climat et à la montée des eaux.

8. Le maintien de la biodiversité : la mer en est un lieu particulièrement essentiel et fragile, et la biodiversité y est dès aujourd'hui très menacée par la pêche et les déchets marins.

Toutes ces contraintes sont donc liées, de près ou de loin, à ce qui se joue dans la mer. Pour trois d'entre elles (la concentration en CO_2, la proportion de l'azote dans l'atmosphère et le maintien de la biodiversité), on approche déjà dangereusement de la zone où la vie humaine ne serait plus possible.

À l'inverse, les promesses de la mer sont tout aussi considérables :

1. Elle contient tout ce dont l'homme a besoin pour respirer, boire, se nourrir, échanger.

2. On y trouve aussi des richesses minérales et énergétiques de toutes sortes, encore totalement inexploitées.

3. Elle représente déjà une valeur économique considérable, estimée à 24 000 milliards de dollars, et une production annuelle de biens et services estimée à 2 500 milliards, ce qui en ferait la 7e puissance économique du monde[162].

4. C'est aussi, pour de longues décennies encore, sinon des siècles, le cadre principal du transport de biens et de données.

5. C'est encore un lieu d'innovation et de création de produits nouveaux très prometteurs pour l'humanité, notamment en matière de santé et d'alimentation.

6. C'est enfin et surtout un lieu idéal pour vivre libre, admirer et explorer les richesses de la nature, et comprendre qui nous sommes.

C'est donc par la mer que passera une part essentielle de notre richesse future. Et c'est par elle que nous pourrions mourir.

Il faut donc la protéger. Et agir. À tous les niveaux.

D'abord, humblement, comme consommateur, travailleur et citoyen. Ensuite, à tous les niveaux collectifs. Ceux de l'entreprise, de la nation. Et de la planète : rien ne plaide plus que la mer pour justifier l'urgence de penser le monde comme un village et d'en faire le patrimoine commun de toutes les générations d'humains, et de vivants. Rien ne plaide plus que la mer pour pousser à remettre profondément en cause notre façon de produire, de consommer, de vivre, de nous organiser.

Pour devenir « positifs », c'est-à-dire pour mettre notre vie au service des générations suivantes (ce qui est aussi la meilleure manière de nous assurer la meilleure vie, ici et maintenant).

Ce que chacun peut faire
pour être plus positif à l'égard de la mer

En respectant ses priorités personnelles, chacun devrait agir, dans sa vie quotidienne, en pensant à chaque instant à sa propre influence à long terme sur la mer. Sur celle qu'on léguera à ses enfants. Même pour ceux d'entre les hommes qui vivent loin d'elle. Ce livre montre bien, je crois, que la juxtaposition des milliards d'actions de milliards d'humains peut la détruire. Et nous détruire bien avant elle. Nous avons donc un intérêt extrême à nous montrer altruistes à l'égard de la mer. Et à bien la traiter pour qu'elle nous traite bien. Elle participe, mieux que tout, de l'intérêt des générations futures ; elle fait partie de leur patrimoine.

Bien sûr, les plus riches et les plus puissants sont plus responsables que les autres, parce qu'ils ont plus de liberté d'agir. Mais tous nous devons, dans la limite de nos moyens, quels qu'ils soient, en tenir compte, dans chacun de nos gestes les plus quotidiens :

a) Consommer de préférence des produits ayant des emballages en papier ou en verre. Plus généralement, éviter les sacs, bouteilles, tasses, couteaux, fourchettes ou pailles en plastique. Et, même, éviter les vêtements faits en plastique recyclé, qui, au premier lavage, envoient des microparticules de plastique dans les canalisations. Éviter de consommer les produits dont la composition peut être nuisible à la nature.

b) Consommer plus sagement, pour réduire la quantité de déchets produits, de quelque nature qu'ils soient. Partager tout ce qui peut l'être, à commencer par les moyens de transport.

c) Réduire toute consommation produisant du CO_2 : isoler son domicile ; surveiller sa consommation d'eau et d'électricité ; prendre au maximum les transports en commun. Veiller à utiliser des produits conçus pour pouvoir être recyclés.

d) Manger moins de poisson, et seulement des poissons de saison ; si possible, aucun des poissons menacés (dont la daurade, le grondin, la lotte, le loup de mer, le maquereau, le merlan, la perche du Nil, la raie, le requin, le rouget, le sébaste, le silure, la sole de Méditerranée, le thon rouge et jaune, la truite, l'espadon, l'empereur, le hotu, le sabre noir, l'anguille, le cabillaud de l'Atlantique Nord-Est et Ouest, les crevettes roses sauvages. En particulier, pas le thon, situé au sommet de la chaîne alimentaire). Consommer de préférence cabillaud du Pacifique, crevette grise, araignée de mer, hareng, lieu jaune, sardine, anchois, sole d'Hastings, turbot. Plus généralement, plus un être marin se trouve au début de la chaîne alimentaire, moins il a accumulé de toxines. Des sites comme www. mrgoodfish.com et www.consoglobe.com actualisent ces conseils.

e) Réduire aussi la consommation de viande, responsable d'une part importante de la consommation d'eau douce ainsi que des émissions de CO_2 et de méthane.

f) Consommer des légumes et des fruits produits localement, de saison et ayant utilisé le moins d'engrais possible.

g) Ne pas nourrir trop souvent de poisson les animaux domestiques. Ne pas jeter la litière des chats dans les toilettes. Ne pas mettre des poissons de mer dans des aquariums et ne pas les rejeter dans la mer.

h) Prendre garde, en vacances, à l'usage de la mer : sur les plages ou en bateau, ne pas y abandonner de déchets. Choisir des crèmes solaires non polluantes. En plongée, ne pas ramasser de coraux.

i) Militer par tous les moyens, auprès de ses proches, et plus largement si possible, dans des associations et des partis politiques, pour que ces sujets soient pris très au sérieux.

Ce que les médias doivent faire pour être plus positifs à l'égard de la mer

Les médias doivent évidemment d'abord penser à leur audience, condition de leur survie. Et c'est dans ce contexte qu'ils doivent aussi trouver une façon d'intéresser davantage de spectateurs à des enjeux de long terme. Ils doivent donc devenir ce que je nomme par ailleurs des « médias positifs ». Non parce qu'ils donnent de bonnes nouvelles, mais parce qu'ils alertent sur les enjeux de long terme et informent dans l'intérêt des générations futures.

On l'a vu, il existe déjà bien des films, bien des livres, qui parlent de la mer et alertent sur ce qu'elle représente. Mais il faut faire plus.

Quelques programmes de télévision à succès peuvent servir de modèle : en Grande-Bretagne, la série *The Blue Planet*, présentée en 2001 par David Attenborough sur la BBC, a eu un impact très important ; puis, sur la même chaîne, *Ocean* a couvert en huit épisodes tous les sujets de ce livre. En France, *Thalassa*, créé par Georges Pernoud, expose depuis 1975, d'abord en émission mensuelle, puis hebdomadaire à partir de 1980, tous les sujets liés à la mer. On trouve aussi de nombreux sujets sur la mer dans le *National Geographic*,

Australia Sea Life. Et bien d'autres chaînes. Enfin, les documentaires du commandant Cousteau sont vus par des millions de personnes sur toutes les télévisions du monde. Tout cela reste cependant encore marginal, et beaucoup plus peut être fait.

D'autres formes d'alerte pourraient exister. Sans doute faudrait-il donner bien davantage de visibilité à la Journée mondiale des océans organisée chaque année par l'ONU ; elle vise à promouvoir le 14ᵉ objectif des Nations unies pour le développement, qui concerne spécialement la mer (« Conserver et exploiter de manière durable les océans, les mers et les ressources marines aux fins du développement durable »). De fait, la conférence de l'ONU de juin 2017, censée mettre en œuvre ce 14ᵉ objectif, est passée pratiquement inaperçue. D'autant plus qu'elle n'a rien décidé de concret.

Des ONG et des commissions privées remplissent aussi un rôle utile. Ainsi, la commission « Océan mondial », une ONG privée et financée par la fondation Pew, présidée par José María Figueres, ancien président du Costa Rica, et par David Miliband, ancien ministre des Affaires étrangères britannique, apporte une contribution très précieuse en avançant des propositions concrètes. Le capitaine Paul Watson joue aussi un rôle très actif avec son ONG Sea Sheperd Conservation Society. Tout comme Greenpeace, la Fondation Cousteau, le WWF et Parley for the Oceans.

Ce que les entreprises doivent faire pour devenir positives à l'égard de la mer

Les entreprises doivent penser à la fois à leur rentabilité et à leur impact social et environnemental ; c'est dans ce contexte que se situe ce qui suit. En particulier, toutes doivent tenir compte des exigences de la survie des océans[233]. Tant celles qui travaillent directement en contact avec la mer que les autres, qui peuvent croire à tort leur impact très lointain. Et cela sans attendre que des réglementations ou des aides nouvelles viennent les inciter à agir dans ces directions.

a) Pour les chantiers navals : construire des flottes respectueuses de l'environnement marin. De même pour les fabricants de conteneurs.

b) Pour les armateurs : n'utiliser que des bateaux économisant de l'énergie et ne polluant pas la mer par leur peinture. Développer une conscience de la mer chez les équipages et dans la gestion du trafic. Améliorer significativement les conditions de vie réelles des marins : s'ils étaient traités dignement, le coût du travail en mer serait beaucoup plus élevé, et la mer serait infiniment moins exploitée. Et pour cela, en particulier, interdire l'accès à tout port d'un pays du G20 aux bateaux arborant un pavillon de complaisance.

c) Pour les ports : développer des techniques de gestion numérique économisant de l'énergie et donnant la priorité aux navires les plus économes en énergie.

d) Pour les entreprises agroalimentaires : être vigilantes dans leur usage des produits de la pêche. En Europe, 48 entreprises ont ainsi mis en œuvre une proposition dite « thon 2020 » qui prévoit une traçabilité le long de la chaîne d'approvisionnement ; et elles se sont engagées à bannir les produits de la pêche illégale de leur chaîne d'approvisionnement et à n'utiliser que des poissons issus d'une pêche responsable.

e) Pour toutes les entreprises : concevoir leurs productions en fonction des exigences du recyclage de leurs déchets, par une écoconception systématique ; en conséquence et en particulier, réduire l'usage des produits plastiques dans tous les produits et tous leurs emballages. Certaines entreprises ont commencé à agir dans ces directions. Ainsi, Adidas a signé, en 2015, un partenariat avec l'association Parley for the Oceans et s'est engagé à réduire l'utilisation de tout produit plastique dans ses chaussures, ses vêtements et ses emballages. Il faut cependant se méfier des apparences : certaines entreprises prétendent que tout le produit est recyclé alors qu'elles n'emploient en fait que 5 % de produits recyclés. De même, recycler le verre et le béton.

f) Lancer des projets, rentables, de récupération de déchets plastiques : ainsi, Plastic Whale, une entreprise hollandaise visant la rentabilité, a pour métier de récupérer les bouteilles abandonnées dans les canaux d'Amsterdam, en fabriquant des bateaux. Un autre Néerlandais, Boyan Slat, propose Ocean Cleanup, un système de longs bras flottants, formant une barrière et placés sous l'eau, et sur lesquels les déchets se colleront ; après s'être fait piéger, les déchets seront stockés, puis recyclés. Seabin, imaginée par deux surfeurs australiens, est une poubelle composée de fibre naturelle accrochée à un anneau flottant et reliée à une pompe électrique aspirante qui crée un courant marin continu attirant les déchets flottants. D'autres projets consistent à capter les déchets à l'aide de navires sillonnant les océans.

g) Produire de l'eau douce : là encore, un marché considérable pour les entreprises. Il existe déjà 12 000 usines de désalinisation dans le monde. Ainsi, en Israël, 55 % de l'eau douce vient de la désalinisation, qui récupère aussi 86 % des eaux usées pour les recycler et les utiliser pour l'irrigation[212]. Le coût de l'eau douce produite par désalinisation (qui n'est déjà plus en 2016 que le tiers de ce qu'il était en 1990) peut encore être réduit des deux tiers d'ici à 2030. Les deux principales techniques de dessalement (la distillation et l'osmose inverse) sont également prometteuses ; elles utiliseront l'énergie solaire. Beaucoup d'innovations, rentables, les amélioreront : ainsi, LG Water Solutions a mis au point une technique d'osmose inverse fondée sur des membranes en nano-composites, 30 % moins chères que les filtres classiques. Les universités du Texas et de Marbourg ont développé, en collaboration avec la firme Okeanos Technologies, une puce électronique permettant d'optimiser le processus de dessalement.

h) Cet énorme marché de l'eau potable doit être complété par celui du traitement des eaux usées et de l'agriculture goutte à goutte. Leur développement permettra à des dizaines de millions de paysans, en particulier dans le golfe Arabo-Persique, au Maghreb et au Proche-Orient, de cultiver les 700 millions d'hectares les plus touchés aujourd'hui par le manque d'eau.

i) Développer une aquaculture efficace et positive : par exemple, l'émirat d'Abu Dhabi utilise l'eau de mer dans un système d'aquaculture et recycle ensuite cette même eau, alors enrichie en nutriments organiques, pour arroser des plantes et notamment de la salicorne, dont la biomasse peut servir de biocarburant, et pour irriguer des champs agricoles.

j) Développer de nouvelles technologies marines : la mer est un immense réservoir de produits nouveaux, en biotechnologie, en énergie marine et en agriculture sous-marine. Par exemple, la posidonie méditerra-néenne (plante sous-marine qui stocke, on l'a vu, du carbone dans des enchevêtrements de racines de plus de 15 mètres d'épaisseur) pourrait être développée indus-triellement et résoudre, au moins en partie, le problème de la séquestration du carbone.

k) Mieux réguler l'utilisation des produits chimiques dans l'agriculture et interdire totalement tous ceux dont l'impact sur la santé humaine est établi.

l) Innover assez pour trouver une façon de remplacer le sable extrait du fond des mers dans la fabrication du ciment, du béton et du verre ; il est insensé qu'aucun entrepreneur ne se soit encore attaché à développer une solution de substitution sur ces marchés, à la fois si rentables et si nécessaires pour l'avenir de l'humanité.

m) Des progrès techniques plus révolutionnaires encore sont imaginables. Par exemple, la quantité d'eau contenue dans le manteau de la Terre, et enfouie dans le réseau cristallin des silicates, est au moins deux fois plus importante que celle contenue dans les océans.

Ce que les gouvernements doivent faire pour agir de façon positive à l'égard de la mer

Chaque nation doit vivre d'une façon positive, res-pectueuse de l'intérêt des générations suivantes, et en particulier par son rapport à la mer. Peu de gouverne-ments ont toutefois un ministre explicitement et uni-quement en charge des Affaires de la mer. Sans doute parce que c'est un enjeu transversal, qui regroupe des compétences traditionnellement attribuées aux ministres de la Défense, de l'Intérieur, des Affaires étrangères, de l'Environnement, de l'Éducation, des Transports et de l'Agriculture. Et pourtant, il est essentiel de regrouper tous ces enjeux en une politique globale, et de définir une stratégie adaptée, pour chaque pays, à sa situation géographique et à son histoire. Notamment :

a) Valoriser les ports : une nation sera d'autant plus prospère, comme on l'a vu dans les chapitres précédents, qu'elle sera puissante sur la mer. Il est donc essentiel pour un pays de donner la priorité, en termes d'infrastructures, à ses ports et à leurs liens avec l'arrière-pays, par route, voie fluviale et train. Un énorme chantier se cache derrière ces quelques lignes, en particulier pour la France.

b) Filtrer tous les deltas (principalement de la pollution plastique) pour empêcher que rivières et fleuves ne contaminent la mer.

c) Aider au développement, dans tous les domaines, d'entreprises maritimes.

d) Instaurer des quotas de pêche ; supprimer progressivement les subventions à la pêche industrielle en haute mer, et indemniser les pêcheurs qui devront changer d'activité. De très nombreux métiers de la mer et des activités extrêmement rentables pourraient être ainsi proposés aux pêcheurs. Au Canada, les pêcheurs de morue de l'embouchure du Saint-Laurent ont été indemnisés justement et efficacement pour ne plus pêcher. Grâce à de tels quotas contraignants et à un contrôle accru, certaines espèces, comme le flétan, l'églefin, la limande et le merlu au large de l'Afrique du Sud, les anchois en Afrique australe, les sardines au large de l'Angola, se reconstituent déjà.

e) Surveiller l'application des législations déjà en place sur le rejet des déchets des navires marchands, notamment la convention MARPOL. Renforcer la surveillance des côtes grâce aux nouvelles technologies, aux satellites, à l'extension de la vidéosurveillance et à l'utilisation de la reconnaissance de formes dans les ports et les zones côtières.

f) Protéger des zones naturelles essentielles. Bien des pays en ont pris l'initiative : en Italie, c'est le cas du parc Torre Guaceto, au cœur de l'Adriatique, réserve naturelle composée de côtes et de mer. Il y en a un aussi aux Philippines et au Mozambique (le Quirimbas National Park, parc naturel protégé, marin et terrestre).

g) Lancer des initiatives conjointes entre pays voisins, ou concernés par les mêmes enjeux : le lancement par la Mauritanie et les Seychelles de la Fisheries Transparency Initiative, en 2015, vise à rendre la pêche plus responsable et à lutter contre la pêche illégale et la surpêche. De même, la Coral Triangle Initiative est un partenariat créé en 2009 entre l'Indonésie, la Malaisie, la Papouasie, les Philippines, les îles Salomon et Timor en vue de protéger le triangle du corail à proximité de tous ces États, où se trouve la plus grande biodiversité marine mondiale ; les États riverains se sont aussi engagés à lutter contre le braconnage. Enfin est annoncée pour 2018 la création de la plus grande zone maritime protégée d'Afrique, formée d'un réseau de 9 parcs marins et de 11 réserves aquatiques au large du Gabon.

h) Réduire la production de déchets plastiques : une politique réglementaire et fiscale est nécessaire. Certaines initiatives concrètes ont commencé à porter leurs fruits : la décision irlandaise de 2002 d'augmenter de près de 50 % le prix des sacs plastiques a permis en 2017 de diminuer de 91 % leur utilisation par l'industrie et le commerce. Un grand nombre d'autres mesures pourrait être instaurées par les gouvernements : interdire d'employer du plastique là où il est remplaçable, notamment les microbilles plastiques et les peintures pour navires ; réduire le recours aux emballages à usage unique ; clarifier les définitions de certains composés comme les polymères ; optimiser le design des produits utilisant du plastique pour faciliter leur recyclage futur.

i) Améliorer le recyclage en contrôlant l'usage industriel des produits recyclés : par exemple, contrôler le recyclage des plastiques en fibre textile (parce que les vêtements ainsi produits relâchent plus de microfibres dans l'eau, accélérant l'entrée du plastique dans la chaîne alimentaire).

Ce que la communauté internationale doit faire pour agir de façon positive à l'égard de la mer

Depuis la conférence de Montego Bay en 1982, aucune véritable réunion au sommet ne s'est tenue à propos de la mer : ni le G7, ni le G20, ni l'Assemblée générale de l'ONU n'y ont jamais consacré un temps significatif. Or, quelles que soient les décisions de particuliers, d'entreprises, de gouvernements, seul un état de droit planétaire pourra efficacement créer les conditions d'une société positive, encourageant tous les acteurs à prendre les décisions évoquées plus haut.

Ce n'est pas un hasard si rien n'est fait : les pays qui profitent le plus de la pêche en haute mer et de l'abandon des déchets et des gaspillages de toute nature, comme les États-Unis, la Chine et le Japon, s'opposent efficacement à des règlements trop contraignants.

Et pourtant, un vrai grand sommet sur la mer, ou au moins une réunion spéciale du G20, devrait décider d'un plan pour le développement durable océanique, à l'image des Objectifs du Millénaire pour le développement. Son ordre du jour pourrait être :

a) Assurer la réussite de l'accord de Paris sur le climat, dont la décision américaine de retrait d'avril 2017 fragilise la mise en œuvre.

b) Compléter l'accord de Paris par des mesures plus contraignantes sur la limitation de la production de carbone. En particulier, augmenter le prix du carbone à 40 dollars en 2020, puis 100 dollars en 2030, tarification qui permettrait de changer réellement les comportements des États et des entreprises ; et les pousserait à investir dans les biotechnologies et à intensifier la transition énergétique.

c) Plus généralement, adopter des mesures fiscales incitant les entreprises à agir d'une façon positive à l'égard de la mer. Et réduire les subventions aux activités qui lui nuisent.

d) Actualiser les connaissances des océans, en particulier dans l'éducation des enfants ; développer les études scientifiques sur la mer, et créer un partage des bonnes pratiques en matière de gestion des océans.

e) Contraindre tous les bateaux du monde à cesser d'utiliser un carburant de mauvaise qualité, à recouvrir les coques d'enduits permettant de réduire de 30 % la résistance à la pénétration dans l'eau. Et, quand c'est possible, les faire tracter par des parapentes pour économiser 20 % du carburant. Et, autant qu'il est possible, utiliser des hydrofoils, en mer et sur les fleuves.

f) S'engager à protéger et gérer la biodiversité sur au moins un tiers des côtes avant 2030. En déduire des législations foncières et immobilières adaptées.

g) Interdire la consommation des poissons les plus menacés, dont la liste a été donnée plus haut.

h) Augmenter la traçabilité des poissons pêchés, afin de limiter la vente de poissons issus de la capture illégale.

i) Renforcer les moyens de lutte contre la pêche illégale et non réglementée, sur le modèle de l'Union européenne, qui prévoit que seuls les produits de la pêche validés comme légaux par le pays du pavillon ou le pays exportateur concerné peuvent être importés dans l'UE.

j) Interdire mondialement la pêche à plus de 800 mètres de profondeur et limiter les subventions gouvernementales octroyées à la pêche en haute mer, avant d'y mettre totalement fin d'ici à cinq ans[188].

k) Interdire l'accès des navires occidentaux aux zones de pêche du golfe de Guinée.

l) Étendre les aires marines protégées (AMP) créées en 1992. (Elles étaient 1 300 en 1995 et 6 500 en 2014, dont 392 en France, soit 1,6 % des océans complètement interdit à la pêche et à tout type d'exploitation, activités minières et tourisme.) Depuis la conférence de Rio, la Convention pour la diversité biologique, qui a évolué en « objectifs d'Aichi », stipule qu'il faudrait mettre en réserve naturelle 20 % des eaux du monde, soit 15 fois plus que ce qui est protégé aujourd'hui. En septembre 2016, l'Union internationale pour la conservation de la nature, lors du World Conservation Congress à Hawaï, a décidé de porter ce chiffre à 30 %. Si déjà 10 % de la surface de la mer était effectivement protégée, cela permettrait la reconstruction de ressources halieutiques planétaires, empêcherait la disparition définitive de nombreuses espèces, limiterait l'acidification des eaux, protégerait des rivages vulnérables à la montée des eaux et aux tempêtes, et préserverait des espèces marines menacées par le réchauffement ou la pollution des eaux.

m) Renverser ensuite la charge de la preuve en matière de pêche : aller vers une interdiction générale de toute pêche, en l'autorisant dans des couloirs explicites, et non l'inverse comme aujourd'hui.

n) Valoriser clairement les océans dans la comptabilité nationale et internationale.

o) Réduire le déversement de déchets plastiques dans la mer. Bien des résolutions internationales en ce sens ont déjà vu le jour, en vain. Deux directives ont été prises, par exemple, par l'Union européenne en 2000 puis en 2008, et une stratégie d'économie circulaire a été adoptée par la Commission européenne en 2015. Le G7 a voté en 2015 une résolution poussant les pays à mieux gérer les déchets. L'assemblée des Nations unies pour l'environnement a adopté une résolution à Nairobi en mai 2016 afin de coordonner l'action des États dans cette direction. Cela doit cesser d'être lettre morte.

p) Réduire l'usage de la mer : l'emploi des technologies 3D va, à terme, limiter l'usage de la mer en surface et pourrait augmenter significativement son usage souterrain, en accroissant le transfert de données par câble sous-marin. À cela s'ajoutera la modification des routes maritimes, qui, on l'a vu, diminuera le passage des bateaux dans le Pacifique, la Méditerranée et l'Atlantique, pour le concentrer autour des pôles. Enfin, une nouvelle « route de la soie » terrestre pourrait réduire plus encore le transport de la mer, en le remplaçant un jour, au moins ponctuellement, par une ligne ferroviaire reliant l'est de la Chine à Londres.

q) Aller vers une propriété collective planétaire de l'ensemble des câbles sous-marins[145].

Création d'une Organisation mondiale des océans (OMO) disposant de vrais pouvoirs

Enfin, pour mettre en œuvre toutes ces décisions, une nouvelle organisation globale, une Organisation mondiale des océans (OMO), devrait être mise en place. Pour être efficace, elle devrait avoir les moyens de contrôler les pêches, d'empêcher les pêches illégales, de lutter contre les déchets plastiques ; de soutenir les initiatives des pays les plus pauvres en vue de la protection de leurs zones maritimes ; de protéger le domaine maritime comme les AMP, les sanctuaires, et, toujours, les câbles devenus propriété de l'humanité. Et, pour cela, elle devrait disposer de :

a) Un fonds international de sauvegarde des océans, garanti par les États, qui serait financé par des Blue Bonds et par une taxe de solidarité océanique payée par les pêcheurs, les croisiéristes, les transporteurs maritimes de marchandises et les utilisateurs des données transitant par les câbles sous-marins.

b) Une force internationale de sauvegarde des océans serait en charge de protéger les côtes, les ZEE, les AMP, les sanctuaires, et la haute mer contre la pêche illégale, le rejet de déchets, le dégazage, la piraterie, le trafic d'êtres humains et le terrorisme. Le financement de cette instance pourrait se faire aussi grâce à cette même taxe. En attendant, utiliser pour cela les marines nationales, comme on l'a fait si efficacement avec l'opération Atalante contre la piraterie dans le golfe Persique.

c) Enfin, une mesure extrêmement efficace et radicale pourrait être prise un jour : interdire d'une façon crédible l'exploitation de leurs ZEE aux pays qui ne respecteraient pas les exigences précédentes.

Je suis conscient du caractère à la fois utopique et nécessaire de tout cela. Comme de bien des choses dont dépend l'avenir de la vie.

Elles ne deviendront possibles que si chacun se considère comme l'ambassadeur des générations suivantes dans le monde d'aujourd'hui. Un ambassadeur actif et véhément, parlant et agissant au nom de ceux qu'il représente et qui n'ont pas encore la parole.

Conclusion

J'espère que la lecture de ce livre aura donné envie au lecteur de regarder la mer autrement, de mieux la connaître. De ne plus être à son égard dans une attitude de consommateur, mais de partenaire, soucieux d'un respect et d'une séduction réciproques, et non plus de pilleur inconséquent. Une attitude d'émerveillement, de passeur respectueux, au bénéfice de l'avenir.

Pour qu'on admette que l'avenir de chacun dépend de la capacité de tous à défendre les valeurs inspirées par la mer : le courage, l'esprit d'initiative, le désir de s'accomplir, le sens de la brièveté de la vie, la curiosité, l'ouverture au monde, la solidarité, l'altruisme, sans lequel aucune vie humaine, ni en mer ni sur terre, n'est possible.

Pour qu'on prenne conscience que l'avenir des nations appartient à ceux qui sauront mettre en œuvre une réelle stratégie maritime et côtière. Non pour continuer à piller la mer mais pour la valoriser et protéger cet incroyable trésor pour le plus grand profit des générations futures.

Enfin, pour qu'on se rende compte que l'avenir de
l'humanité dépend de notre capacité collective à gérer,
avec précaution et humilité, les ressources très rares
de la mer, dont nous ne sommes que les jardiniers de
passage. Et que la planète Terre n'est qu'un bateau
parmi d'autres, lancé dans l'océan de l'Univers.

Remerciements

Bien des conversations furent utiles pour écrire ce texte, au fil des années. Mes principaux interlocuteurs sont nommés en page 16. Par ailleurs, j'ai bénéficié des suggestions et de l'assistance de Belal Ben Amara, Quentin Boiron, Florian Dautil, Clément Lamy, Marius Martin, Laurine Moreau, pour vérifier les dates et établir la bibliographie. Diane Feyel et Thomas Vonderscher chez Fayard ont suivi minutieusement mes corrections sur épreuves, avec les correcteurs de la maison. David Strepenne a assuré le service commercial. Marie Lafitte, le service de presse. Sophie de Closets a bien voulu suivre ce travail depuis les premiers jours et le nourrir de remarques et de suggestions extrêmement pertinentes, comme toujours. Naturellement, je suis seul responsable du résultat final.

Je dialoguerai avec plaisir avec les lecteurs qui m'écriront à j@attali.com.

Bibliographie

OUVRAGES

1. Alomar (Bruno) *et alii*, *Grandes questions européennes*, Armand Colin, 2013.
2. Asselain (Jean-Charles), *Histoire économique de la France du XVIIIᵉ siècle à nos jours*, vol. 1, *De l'Ancien Régime à la Première Guerre mondiale*, Seuil, 1984.
3. –, *Histoire économique de la France*, vol. 2, *De 1919 à nos jours*, Points, 2011.
4. Attali (Jacques), *L'Ordre cannibale*, Fayard, 1979.
5. –, *Histoires du temps*, Fayard, 1982.
6. –, *1492*, Fayard, 1991.
7. –, *Chemins de sagesse*, Fayard, 1996.
8. –, *Les Juifs, le monde et l'argent. Histoire économique du peuple juif*, Fayard, 2002.
9. –, *Une brève histoire de l'avenir*, Fayard, 2006.
10. –, *L'Homme nomade*, Fayard, 2003 ; LGF, 2009.
11. –, *Dictionnaire amoureux du judaïsme*, Plon-Fayard, 2009.
12. –, *Histoire de la modernité*, Robert Laffont, 2010.
13. – (dir.), *Paris et la mer. La Seine est capitale*, Fayard, 2010.
14. –, avec Salfati (Pierre-Henry), *Le Destin de l'Occident. Athènes, Jérusalem*, Fayard, 2016.
15. –, *Vivement après-demain !*, Fayard, 2016 ; Pluriel, 2017.
16. Banville (Marc de), *Le Canal de Panama. Un siècle d'histoires*, Glénat, 2014.

17. Baudelaire (Charles), *Les Fleurs du mal*, Larousse, 2011.

18. Beltran (Alain), Carré (Patrice), *La Vie électrique. Histoire et imaginaire (XVIIIᵉ-XXIᵉ siècle)*, Belin, 2016.

19. Besson (André), *La Fabuleuse Histoire du sel*, Éditions Cabédita, 1998.

20. Boccace (Jean), *Le Décaméron*, LGF, 1994.

21. Boulanger (Philippe), *Géographie militaire et géostratégie. Enjeux et crises du monde contemporain*, Armand Colin, 2015.

22. Boxer (C.R.), *The Portuguese Seaborne Empire, 1415-1825*, Hutchinson, 1969.

23. Braudel (Fernand), *La Méditerranée*, Armand Colin, 1949.

24. –, *Civilisation matérielle, économie et capitalisme*, 3 t., Armand Colin, 1979.

25. Buchet (Christian), De Souza (Philip), Arnaud (Pascal), *La Mer dans l'Histoire. L'Antiquité*, The Boydell Press, 2017.

26. –, Balard (Michel), *La Mer dans l'Histoire. Le Moyen Âge*, The Boydell Press, 2017.

27. –, Le Bouëdec (Gérard), *La Mer dans l'Histoire. La Période moderne*, The Boydell Press, 2017.

28. –, Rodger (N.A.M.), *La Mer dans l'Histoire. La Période contemporaine*, The Boydell Press, 2017.

29. Buffotot (Patrice), *La Seconde Guerre mondiale*, Armand Colin, 2014.

30. Casson (Lionel), *Les Marins de l'Antiquité. Explorateurs et combattants sur la Méditerranée d'autrefois*, Hachette, 1961.

31. Conrad (Joseph), *Nouvelles complètes*, Gallimard, 2003.

32. Corvisier (Jean-Nicolas), *Guerre et Société dans les mondes grecs (490-322 av. J.-C.)*, Armand Colin, 1999.

33. Cotterell (Arthur), *Encyclopedia of World Mythology*, Parragon, 2000.

34. Couderc (Arthur), *Histoire de l'astronomie*, PUF, 1960.

35. Courmont (Barthélemy), *Géopolitique du Japon*, Artège, 2010.

36. Cousteau (Jacques-Yves), *Le Monde des océans*, Robert Laffont, 1980.

37. Coutansais (Cyrille), *Géopolitique des océans. L'Eldorado maritime*, Ellipses, 2012.

38. Croix (Robert de La), *Histoire de la piraterie*, Ancre de marine, 2014.

39. Defoe (Daniel), *Robinson Crusoé*, LGF, 2003.

40. Duhoux (Jonathan), *La Peste noire et ses ravages. L'Europe décimée au XIVe siècle*, 50 Minutes, 2015.

41. Dumont (Delphine), *La Bataille de Marathon. Le conflit mythique qui a mis fin à la première guerre médique*, 50 Minutes, 2013.

42. Durand (Rodolphe), Vergne (Jean-Philippe), *L'Organisation pirate. Essai sur l'évolution du capitalisme*, Le Bord de l'eau, 2010.

43. Dutarte (Philippe), *Les Instruments de l'astronomie ancienne. De l'Antiquité à la Renaissance*, Vuibert, 2006.

44. Dwyer (Philip), *Citizen Emperor : Napoleon in Power (1799-1815)*, Bloomsbury, 2013.

45. Encrenaz (Thérèse), *À la recherche de l'eau dans l'Univers*, Belin, 2004.

46. Fairbank (John), Goldman (Merle), *Histoire de la Chine. Des origines à nos jours*, Tallandier, 2016.

47. Favier (Jean), *Les Grandes Découvertes. D'Alexandre à Magellan*, Fayard, 1991 ; Pluriel, 2010.

48. Fenimore Cooper (James), *Le Pilote*, G. Barba, 1877.

49. Fouchard (Gérard) *et alii*, *Du Morse à l'Internet. 150 ans de télécommunications par câbles sous-marins*, AACSM, 2006.

50. Galgani (François), Poitou (Isabelle), Colasse (Laurent), *Une mer propre, mission impossible ? 70 clés pour comprendre les déchets en mer*, Quae, 2013.

51. Gernet (Jacques), *Le Monde chinois*, vol. 1, *De l'âge de Bronze au Moyen Âge (2100 av. J.-C. – Xe siècle av. J.-C.)*, Pocket, 2006.

52. Giblin (Béatrice), *Les Conflits dans le monde. Approche géopolitique*, Armand Colin, 2011.

53. Giraudeau (Bernard), *Les Hommes à terre*, Métailié, 2004.

54. Grosser (Pierre), *Les Temps de la Guerre froide. Réflexions sur l'histoire de la Guerre froide et sur les causes de sa fin*, Complexe, 1995.

55. Haddad (Leïla), Duprat (Guillaume), *Mondes. Mythes et images de l'univers*, Seuil, 2016.

56. Hérodote et Thucydide, *Œuvres complètes*, traduction de Barguet (André) et Roussel (Denis), Gallimard, 1973.

57. Heller-Roazen (Daniel), *L'Ennemi de tous. Le pirate contre les nations*, Seuil, 2010.

58. Hemingway (Ernest), *Le Vieil Homme et la mer*, Gallimard, 2017.

59. Hislop (Alexandre), *Les Deux Babylones*, Fischbacher, 2000.

60. Homère, *Odyssée*, traduction de Bérard (Victor), LGF, 1974.

61. Hugo (Victor), *Les Travailleurs de la mer*, LGF, 2002.

62. Kersauson (Olivier de), *Promenades en bord de mer et étonnements heureux*, Le Cherche Midi, 2016.

63. Klein (Bernhard), Mackenthun (Gesa), *Sea Changes : Historicizing the Ocean*, Routledge, 2004.

64. Kolbert (Elizabeth), *The Sixth Extinction : An Unnatural History*, Bloomsbury, 2014.

65. *La Bible*, Société biblique de Genève, 2007.

66. Lançon (Bertrand), Moreau (Tiphaine), *Constantin. Un Auguste chrétien*, Armand Colin, 2012.

67. Las Casas (Emmanuel de), *Le Mémorial de Sainte-Hélène*.

68. *Les Mille et Une Nuits. Sinbad le marin*, traduction de Galland (Antoine), J'ai lu, 2003.

69. *L'Évangile selon Marc*, Cerf, 2004.

70. *Le Coran*, Albouraq, 2000.

71. Le Moing (Guy), *L'Histoire de la marine pour les nuls*, First Éditions, 2016.

72. –, *La Bataille navale de L'Écluse (24 juin 1340)*, Economica, 2013.

73. Levinson (Marc), *The Box. L'empire du container*, Max Milo, 2011.

74. Lindow (John), *Norse Mythology : A Guide to Gods, Heroes, Rituals and Beliefs*, Oxford University Press, 2002.

75. Loizillon (Gabriel-Jean), *Philippe Bunau-Varilla, l'homme du Panama*, lulu.com, 2012.

76. Louchet (André), *Atlas des mers et océans. Conquêtes, tensions, explorations*, Éditions Autrement, 2015 et *Les Océans. Bilan et perspectives*, Armand Colin, 2015.

77. Mack (John), *The Sea : A Cultural History*, Reaktion Books, 2013.

78. Mahan (Alfred Thayer), *The Influence of Sea Power upon History, 1660-1783*, Little, Brown and Co., 1890.

79. Manneville (Philippe) *et alii*, *Les Havrais et la mer. Le port, les transatlantiques, les bains de mer*, PTC, 2004.

80. Mark (Philip), *Resisting Napoleon : The British Response to the Threat of Invasion (1797-1815)*, Ashgate Publishing, 2006.

81. Martroye (François), *Genséric. La conquête vandale en Afrique et la destruction de l'Empire d'Occident*, Kessinger Publishing, 2010.

82. Meinesz (Alexandre), *Comment la vie a commencé*, Belin, 2017.

83. Melville (Herman), *Moby Dick*, Gallimard, 1996.

84. Michel (Francisque), *Les Voyages merveilleux de saint Brendan à la recherche du paradis terrestre. Légende en vers du Xe siècle, publié d'après le manuscrit du Musée britannique*, A. Claudin, 1878.

85. Mollo (Pierre), Noury (Anne), *Le Manuel du plancton*, C.L. Mayer, 2013.

86. Monaque (Rémi), *Une histoire de la marine de guerre française*, Perrin, 2016.

87. Noirsain (Serge), *La Confédération sudiste (1861-1865). Mythes et réalités*, Economica, 2006.

88. Orsenna (Erik), *Petit précis de mondialisation*, vol. 2, *L'Avenir de l'eau*, Fayard, 2008.

89. Paine (Lincoln), *The Sea and Civilization : A Maritime History of the World*, Vintage, 2015.

90. Parry (J.H.), *The Spanish Seaborne Empire*, Hutchinson, 1973.

91. Petit (Maxime), *Les Sièges célèbres de l'Antiquité, du Moyen Âge et des Temps modernes* (éd. 1881), Hachette-BNF, 2012.

92. Picq (Pascal), *Au commencement était l'Homme. De Toumaï à Cro-Magnon*, Odile Jacob, 2003.

93. Piquet (Caroline), *Histoire du canal de Suez*, Perrin, 2009.

94. Poe (Edgar Allan), *Aventures d'Arthur Gordon Pym*, traduction de Baudelaire (Charles), Lévy Frères, 1868.

95. Pons (Anne), *Lapérouse*, Gallimard, 2010.

96. Pryor (John), Jeffreys (Elizabeth), *The Age of the Dromön : The Byzantine Navy ca 500-1204*, Brill, 2006.

97. Quenet (Philippe), *Les Échanges du nord de la Mésopotamie avec ses voisins proche-orientaux au IIIe millénaire (3100-2300 av. J.-C.)*, Turnhout, 2008.

98. Raban (Jonathan), *The Oxford Book of the Sea*, Oxford University Press, 1992.

99. Raisson (Virginie), *2038, les futurs du monde*, Robert Laffont, 2016.

100. Régnier (Philippe), *Singapour et son environnement régional. Étude d'une cité-État au sein du monde malais*, PUF, 2014.

101. Ross (Jennifer), Steadman (Sharon), *Ancient Complex Societies*, Routledge, 2017.

102. Rouvière (Jean-Marc), *Brèves méditations sur la création du monde*, L'Harmattan, 2006.

103. Royer (Pierre), *Géopolitique des mers et des océans. Qui tient la mer tient le monde*, PUF, 2014.

104. Shakespeare (William), *La Tempête*, Flammarion, 1991.

105. Slive (Seymour), *Dutch Painting, 1600-1800*, Yale University Press, 1995.

106. Sobecki (Sebastian), *The Sea and Englishness in the Middle Ages : Maritime Narratives, Identity & Culture*, Brewer, 2011.

107. Souyri (Pierre-François), *Histoire du Japon médiéval. Le monde à l'envers*, Perrin, 2013.

108. Stavridis (James), *Sea Power : The History and Geopolitics of the World's Oceans*, Penguin Press, 2017.

109. Stevenson (Robert-Louis), *L'Île au trésor*, LGF, 1973.

110. Stow (Dorrik), *Encyclopedia of the Oceans*, Oxford University Press, 2004.

111. Strachey (William), *True Reportory of the Wreck and Redemption of Sir Thomas Gates, Knight, upon and from the Islands of the Bermudas. A Voyage to Virginia in 1609*, Charlottesville, 1965.

112. Sue (Eugène), *Kernok le pirate*, Oskar Editions, 2007.

113. –, *La Salamandre*, C. Gosselin, 1845.

114. Suk (Kyoon Kim), *Maritime Disputes in Northeast Asia : Regional Challenges and Cooperation*, Brill, 2017.

115. Testot (Laurent), Norel (Philippe), *Une histoire du monde global*, Sciences humaines Éditions, 2013.

116. Thomas (Hugh), *La Traite des Noirs. Histoire du commerce d'esclaves transatlantique (1440-1870)*, Robert Laffont, 2006.

117. Traven (B.), *Le Vaisseau des morts*, traduction de Valencia (Michèle), La Découverte, [1926] 2004.

118. Tremml-Werner (Birgit), *Spain, China, and Japan in Manila (1571-1644) : Local Comparisons and Global Connections*, Amsterdam University Press, 2015.

119. Vergé-Franceschi (Michel), *Dictionnaire d'histoire maritime*, Robert Laffont, 2002.

120. Willis (Sam), *The Struggle for Sea Power : A Naval History of American Independence*, Atlantic Books, 2015.

ARTICLES DE RECHERCHE

121. Fahad Al-Nasser, « La défense d'Ormuz », *Outre-Terre*, vol. 25-26, 2, 2010, p. 389-392.

122. Maurice Aymard, Jean-Claude Hocquet, « Le sel et la fortune de Venise », *Annales. Économies, Sociétés, Civilisations*, 38ᵉ année, 2, 1983, p. 414-417.

123. J. Bidez, P. Jouguet, « L'impérialisme macédonien et l'hellénisation de l'Orient », *Revue belge de philologie et d'histoire*, tome 7, fasc. 1, 1928, p. 217-219.

124. Jean-Noël Biraben, « Le point sur l'histoire de la population du Japon », *Population*, 48ᵉ année, 2, 1993, p. 443-472.

125. L. Bopp, L. Legendre, P. Monfray, « La pompe à carbone va-t-elle se gripper ? », *La Recherche*, 2002, p. 48-50.

126. Dominique Boullier, « Internet est maritime. Les enjeux des câbles sous-marins », *Revue internationale et stratégique*, vol. 95, 3, 2014, p. 149-158.

127. Patrick Boureille, « L'outil naval français et la sortie de la guerre froide (1985-1994) », *Revue historique des armées*, 2006, p. 46-61.

128. L.W. Brigham, « Thinking about the Arctic's Future : Scenarios for 2040 », *The Futurist*, 41(5), 2007, p. 27-34

129. Georges Coedes, « Les États hindouisés d'Indochine et d'Indonésie », *Revue d'histoire des colonies*, tome 35, 123-124, 1948, p. 308.

130. M.-Y. Daire, « Le sel à l'âge du fer. Réflexions sur la production et les enjeux économiques », *Revue archéologique de l'Ouest*, 16, 1999, p. 195-207.

131. Robert Deschaux, « Merveilleux et fantastique dans le Haut Livre du Graal : *Perlesvaus* », *Cahiers de civilisation médiévale*, 26ᵉ année, 104, 1983, p. 335-340.

132. Jean Dufourcq, « La France et la mer. Approche stratégique du rôle de la Marine nationale », *Hérodote*, vol. 163, 4, 2016, p. 167-174.

133. Hugues Eudeline, « Terrorisme maritime et piraterie d'aujourd'hui. Les risques d'une collusion contre-nature », *EchoGéo*, 10, 2009.

134. –, « Le terrorisme maritime, une nouvelle forme de guerre », *Outre-Terre*, 25-26, 2010, p. 83-99.

135. Paul Gille, « Les navires à rames de l'Antiquité, trières grecques et liburnes romaines », *Journal des savants*, 1965, vol. 1, 1, p. 36-72.

136. Jacqueline Goy, « La mer dans l'*Odyssée* », *Gaia : revue inter-disciplinaire sur la Grèce archaïque*, 7, 2003, p. 225-231.

137. Léon Gozlan, « De la littérature maritime », *Revue des Deux Mondes*, Période initiale, tome 5, 1832, p. 46-80.

138. Vincent Herbert, Jean-René Vanney, « Le détroit de Malacca : une entité géographique identifiée par ses caractères naturels », *Outre-Terre*, 25-26, 2010, p. 235-247.

139. P.D. Hughes, J.C. Woodward, « Timing of glaciation in the Mediterranean mountains during the last cold stage », *Journal of Quaternary Science*, vol. 23, 2008, p. 575-588.

140. Isabelle Landry-Deron, « La Chine des Ming et de Matteo Ricci (1552-1610) », *Revue de l'histoire des religions*, 1, 2016, p. 144-146.

141. Frédéric Lasserre, « Vers l'ouverture d'un passage du Nord-Ouest stratégique ? Entre les États-Unis et le Canada », *Outre-Terre*, vol. 25-26, 2, 2010, p. 437-452.

142. Jean Luccioni, « Platon et la mer », *Revue des études anciennes*, tome 61, 1-2, 1959, p. 15-47.

143. Jean Margueron, « Jean-Louis Huot, *Les Sumériens, entre le Tigre et l'Euphrate*, collection des Néréides », *Syria*, tome 71, 3-4, 1994, p. 463-466.

144. Jean-Sébastien Mora, « La mer malade de l'aquaculture », *Manière de voir*, vol. 144, 12, 2015, p. 34.

145. Camille Morel, « Les câbles sous-marins : un bien commun mondial ? », *Études*, 3, 2017, p. 19-28.

146. Amit Moshe, « Le Pirée dans l'histoire d'Athènes à l'époque classique », *Bulletin de l'Association Guillaume Budé : Lettres d'humanité*, 20, 1961, p. 464-474.

147. A.H.J. Prins, « Maritime art in an Islamic context : oculos and therion in Lamu ships », *The Mariner's Mirror*, 56, 1970, p. 327-339.

148. Jean-Luc Racine, « La nouvelle géopolitique indienne de la mer : de l'océan Indien à l'Indo-Pacifique », *Hérodote*, vol. 163, 4, 2016, p. 101-129.

149. Jacques Schwartz, « L'Empire romain, l'Égypte et le commerce oriental », *Annales. Économies, Sociétés, Civilisations*, 15e année, 1, 1960, p. 18-44.

150. L. Shuicheng, L. Olivier, « L'archéologie de l'industrie du sel en Chine », *Antiquités nationales*, 40, 2009, p. 261-278.

151. Marc Tarrats, « Les grandes aires marines protégées des Marquises et des Australes : enjeu géopolitique », *Hérodote*, vol. 163, 4, 2016, p. 193-208.

152. Gail Whiteman, Chris Hope, Peter Wadhams, « Climate science : vast costs of Arctic change », *Nature*, 499, 2013, p. 403-404.

RAPPORTS

153. Centre d'étude stratégique de la marine, US Navy, « Quelle puissance navale au XXIᵉ siècle ? », 2015.

154. Centre d'analyse stratégique, « Rapport Énergie 2050 », 2012.

155. CNUCED, « Étude sur les transports maritimes », 2011.

156. –, « Étude sur les transports maritimes », 2014.

157. –, « Étude sur les transports maritimes », 2015.

158. Conseil économique, social et environnemental, « Les ports et le territoire : à quand le déclic ? », 2013.

159. IUCN, « Explaining ocean warming : Causes, scale, effects and consequences », 2016.

160. Michel Le Scouarnec, « Écologie, développement et mobilité durables (pêche et agriculture) », 2016.

161. Ministère de l'Écologie, du Développement durable et de l'Énergie, « La plaisance en quelques chiffres : du 1ᵉʳ septembre 2015 au 31 août 2016 », 2016.

162. OCDE, « L'économie de la mer en 2030 », 2017.

163. –, « Statistiques de l'OCDE sur les échanges internationaux de services », 2016.

164. Organisation des Nations unies pour l'alimentation et l'agriculture (FAO), « La situation mondiale de la pêche et de l'aquaculture », 2016.

165. Organisation mondiale des douanes, « Commerce illicite », 2013.

166. US Energy Information Administration, « World Energy Out-look 2016 », 2016.

167. WWF, Global Change Institute, Boston Consulting Group, « Raviver l'économie des océans », 2015.

168. Yann Alix, « Les corridors de transport », 2012.

169. BCE, « The international role of the euro », juillet 2017.

CONFÉRENCES

170. ONU, *Nos océans, notre futur*, 5-9 juin 2017, New York.

SITES INTERNET & ARTICLES

171. http://www.aires-marines.fr
172. « La vie des Babyloniens » : http://antique.mrugala.net/Meso-potamie/Vie%20quotidienne%20a%20Babylone.htm
173. « Esclavage moderne ? Les conditions de vie effroyables des équipages des navires de croisière » : http://www.atlantico.fr/decryptage/conditions-vie-effroyables-equipages-navires-croisiere-453357.html
174. http://www.banquemondiale.org/
175. « 10 great battleship and war-at-sea films » : http://www.bfi.org.uk/news-opinion/news-bfi/lists/10-great-battle-sea-films
176. « Concurrencés par la Chine, les chantiers navals sud-coréens affrontent la crise » : http://www.capital.fr/a-la-une/actualites/concurrences-par-la-chine-les-chantiers-navals-sud-coreens-affrontent-la-crise-1128356
177. « Les enjeux politiques autour des frontières maritimes » : http://ceriscope.sciences-po.fr/content/part2/les-enjeux-politiques-autour-des-frontieres-maritimes?page=2
178. « Eau potable, le dessalement de l'eau de mer » : http://www.cnrs.fr/cw/dossiers/doseau/decouv/potable/dessalEau.html
179. « L'explosion cambrienne » : http://www.cnrs.fr/cw/dossiers/dosevol/decouv/articles/chap2/vannier.html
180. « Découverte de l'existence d'une vie complexe et pluricellulaire datant de plus de deux milliards d'années » : http://www2.cnrs.fr/presse/communique/1928.htm
181. « La tectonique des plaques » : http://www.cnrs.fr/cnrs-images/sciencesdelaterreaulycee/contenu/dyn_int1-1.htm
182. « L'eau sur les autres planètes » : http://www.cnrs.fr/cw/dossiers/doseau/decouv/univers/eauPlan.html
183. « Le Pacifique : un océan stratégique » : http://www.cols-bleus.fr/articles/1321
184. https://cousteaudivers.wordpress.com

185. « Opération Atalante » : http://www.defense.gouv.fr/marine/
enjeux/l-europe-navale/operation-atalante

186. « Our Oceans, Seas and Coasts » : http://ec.europa.eu/
environment/marine/good-environmental-status/descriptor-10/
pdf/ MSFD % 20Measures % 20to % 20Combat % 20Marine %
20Litter.pdf

187. « Shark fin soup alters an ecosystem » : http://edition.cnn.
com/2008/WORLD/asiapcf/12/10/pip.shark.finning/index.html

188. « Le Parlement interdit la pêche en eaux profondes au-
delà de 800 mètres dans l'Atlantique Nord-Est » : http://www.
europarl.europa.eu/news/fr/news-room/20161208IPR55152/
peche-en-eaux-profondes-limitee-a-800m-de-profondeur-dans-
l'atlantique-nord-est

189. « Affaires maritimes et pêche » : https://europa.eu/european-
union/topics/maritime-affairs-fisheries_fr

190. « COP 21 : les réfugiés climatiques, éternels "oubliés du
droit" ? » : http://www.europe1.fr/societe/les-refugies-clima-
tiques-eternels-oublies-du-droit-2628513

191. « Nouvelles routes de la soie : le projet titanesque de la
Chine qui inquiète l'Europe » : http://www.europe1.fr/interna-
tional/nouvelles-routes-de-la-soie-le-projet-titanesque-de-la-chine-
qui-inquiete-leurope-3332300

192. http://www.fao.org/home/fr/

193. http://fisheriestransparency.org/fr/

194. http://www.futura-sciences.com/

195. « Océans : le phytoplancton gravement en péril » :
http://www.futura-sciences.com/planete/actualites/oceanogra-
phie-oceans-phytoplancton-gravement-peril-24616/

196. « Taxon Lazare » : http://www.futura-sciences.com/planete/
definitions/paleontologie-taxon-lazare-8654/

197. « Télécommunication. Un lien planétaire : les câbles
sous-marins » : https://www.franceculture.fr/emissions/les-
enjeux-internationaux/telecommunications-un-lien-planetaire-les-
cables-sous-marins

198. « Commerce international. L'évolution des grandes routes
maritimes mondiales » : https://www.franceculture.fr/emissions/
les-enjeux-internationaux/commerce-international-levolution-des-
grandes-routes-maritimes

199. « L'explosion de la diversité » : http://www2.ggl.ulaval.ca/personnel/bourque/s4/explosion.biodiversite.html

200. « Les Aborigènes d'Australie, premiers à quitter le berceau africain » : http://www.hominides.com/html/actualites/aborigenes-australie-premiers-a-quitter-berceau-africain-0498.php

201. http://www.inrap.fr/

202. « Cycle océanique de l'azote face aux changements climatiques » : http://www.insu.cnrs.fr/node/4418

203. https://www.insee.fr/fr/accueil

204. « Le plancton arctique » : http://www.jeanlouisetienne.com/poleairship/images/encyclo/imprimer/20.htm

205. « Début de reprise pour les 100 premiers ports mondiaux » : http://www.lantenne.com/Debut-de-reprise-pour-les-100-premiers-ports-mondiaux_a36257.html

206. http://www.larousse.fr/dictionnaires/francais

207. « Google et Facebook vont construire un câble sous-marin géant à travers le Pacifique » : http://www.lefigaro.fr/secteur/high-tech/2016/10/14/32001-20161014ARTFIG00197-google-et-facebook-vont-construire-un-cable-sous-marin-geant-a-travers-le-pacifique.php

208. « Les zones mortes se multiplient dans les océans » : http://www.lemonde.fr/planete/article/2016/12/05/les-zones-mortes-se-multiplient-dans-les-oceans_5043712_3244.html

209. « Préserver les stocks de poisson pour renforcer la résilience climatique sur les côtes africaines » : http://lemonde.fr/afrique/article/2016/11/08/preserver-les-stocks-de-poisson-pour-renforcer-la-resilience-climatique-sur-les-cotes-africaines_5027521_3212.html

210. « La ciguatera, maladie des mers chaudes » : http://lemonde.fr/planete/article/2012/08/18/la-ciguatera-maladie-des-mers-chaudes_1747370_3244.html

211. « Nouveau record en voile : Francis Joyon et son équipage bouclent le tour du monde en 40 jours » : http://lemonde.fr/voile/article/2017/01/26/voile-francis-joyon-et-son-equipage-signent-un-record-absolu-du-tour-du-monde-en-40-jours_5069278_1616887.html

212. « Le dessalement, recette miracle au stress hydrique en Israël » : lemonde.fr/planete/article/2015/07/29/en-israel-70-de-l-eau-consommee-vient-de-la-mer_4702964_3244.html

213. « Ces "guerres de l'eau" qui nous menacent » : https://www. lesechos.fr/30/08/2016/LesEchos/22265-031-ECH_ces-guerres-de-l-eau-qui-nous-menacent.htm

214. « Bientôt 250 millions de "réfugiés climatiques" dans le monde ? » : http://www.lexpress.fr/actualite/societe/environnement/bientot-250-millions-de-refugies-climatiques-dans-le-monde_1717951.html

215. https://mission-blue.org

216. http://musee-marine.fr/

217. http://www.nationalgeographic.fr/

218. « Japan's Kamikaze winds, the stuff of legend, may have been real » : http://nationalgeographic.com/news/2014/11/141104-kami-kaze-kublai-khan-winds-typhoon-japan-invasion/

219. « This may be the oldest known sign of life on earth » : http://news.nationalgeographic.com/2017/03/oldest-life-earth-iron-fossils-canada-vents-science/

220. « All about sea ice » : https://nsidc.org/cryosphere/seaice/characteristics/formation.html

221. « Russian ships near data cables are too close for U.S. comfort » : https://www.nytimes.com/2015/10/26/world/europe/russian-presence-near-undersea-cables-concerns-us.html

222. « The global conveyor belt » : http://oceanservice.noaa.gov/education/tutorial_currents/05conveyor2.html

223. http://www.onml.fr

224. « L'observation des océans polaires durant et après l'année polaire internationale » : https://public.wmo.int/fr/ressources/bulletin/l'observation-des-océans-polaires-durant-et-après-l'année-polaire-internationale

225. « The great Greenland meltdown » : http://www.science-mag.org/news/2017/02/great-greenland-meltdown?utm_cam-paign=news_daily_2017-02-23&et_rid=17045543&et_cid=1182175

226. « Embarquez sur les cargos du futur » : http://sites.arte.tv/futuremag/fr/embarquez-sur-les-cargos-du-futur-futuremag

227. « Poem of the week : *The Rime of the Ancient Mariner* by Samuel Taylor Coleridge » : https://www.theguardian.com/books/booksblog/2009/oct/26/rime-ancient-mariner

228. « California's farmers need water. Is desalination the answer ? » : http://time.com/7357/california-drought-debate-over-desalination/

229. http://un.org/fr/

230. http://unesco.org/

231. http://unhcr.org/fr/

232. « Sous-marins (repères chronologiques) » : http://www.uni-versalis.fr/encyclopedie/sous-marins-reperes-chronologiques/

233. « Reviving the oceans economy : The case for action – 2015 » : https://www.worldwildlife.org/publications/reviving-the-oceans-economy-the-case-for-action-2015

234. https://www.worldwildlife.org/

235. « Seawater » : https://wikipedia.org/wiki/Seawater

236. « Water cycle » : https://wikipedia.org/wiki/Water_cycle

237. « Sea in culture » : https://wikipedia.org/wiki/Sea_in_culture

238. « Undersea Internet Cables Are Surprisingly Vulnerable » : https://www.wired.com/2015/10/undersea-cable-maps/

ŒUVRES CINÉMATOGRAPHIQUES

239. Georges Méliès, *Vingt Mille Lieues sous les mers*, 1907.

240. Jean Grémillon, *Remorques*, 1941.

241. Walter Forde, *Atlantic Ferry*, 1941.

242. Charles Frend, *La Mer cruelle*, 1952.

243. Jacques-Yves Cousteau et Louis Malle, *Le Monde du silence*, 1956.

244. Alfred Hitchcock, *Life Boat*, 1956.

245. Michael Powell, *La Bataille du Rio de la Plata*, 1956.

246. Steven Spielberg, *Les Dents de la mer*, 1987.

247. Luc Besson, *Le Grand Bleu*, 1988.

248. John McTiernan, *À la poursuite d'Octobre Rouge*, 1990.

249. James Cameron, *Titanic*, 1997.

250. Peter Weir, *Master and Commander*, 2003.

251. Jacques Perrin et Jacques Cluzaud, *Océans*, 2010.

252. Paul Greengrass, *Capitaine Phillips*, 2013.

253. Jérôme Salle, *L'Odyssée*, 2016.

Sources des schémas et des cartes

Les schémas et les cartes ont été réalisés par Philippe Paraire à partir des sources suivantes :

Page 28, Chronologie de la Terre et de la vie : *Neekoo*, « L'histoire de la Terre et de la vie », http://www.hominides.com/html/chronologie/chronoterre.php

Page 32, Les plaques continentales : *U.S. Geological Survey, Historical Perspective*, https://pubs.usgs.gov/gip/dynamic/slabs.html

Page 35, Le transfert de dioxyde de carbone : *Ocean & Climate Platform*, « Pompe à carbone physique », http://www.ocean-climate.org/?page_id=2020 (2016).

Page 38, La circulation thermohaline : Rapport du GIEC, *La Circulation thermohaline*, http://www.bien-etre-et-ecologie.com/images/circulation_thermohaline.jpg (2001).

Page 180, Les câbles sous-marins : La Documentation française, « Les câbles sous-marins dans le monde en 2014 », http://www.ladocumentationfrancaise.fr/cartes/monde/c001745-les-cables-sous-marins-dans-le-monde-en-2014 (2014).

Page 190, Le droit international de l'eau : Wikipédia, « Zone contiguë », https://fr.wikipedia.org/wiki/Zone_contigu%C3%AB

Page 231, La nouvelle route de la soie : *Le Dessous des cartes*, http://ddc.arte.tv/nos-cartes/vers-une-nouvelle-route-de-la-soie (janvier 2015).

Page 232, Les routes maritimes : *Les Affaires*, « De nouvelles routes *via* le pôle Nord », http://www.lesaffaires.com/secteurs-d-activite/transport/de-nouvelles-routes-via-le-pole-nord/590450 (2016).

Page 233, Passage du Nord-Ouest : Wikimédia Commons, « L'archipel canadien et le passage du Nord-Ouest », https://fr.wikipedia.org/wiki/Passage_du_Nord-Ouest

Page 260, Les frontières dans l'Arctique : Wikipédia, « Revendications territoriales en Arctique », https://fr.wikipedia.org/wiki/Revendications_territoriales_en_Arctique#/media/File:Boundaries_in_the_Arctic_-_map-fr.svg

Page 271, La répartition de l'eau : Ocean & Climate Platform, « Le cycle de l'eau » : http://www.ocean-climate.org/?page_id=2021 (2015).

Page 281, L'acidification des océans : UK Ocean Acidification Research Program, *Ocean Acidification*, http://www.oceanacidification.org.uk/

Crédits photographiques

1. Navire de guerre phénicien sur un fragment de bas-relief de Ninive, IXᵉ-VIIᵉ siècle av. J.-C. (Werner Forman Archive/Bridgeman Images).
2. *Voyage de saint Brendan*, version la plus ancienne par le moine Benedeit, 1121-1150, Art Collection 2/Alamy/Hemis.fr.
3. Copie de la *Tabula Rogeriana* créée par Muhammad al-Idrissi en 1154 (collection privée/Universal History Archive/UIG/Bridgeman Images).
4. Planisphère de Waldseemüller, 1507 (Granger/Bridgeman Images).
5. Pieter Brueghel l'Ancien (attribué à), *Bataille navale dans le golfe de Naples*, 1556 (Galleria Doria Pamphilj, Rome/Bridgeman Images).
6. Rembrandt van Rijn, *Le Christ dans la tempête sur la mer de Galilée*, 1633 (Isabella Stewart Gardner Museum, Boston/Bridgeman Images).
7. Ludolf Bakhuisen, *Amsterdam, vue du Mosselsteiger*, 1673 (Rijksmuseum, Amsterdam/Bridgeman Images).
8. Théodore Géricault, *Le Radeau de* La Méduse, 1818-1819 (Louvre, Paris/Bridgeman Images).
9. Katsushika Hokusai, *La Grande Vague de Kanagawa*, vers 1829-1833 (Minneapolis Institute of Arts/Richard P. Gale/Bridgeman Images).
10. Auguste Mayer, *Scène de la bataille de Trafalgar*, 1836 (Musée de la Marine, Paris/De Agostini Picture Library/Bridgeman Images).

Index

Table des matières

Du même auteur

Essais

Analyse économique de la vie politique, PUF, 1973.
Modèles politiques, PUF, 1974.
L'Anti-économique (avec Marc Guillaume), PUF, 1975.
La Parole et l'Outil, PUF, 1976.
Bruits. Économie politique de la musique, PUF, 1977 ; nouvelle édition, Fayard, 2000.
La Nouvelle Économie française, Flammarion, 1978.
L'Ordre cannibale. Histoire de la médecine, Grasset, 1979.
Les Trois Mondes, Fayard, 1981.
Histoires du Temps, Fayard, 1982.
La Figure de Fraser, Fayard, 1984.
Au propre et au figuré. Histoire de la propriété, Fayard, 1988.
Lignes d'horizon, Fayard, 1990.
1492, Fayard, 1991.
Économie de l'Apocalypse, Fayard, 1994.
Chemins de sagesse : traité du labyrinthe, Fayard, 1996.
Fraternités, Fayard, 1999.
La Voie humaine, Fayard, 2000.
Les Juifs, le Monde et l'Argent, Fayard, 2002.
L'Homme nomade, Fayard, 2003.
Foi et Raison – Averroès, Maïmonide, Thomas d'Aquin, Bibliothèque nationale de France, 2004.
Une brève histoire de l'avenir, Fayard, 2006 ; nouvelle édition, 2009-2015.
La Crise, et après ?, Fayard, 2008.
Le Sens des choses, avec Stéphanie Bonvicini et 32 auteurs, Robert Laffont, 2009.
Survivre aux crises, Fayard, 2009.

Tous ruinés dans dix ans ? Dette publique, la dernière chance, Fayard, 2010.
Demain, qui gouvernera le monde ?, Fayard, 2011.
Candidats, répondez !, Fayard, 2012.
La Consolation, avec Stéphanie Bonvicini et 18 auteurs, Naïve, 2012.
Avec nous, après nous… Apprivoiser l'avenir, avec Shimon Peres, Fayard/Baker Street, 2013.
Histoire de la modernité. Comment l'humanité pense son avenir, Robert Laffont, 2013.
Devenir soi, Fayard, 2014.
Peut-on prévoir l'avenir ?, Fayard, 2015.
100 jours pour que la France réussisse, Fayard, 2016.
Le Destin de l'Occident, avec Pierre-Henry Salfati, Fayard, 2016.
Vivement après-demain !, Fayard, 2016.

Dictionnaires

Dictionnaire du XXIᵉ siècle, Fayard, 1998.
Dictionnaire amoureux du judaïsme, Plon/Fayard, 2009.

Romans

La Vie éternelle, roman, Fayard, 1989.
Le Premier Jour après moi, Fayard, 1990.
Il viendra, Fayard, 1994.
Au-delà de nulle part, Fayard, 1997.
La Femme du menteur, Fayard, 1999.
Nouv'Elles, Fayard, 2002.
La Confrérie des Éveillés, Fayard, 2004.
Notre vie, disent-ils, Fayard, 2014.
Premier Arrêt après la mort, Fayard, 2017.

Biographies

Siegmund Warburg, un homme d'influence, Fayard, 1985.
Blaise Pascal ou le Génie français, Fayard, 2000.
Karl Marx ou l'Esprit du monde, Fayard, 2005.
Gândhî ou l'Éveil des humiliés, Fayard, 2007.
Phares. 24 destins, Fayard, 2010.
Diderot ou le Bonheur de penser, Fayard, 2012.

Théâtre

Les Portes du Ciel, Fayard, 1999.
Du cristal à la fumée, Fayard, 2008.
Théâtre, Fayard, 2016 (comprenant les deux pièces précédentes ainsi que *Il m'a demandé de l'attendre ici* et *Présents parallèles*).

Contes pour enfants

Manuel, l'enfant-rêve (ill. par Philippe Druillet), Stock, 1995.

Mémoires

Verbatim I, Fayard, 1993.
Europe(s), Fayard, 1994.
Verbatim II, Fayard, 1995.
Verbatim III, Fayard, 1995.
C'était François Mitterrand, Fayard, 2005.

Rapports

Pour un modèle européen d'enseignement supérieur, Stock, 1998.
L'Avenir du travail, Fayard/Institut Manpower, 2007.
300 décisions pour changer la France, rapport de la Commission pour la libération de la croissance française, XO/La Documentation française, 2008.

Paris et la Mer. La Seine est Capitale, Fayard, 2010.

Une ambition pour 10 ans, rapport de la Commission pour la libération de la croissance française, XO/La Documentation française, 2010.

Pour une économie positive, groupe de réflexion présidé par Jacques Attali, Fayard/La Documentation française, 2013.

Francophonie et francophilie, moteurs de croissance durable, rapport au Président de la République, La Documentation française, 2014.

Beaux-livres

Mémoire de sabliers. Collections, mode d'emploi, Éditions de l'Amateur, 1997.

Amours. Histoires des relations entre les hommes et les femmes, avec Stéphanie Bonvicini, Fayard, 2007.

Composition et mise en pages
Nord Compo à Villeneuve-d'Ascq

Achevé d'imprimer en août 2017
sur les presses de Normandie Roto Impression s.a.s.
61250 Lonrai (Orne)

61-7071-7/01
N° d'impression : 1703210
dépôt légal : septembre 2017

Imprimé en France